高等院校课程思政研究

丛书

经济学课程思政中
生态文明思想融入路径
研究

Research on the Realization Approach of
Ecological Civilization Ideology Integrating into
the Ideological and Political Education of Economics Course

任志安　廖信林◎著

经济管理出版社

ECONOMY & MANAGEMENT PUBLISHING HOUSE

图书在版编目（CIP）数据

经济学课程思政中生态文明思想融入路径研究/任志安，廖信林著.—北京：经济管理出版社，2021.12

ISBN 978-7-5096-8284-5

Ⅰ.①经⋯　Ⅱ.①任⋯ ②廖⋯　Ⅲ.①高等学校—思想政治教育—研究—中国　Ⅳ.①G641

中国版本图书馆 CIP 数据核字（2021）第 266486 号

组稿编辑：王光艳
责任编辑：李红贤　杨　娜
责任印制：黄章平
责任校对：陈　颖

出版发行：经济管理出版社
　　　　　（北京市海淀区北蜂窝 8 号中雅大厦 A 座 11 层　100038）
网　　址：www. E-mp. com. cn
电　　话：（010）51915602
印　　刷：北京晨旭印刷厂
经　　销：新华书店
开　　本：720mm×1000mm/16
印　　张：14
字　　数：264 千字
版　　次：2022 年 9 月第 1 版　　2022 年 9 月第 1 次印刷
书　　号：ISBN 978-7-5096-8284-5
定　　价：68.00 元

前　言

　　经济学课程思政中融入生态文明思想，既是高校经济学课程思政教育的基本遵循，又是高校开展大学生绿色教育、培养具有生态文明意识和可持续发展观念的绿色人才的重要途径，更是促进全社会生态文明进步的必然要求。近年来，不少高校相继在经济学课程思政中融入生态文明教育，进行了很多教育教学改革和探索，力求将经济学课程思政教育和高校生态文明教育两者充分融合，应该说取得了一定的成绩，获得了一些教学实践成果和值得推广的经验。同时，广大学者也对高校经济学课程思政中生态文明思想的融入问题进行了较为丰富的分析和探讨。然而，对于新时代背景下高校经济学课程思政教育中如何更有效地融入生态文明思想这个重大现实问题，不仅缺乏教学实践中的有力探索，还缺乏理论上的深入探究，以致目前既没有形成这方面研究的理论体系，也没有形成这方面教学的方法体系。比如，为什么经济学课程思政中必须要融入生态文明思想？生态文明思想融入经济学课程思政的现状如何？生态文明思想融入经济学课程思政的融合机理是什么？生态文明思想融入经济学课程思政的教学设计是怎样的？生态文明思想融入经济学课程思政的教学实践有哪些？如何确保生态文明思想融入经济学课程思政的有效实施？这些问题都需要我们去深入研究，以期找到能够真正有效实现生态文明思想和高校经济学课程思政相融合的路径、方法和教学改革。

　　为此，本书采用理论梳理、系统分析、调查研究、跨学科分析等多种方法，紧密结合高等学校教学规律，深入思考课程思政，围绕具有逻辑递进的"为什么高校经济学课程思政必须融入生态文明思想"，"经济学课程思政融入生态文明思想的内在规律"以及"如何在经济学教学过程中具体有效实现融入生态文明思想的路径"这三个主要问题，分别从新时代高校课程思政教育的背景与意义、生态文明思想融入高校经济学课程思政的必要性、生态文明思想融入高校经济学课程思政的现状分析、生态文明思想与经济学课程思政的融合与设计、生态文明思想融入经济学课程思政的教学实践与成效和生态文明思想融入经济学课程思政的制度保障六个方面内容开展了较为系统的基本理论和教学改革研究。通过上述内容研究，使从事经济学课程思政教育的高校老师以及对这个问题感兴趣的广大学者对经济学课程思政中融入生态文明思想的必要性有了更加理性的认识，对生态文明思想教育和经济学课程思政教学的融合机理有了更加准确的了解，对在经济学课程思政中如何融入生态文明思想的教学设计和教学实践有了更加有效的手段，从而为新时代背景下更好地开展生态文明思想融入高校经济学课程思政提供了强有力的理论依据和操作建议，进而较好地实现本书为高校经济学课程思政服务这个最重要的研究目标。

第一，对课程思政的形成、概念、内涵、价值等进行理论分析和逻辑梳理。首先，从形成过程和理论基础两个方面介绍课程思政产生的背景和发展；其次，按照课程—思想政治教育—课程思政教育的由浅入深的顺序分析课程思政的概念；再次，从理念内核、结构体系、综合特征和基本原则四个维度细致剖析课程思政的内涵和特征；最后，科学探究了课程思政对于时代、高校、教师和学生所具有的价值本源。

第二，生态文明是人类社会演进过程中必然会出现的一个重要思想，指导人类社会可持续发展，将生态文明思想融入经济学课程思政不仅是经济学课程发展的内在要求，而且是新时代生态文明建设的必然要求。从人类社会生态文明思想的演进逻辑与内容体系、生态文明思想融入经济学课程思政的必要性、生态文明思想融入经济学课程思政的可行性、生态文明思想融入经济学课程思政的重要意义四部分阐述生态文明思想融入经济学课程思政的必要性。同时，梳理了人类社会生态文明思想的演进逻辑及古今中外的生态文明思想内容体系，并通过生态文明思想和经济学课程思政两方面的特征论证融合的可行性，以及从理论和实践两方面分别论证生态文明思想融入经济学课程思政的重要意义。

第三，通过设计教师版和学生版双向调查问卷，对 297 名学生和 81 名高校教师从现状、成效及问题等方面进行调查，以较全面了解经济学课程思政的教育现状，特别是生态文明思想的融入情况。调查结果显示，高校对于课程思政教学改革重视程度高、人力物力投入大，同时专业课课程思政覆盖全面，生态文明思想也有效融入到课程思政之中，内容丰富、教学形式多样，建设成效尚可。然而同时也发现很多高校普遍存在着生态文明教育内容渗透不足，日常思政教育弱化，大学生积极性不高，课程思政建设经验较为缺乏等问题。

第四，创新性地根据生态文明思想融入到经济学课程思政的路径和过程，将其划分为课前、课中和课后三个阶段，阐述了生态文明思想全面融入到经济学课程思政的融合机理；重点分析了在生态文明思想融入经济学课程思政过程中必须坚持的立德树人原则、有机融入原则、隐性教育原则和实践教学原则四个基本原则；较详细地以发展经济学为例，分析了生态文明思想与经济学课程思政融合的教学设计和教学建议。

第五，从探索高效的教学方法出发，探究了生态文明思想融入经济学课程思政的教学方法的创新路径。在此基础上重点分析了生态文明思想融入经济学课程思政的实践教学方法，通过开设生态文明思想融入经济学课程思政的线上"第二课堂"、开展与经济学相关的生态文明校园实践活动、组织生态文明主题的经济学社会实践活动等方式进行实践教学，开创了巩固理论知识、加深实践认识的有效途径。最后，植根于生态文明思想融入经济学课程思政教学的特点，有针对性地提出了教学成效的评估方法和提高教学成效的建议。

第六，分别从思想认知制度、责任落实制度、协同配合制度、资源整合制度、教学评估制度五个方面构建了将生态文明思想融入经济学课程思政的制度保障体系，创新性地提出构建生态文明思想融入经济学课程思政的制度保障体系的整体性原则，强调高校要摒弃过去各部门各司其职的错误思想，将高校各个部门视为一个整体并发挥协同效应。同时，在生态文明思想融入经济学课程思政过程中，我们必须突出高校管理层的作用和专业课思政资源挖掘的重要性。高校管理层的参与能够营造出全校积极的思政氛围和保证各种制度的顺利实行，而大力挖掘思政资源能为全校上下将生态文明思想融入经济学课程思政的有效开展提供源源不断的内容支持。

本书根据大学课程思政的基本理论，采用理论探寻和实践探索等主要方法，对经济学课程思政中生态文明思想融入路径这个重大现实问题进行了较为系统的研究，特别是从经济学教学实际角度出发，较全面地给出了如何有效开展经济学课程思政中生态文明思想融入路径的教学设计和教学改革。相信我们的研究能够进一步丰富高校经济学课程思政教育教学改革和发展理论，尤其是对进一步推动经济学课程思政中生态文明思想融入问题研究具有一定的学术价值。然而，经济学课程思政中生态文明思想融入研究还是个"年轻"的论题，其理论本身也在不断发展和完善之中，而且高校经济学课程思政的实践也不断提出新问题。本书在对这一重大现实课题的研究过程中，深感这一领域理论的博大精深、实践应用的广阔深远。因此，本书的研究只是其中的一部分，而且可能还是较为基础的部分。

本书由安徽财经大学任志安教授和廖信林教授合著，除共同确立本书的研究大纲和内容框架外，还完成了内容的具体研究，其中第一、第二、第四章由任志安著，第三、第五、第六章由廖信林著。同时在研究过程中，还得到了安徽财经大学理论经济学教学团队的吴友群副教授、郑美华教授、高莉莉副教授、张俊教授、卢辞研究员、赵茂林教授、胡联副教授的大力支持和帮助。另外，安徽财经大学理论经济学专业硕士研究生叶青杨、夏宇航、曹欣宇、汪辉、张梅菊、姚绍群、李明鸿、李鑫淼、毛莉也参与了研究，他们不仅设计并进行了多项问卷调查，还分别参加了不同章节不同内容的研究，其中叶青杨参与了第一章研究、毛莉和李明鸿参与了第二章研究、夏宇航参与了第三章研究、姚绍群和汪辉参与了第四章研究、曹欣宇和张梅菊参与了第五章研究、李鑫淼参与了第六章研究，在此一并向他们表示最衷心的感谢！

本书是在笔者多年的高校经济学教学中开展课程思政教育的教学实践基础上，充分结合我们对经济学课程思政中生态文明思想融入问题的思考和研究的成果形成的。这本书的出版得到了经济管理出版社的大力支持，笔者在此表示十分感谢！

在本书的写作过程中，笔者参考了大量国内外的著述和文献，唯恐在书中参考文献处有所遗漏，特此致谢，并对他们的研究成果给予笔者的启迪表示感谢。

任何一个论点或研究的被认可都需要经历长时间的检验和挑战，本书的研究也不例外，同样需要接受更多的经验证据验证或理论上的不断修正。在具体研究过程中，笔者也时常感到在很多问题研究上的不足，还留有大量的论题有待做进一步探讨，特别需要在经济学课程思政实践中做进一步思考。由于笔者水平和时间所限，本书对许多问题的研究仅仅只是提出问题，许多观点可能也有失偏颇，期待学界同仁多提宝贵意见。书中如有不当之处，敬请广大读者给予批评指正！

任志安　廖信林

2021 年 10 月 10 日

目　录

第一章　新时代高校课程思政教育的背景与意义 ⋯⋯⋯⋯ 1

第一节　课程思政教育的背景 ⋯⋯⋯⋯⋯⋯⋯ 2

一、课程思政的形成过程 ⋯⋯⋯⋯⋯⋯⋯ 2

二、课程思政的理论基础 ⋯⋯⋯⋯⋯⋯⋯ 9

第二节　课程思政概念的界定 ⋯⋯⋯⋯⋯⋯ 12

一、课程 ⋯⋯⋯⋯⋯⋯⋯⋯⋯⋯⋯ 13

二、思想政治教育 ⋯⋯⋯⋯⋯⋯⋯⋯ 14

三、课程思政教育 ⋯⋯⋯⋯⋯⋯⋯⋯ 16

第三节　课程思政教育的内涵 ⋯⋯⋯⋯⋯⋯ 18

一、课程思政教育的理念内核 ⋯⋯⋯⋯⋯ 18

二、课程思政教育的结构体系 ⋯⋯⋯⋯⋯ 19

三、课程思政教育的综合特征 ⋯⋯⋯⋯⋯ 21

四、课程思政教育的基本原则 ⋯⋯⋯⋯⋯ 22

第四节　课程思政的价值本源 ⋯⋯⋯⋯⋯⋯ 23

一、课程思政教育是适应当今时代的重要工具 ⋯⋯ 24

二、课程思政教育是高校进一步发展的必要手段 ⋯ 26

三、课程思政教育是教师改进教学的有效方式 ⋯⋯ 27

四、课程思政教育是学生提升自我的有力措施 ⋯⋯ 28

第二章　生态文明思想融入高校经济学课程思政的

必要性 ⋯⋯⋯⋯⋯⋯⋯⋯⋯⋯⋯⋯⋯ 30

第一节　人类社会生态文明思想的演进逻辑与内容体系 ⋯⋯ 30

一、生态文明思想的产生与发展 ⋯⋯⋯⋯ 30

二、国内外具有代表性的生态文明思想 ⋯⋯⋯ 34

　　三、生态文明思想的内容体系 ……………………………… 37

　第二节　生态文明思想融入经济学课程思政的必要性 ……… 48

　　一、新时代生态文明建设的必然要求 …………………… 48

　　二、经济学课程思政发展的内在要求 …………………… 49

　　三、新时代大学生全面发展的必然要求 ………………… 50

　　四、高校思想政治教育成效提升的必然要求 …………… 51

　第三节　生态文明思想融入经济学课程思政的可行性 ……… 53

　　一、生态文明思想与经济学课程思政相契合 …………… 53

　　二、生态文明思想具有开放性和包容性 ………………… 54

　　三、经济学课程思政具有融合性 ………………………… 55

　第四节　生态文明思想融入经济学课程思政的重要意义 …… 56

　　一、生态文明思想融入经济学课程思政的理论意义 …… 56

　　二、生态文明思想融入经济学课程思政的实践意义 …… 58

第三章　生态文明思想融入高校经济学课程思政的
　　　　现状分析 ………………………………………………… 62

　第一节　调查目的与方法 …………………………………… 62

　　一、调查目的 ……………………………………………… 62

　　二、研究对象与数据收集方法 …………………………… 62

　　三、问卷设计 ……………………………………………… 63

　第二节　基于调查问卷的生态文明思想融入高校经济学课程
　　　　　思政的现状分析 …………………………………… 66

　　一、基于学生版调查问卷的现状分析 …………………… 66

　　二、基于教师版调查问卷的现状分析 …………………… 77

　　三、调查问卷现状分析 …………………………………… 88

　第三节　存在的问题与采取的对策 ………………………… 91

　　一、存在的问题 …………………………………………… 91

　　二、具体对策 ……………………………………………… 94

第四章　生态文明思想与经济学课程思政的融合与设计 … 98

　第一节　生态文明思想与经济学课程思政融合的机理 ……… 98

　　一、课前——准备过程 ………………………………… 100

　　二、课堂——传输过程 ………………………………… 104

　　三、课后——巩固过程 ………………………………………… 106

第二节　生态文明思想融入经济学课程思政的基本

　　　　原则和要求 …………………………………………… 108

　　一、生态文明思想融入经济学课程思政的基本原则 ………… 108

　　二、生态文明思想融入经济学课程思政对教师的基本要求 ……… 113

　　三、生态文明思想融入经济学课程思政对学生的基本要求 ……… 115

第三节　生态文明思想与课程思政的融合与教学设计

　　　　——以发展经济学为例 ……………………………… 116

　　一、发展经济学学科介绍 ……………………………………… 116

　　二、生态文明思想融入发展经济学课程思政的内容设计 ……… 117

　　三、生态文明思想融入发展经济学课程思政的教学设计 ……… 129

第五章　生态文明思想融入经济学课程思政的
　　　　教学实践与成效 …………………………………… 132

第一节　开展生态文明思想融入课程思政教学方法改革 ……… 132

　　一、教学方法简析 ……………………………………………… 132

　　二、生态文明思想融入课程思政教学方法创新路径 …………… 136

　　三、生态文明思想融入课程思政教学方法改革

　　　　——以土地经济学为例 ……………………………… 138

第二节　开设生态文明思想融入经济学课程思政的线上

　　　　"第二课堂" …………………………………………… 143

　　一、搭建经济学生态文明课程思政网络教学平台 …………… 144

　　二、开展生态经济专题师生网络互动专区 …………………… 146

　　三、创建融合生态文明思想的经济学课程思政公众号 ……… 148

　　四、线上"第二课堂"的优势、不足及改进措施 …………… 149

第三节　开展与经济学相关的生态文明校园实践活动 ………… 151

　　一、开展"生态文明，绿色经济"专题讲座 ………………… 151

　　二、组织生态文明主题的经济学实践竞赛与活动 …………… 153

　　三、加强高校联动，举办校校合作的生态文明实践活动 …… 155

　　四、鼓励学生在毕业、学期论文设计中选择与生态

　　　　文明相关的选题 ……………………………………… 156

第四节　组织生态文明主题的经济学社会实践活动 …………… 157

　　一、在寒暑假社会实践活动中开设生态文明模块 …………… 157

二、带领学生进农村、进社区、进企业进行
"区域绿色发展"调研 ·················· 159

三、与当地政府、企业合作建立地方生态经济发展实践基地 ········ 160

第五节 生态文明思想融入课程思政的教学成效 ············ 161

一、生态文明思想融入课程思政的教学成效评价原则与特征 ········ 161

二、生态文明思想融入课程思政的教学成效评价体系
构建与评价方法 ·················· 162

三、生态文明思想融入课程思政的教学成效提升路径 ········ 164

第六章 生态文明思想融入经济学课程思政的
制度保障 ·················· 167

第一节 完善思想认知制度，强化高校的重视程度 ··········· 168

一、树立高校管理者主体责任意识，建立督学制度 ········ 168

二、培养专业课教师将生态文明思想融入经济学课程
思政的引导制度 ·················· 169

三、高校管理层带头营造课程思政氛围，提高全体师生的
重视程度 ·················· 171

四、做好顶层设计，明确本校生态文明思想融入课程思政的
发展方向 ·················· 172

第二节 构建责任落实制度，提升教学主体开展课程
思政的能力 ·················· 174

一、明确教师责任培养制度 ·················· 174

二、明确教师懈怠追责制度 ·················· 175

三、明确教师获得感培养制度 ·················· 176

四、明确教师考核评价制度 ·················· 177

五、成立教师能力培训制度 ·················· 178

第三节 完善协同配合制度，促进全校课程思政良性互动 ····· 179

一、要在任课教师间和行政部门间形成意见、问题反馈制度 ····· 179

二、要在学生和教师间形成意见、问题反馈制度 ········ 180

三、要在学生和学校间形成意见、问题反馈制度 ········ 181

四、要在教学端和行政端间形成问题解决和改进制度 ····· 181

五、要构建起高校各单位协同育人制度 ·················· 182

第四节 形成资源整合制度，加大思政资源的挖掘力度 ········ 185

一、明确挖掘经济学专业课中思政资源的重大意义 …………… 185

二、形成激励性的资源挖掘制度 …………………………… 186

三、形成资源整合制度 …………………………………… 189

第五节　建立教学评估制度，形成客观的评估体系 ………… 190

一、高校对教师的评价制度 ……………………………… 190

二、高校顶层设计的评价制度 …………………………… 194

三、评价时需要把握住一系列原则 ……………………… 195

参考文献 ………………………………………………… 197

后　记 ………………………………………………… 208

第一章
新时代高校课程思政
教育的背景与意义

"课程思政"这一概念在不断进行思想政治教育工作的经验积累后已经逐步走入中国教育界的视野，成为全国各大高校密切关注并且积极实施的高频词汇。教育是国家培育和选拔高素质、高水平人才的必要方法和重要途径，教育作为立国之本、强国之基，不仅是当下重要的社会进步基础，而且是源远流长的千秋之业，因而必须要明确其"培养什么样的人"。高校是教育的重要载体和阵地，是青年学习知识并且形成正确价值观的重点场所，肩负着培养人才、传承文化、研究创新、引领风气等重要责任与使命。各类课程在高校对学生进行思想政治教育时起着重要的引领作用，在传统教育中思想政治教育这一重要任务主要由思政课程完成，其他课程虽然在有着正确价值观的教师于"润物细无声"中有所涉及，但是那时并未形成系统的教学方法与教学理念。随着中国社会的不断发展和变革，进入新时代后对高校学生进行更加有效的思想政治教育日益重要。因此，继续重视和改进思想政治教育工作，完成从"思政课程"到"课程思政"的转变，树立"三全育人"理念，构建全课程育人格局，不仅对明确和保证社会主义办学方向、培养中国特色社会主义事业接班人有重要意义，而且也关系到高校能否落实培养人才等责任与使命以及立德树人的根本任务，是高校适应时代变化发展、提升可持续发展能力的重要举措。此外，课程思政建设所围绕的立德树人教育理念对学生德智体美劳全方位发展有着重要的促进作用，有利于学生更好适应快速发展的社会。

可见，理解和实施课程思政对于国家、高校乃至每一名高校学子都有着重要意义。本章将从课程思政教育的背景、课程思政概念的界定、课程思政教育的内涵以及课程思政的价值本源四个方面介绍课程思政，以加深对课程思政相关概念与问题的理解与认识，为高校开展课程思政、学者研究课程思政、教师与学生配合课程思政提供可供参考的资料。

第一节 课程思政教育的背景

一、课程思政的形成过程

事实上，"课程思政"这一新理念、新模式的形成不是一蹴而就的，而是在党和国家、地方政府以及众多高校的长期探索与实践中逐渐形成并日趋成熟的。高校所培养的诸多学子未来皆是建设国家、管理国家的社会主义接班人，党和国家从始至终对于如何培育在能力和道德上都达到一定标准的高校学生这一问题都非常重视，因此高校中的思想政治教育工作历来是建设中国特色社会主义至关重要的必要环节，旨在通过开设思政课程等教学实践活动，把正确的道德规范、政治观点、价值观念等传播给高校学子，以提升高校学生群体的政治觉悟、道德修养，形成正确的价值取向。

"课程思政"这一概念的形成以 2016 年全国高校思想政治工作会议为分界点，下面将对此会议之前和之后的思想政治教育工作进行脉络梳理。

（一）2016 年全国高校思想政治工作会议前的脉络梳理

党的十一届三中全会以来发布的一些文件中的内容所体现出来的关于思想政治教育工作的理念、思想以及意见，是伴随着我国社会的不断发展以及我国社会主义现代化建设进程的持续加深而不断继承、更新并发展的。对于这些文件的回顾，是梳理课程思政形成过程所必不可少的环节。

1987 年 5 月 29 日，《关于改进和加强高等学校思想政治工作的决定》已经涉及把思想政治教育同业务教学工作相结合的思想。该文件指出，为青年学生的健康成长创造良好的条件与环境是全党的责任，最重要的是在新形势下，高校必须把思想政治工作的改善和加强作为重要任务。第一，党的十一届三中全会以后，改革开放使得高校学生所接触的各方面信息与日俱增，在开阔眼界的同时也使得资产阶级的世界观走进高校学生的视野，再加上残余的封建主义思想对高校师生的影响，思想政治教育工作变得愈加复杂和艰巨。因此，高校和各教育部门需要全方位总结之前所进行各项行动的经验教训，社会主义办学方向须始终坚持，办学的指导思想须严格遵循。第二，高校必须高度重视创新的思路和实践，尤其是关于思想政治工作方式方法的改进与创新，进而让思政教育真正深入高校学生的头脑中去。首先，应该根据不同学科、不同年级的特点，把普遍性与特殊性相结合，设计更加适合每个学生参与的理论教育课程和社会实践课程，并且将社会主义理论、中华民族精神、各项方针政策、社会主义民主和法制思想融入这些课程之中。其次，要把思想政治教育融入业务教学工作，既要使高校学生明白努力学习西方先进知识的重要性，又要明确这些知识是为建设中国特色社会主义服务的，关键举措就是把思想政治的理论知识与我国改革建设的实践相结合，再贯穿到各专业课程的教学环节中去。最后，还要注意教育的方式方法，对学生既要严格要求，又要适当疏导，适度的压力能让学生意识到自己的不足，积极的引导又能让学生找到正确的方向。第三，教师是学生身边最近的榜样，教师的修养和行为对学生有强烈的示范作用和潜移默化的影响，要想完善高校思想政治教育工作、培养德才兼备的学生，教师势必是整个思想政治教育工作流程中起决定性作用的因素，因此必须全面加强教师队伍的思想体系建设，使教师队伍形成更加正确的政治方向进而自觉投身于中华民族的教育事业，并且有意识、有能力做到"教思想政治之书，树德才兼备之人"。第四，思想政治教育不只是教导马克思主义理论，更重要的是将思想政治理论应用于实际学习和生活中，用所学到的思想政治理论知识为学习、工作和生活指明方向，因而思政教育的综合性、实践性都比较强。因此，作为骨干力量的思想政治工作队伍不仅应该是思想政治知识的专家，而且要有模范带头精神，与时俱进更新自身知识和能力的同时又要献身于思想政治教育工作。第五，孔子曾说："政者，正也。子帅以正，孰敢不正？"这句话即是表达领导的带头示范作用，"上梁不正则下梁歪"。高等学校领导班子不仅需要较高的管理能力以及相应的专业知识水平，而且也需要有较高的思想政治水平，以此提升对思想政治工作的领导能力。第六，做好高校的思政教育工作不是一个人或一个群体的事，青年学生能否健康成长是全党全社会的责任和义务所在。

　　1994年8月31日，《中共中央关于进一步加强和改进学校德育工作的若干意见》适时提出了一系列意见和要求，对在扩大开放、深化改革等新形势下加强和改进学校德育工作有重要的指导意义。文件首先指出了在我国各项工作和事业进入新时期、新阶段后学校德育工作的重要性。要站在历史的高度上，用长远的眼光看待智育和德育工作，因为现在所培养的学生在日后会投身于社会主义建设事业中，会参与到社会发展的各项环节中。文件肯定了我国在德育工作方面已经取得的成绩，特别是改革开放的不断深化所推动取得的成就，并将这些成就与我国社会主义制度不断显露的优越性以及青少年自身日益增长的自觉性当作日后进一步做好德育工作的基石和条件。文件提出了今后完善德育工作所需要进一步思考和解决的新问题：在当今中国特色的经济体制下，如何让青少年正确认识我国社会主义意识形态的重要性及地位；在随着改革开放不断涌入的国外先进的知识和理念的冲击下，如何让青少年在正确认识我国国情的同时，认识到中华民族传统文化的优越性及重要性，对国外先进知识和我国优秀传统文化做到兼容并蓄；如何让青少年在新旧体制转换的过程中养成良好的道德，树立正确的"三观"；由俭入奢易，由奢入俭难，培养学生自力更生、艰苦奋斗的精神也是一个亟待解决的问题，毕竟在人民生活水平逐渐提高的当下，忆苦思甜、自强不息需要学生的自觉性和教育的推动力。文件指出了当前学校的德育工作还有相对落后的地方，需要解决与新形势、新要求不相适应的地方，需要进一步摆正态度并推进德育教学改革，形成更加完善的德育教学体系。文件还对怎么加强和改进学校德育工作提出了一些意见和建议：第一，要实现加强和改善学校德育工作的目标，首先需要做好由整体到细节的科学的长远规划。做好规划首先要明确当下学校德育工作的总目标，并根据总目标以及青少年形成思想道德的客观规律，对学校德育教学体系的完善和发展做出整体规划；其次，不同年龄、不同学习阶段所能够、所需要接受的各教育内容的范围、深浅以及侧重点都不同，需要据此做出各教育阶段的细节规划。第二，改进和完善教材的内容以及教学的体系，中国特色社会主义理论应该是德育教学的中心内容。第三，爱国精神、集体主义以及社会主义思想是学校德育教学的重要主题，对于学生形成正确的价值观、培养良好的道德、坚持党的领导和社会主义道路具有重要意义，因此必须要加强这些方面的主题教育。第四，要将中华民族优秀的道德传统和传统文化与社会主义建设实践相结合，使之具有新的时代内涵和现代意义，进而形成同时具有历史意义和时代精神的思想、道德、文化。第五，时代在发展，社会在进步，素质教育也需要与之相适应。因此，需要结合法制、道德、艺术、心理健康等各种教育的特点通过多种方式培养学生。第六，德育工作不能仅仅通过加强管理使学生被动接受，更重要的是通过关心学生、帮助学生等更柔和的方式指导学生。一方面，应完善校规校纪的设计；另一方面，应重视培养学生的自觉性。第七，文件以极具前瞻性的眼光提出了全体教职工对德育的责任和作用，除了最关键的授课教师的言传身教与教书育人任务，教育行政部门和学校更要参与进来，在提高教师思想政治水平的同时，对教师采取适当的激励措施，形成更加有效的育人体系。第八，文件中极具前瞻性的提议还体现在倡导各类学科与课程同德育的有机结合上。根据国内外的经验和做法积极进行教育改革，将人文、社会科学等课程与思想品德课程统筹规划，使各类课程有着正确的指导思想和思想导向。第九，学校是社会精神建设中的小环境之一，应该重视校园文化风向，促进校园文化从低俗走向高雅，从消极走向积极，从非理性走向理性。第十，要把德育工作贯穿于教育的全过程、各环节，而不仅仅是依赖课堂，此外还需要建立相应的评估制度。可以看出，上述第八、第九、第十点提议对于现在的课程思政建设也是具有重要指导意义的，并且毫不过时，体现了中共中央决策的前瞻性、科学性、发展性。第十一，知行需合一，要想德育教学收获成果，一定要做到将理论与实践相结合，设计出能提升学生思想道德水平且不妨碍正常学习生活的活动内容。第十二，要找到思想政治教育本身的规律性，深挖思想政治教育的科研潜质，使之成为一门真正的科学，进而才有更广阔的发展前景。第十三，与前文提到的一样，思想政治工作队伍不仅是思想政治知识的专家，而且要有模范带头精神，在与时俱进更新自身知识和能力的同时又要献身于思想政治教育工作。与此同时，要保证德育骨干队伍的待遇，建立表彰制度，并且积极支持和发展"双肩挑"的制度。第十四，教育行政部门和学校要把德育教学工作当作一个长期的任务，并且不断改善相关工作的物质条件。第十五，党的相关组织、学校的相关组织要发挥模范带头作用，开展各种教育活动宣传，带动同学们对于德育工作的积极性，并吸收表现优异的同学入党、入团。第十六，德育工作不只是一个人或一群人的任务，而且还是一项社会性的系统工程，一切从事精神产品的有关部门都应该参与进来，自觉为青少年创造一个健康、高尚的学习和生活环境。相关部门也需要对文化、娱乐产业进行严格监管，更要有相应的政策和法律措施。第十七，严格贯彻执行《中华人民共和国未成年人保护法》。第十八，各地党委和政府要严格监督和帮助学校，为学校创造提升德育工作能力的各种条件，并把这些工作当作一项长期任务来实施。

2004 年 10 月 15 日发出的《关于进一步加强和改进大学生思想政治教育的意见》强调科教兴国和人才强国战略的实施是必要的，影响是深远的，并且其中必须包含大学生思想政治教育的改进以及思想政治素质的提高。总括来说，该文件分为九个部分：第一，大学生思想政治教育的重要性要求不断改进和加强大学生思想政治教育的方式方法。第二，对大学生思想政治教育的指导思想和基本原则做了总结和创新，并且很多都能够指导今天的课程思政建设。第三，文件指出了对大学生进行思想政治教育必须要更进一步，加强和改进作为大学生思政教育核心的理想信念教育，教育过程中要把基本道德规范作为基础穿插其中，并且爱国主义教育不能松懈，不仅要重视大学生智力和能力发展，还要重视大学生德智体美劳全面发展。第四，文件开创性地提出了"主渠道"概念，认为高等学校应该在利用好思想政治课程这个主渠道的同时，把思想政治教育渗透进更多课堂、更多环节。这与今天的"课程思政"以及习近平总书记强调的"守好一段渠，种好责任田"理念具有相同的含义。第五，文件强调了课堂以外的社会实践的重要性以及发展可能性，社会实践可以与多方面理念目标相结合，把知行合一的作用充分发挥出来。文件第六、第七、第八、第九部分内容是对上述各文件的继承和补充。

这些文件发布以来对我国德育工作产生了重要的指导意义，继此之后上海也逐渐开辟了改革学校思想政治教育（德育）课程的道路。上海课程的改革经历了三个阶段，改革的重点是从初中至高中德育教育的建设转变，以重视大中小型道德课程的整合。在这个过程中，整体的实施概念以及构建全员、全课程育人格局的理念也变得更加清晰。这些过程及思想理念成为形成"课程思政"理论体系的基石和条件。上海课程改革自 2005 年开始实施的"两纲教育"打破了课内外的界限，串联起年级的脉络，勾勒出了上海德育工作的新格局，其核心理念是"学科德育"理念，与上述文件涉及的"把思想政治教育同业务教学工作相结合"的思想以及课程思政重点建设的"三全育人"理念非常接近，即充分利用每个课程、每位老师来对学生进行思想政治教育。此外，还需及时更新中小学各学科"课程标准"和"教材内容"，提升德育实效性，各学科各年级的教育内容都要符合社会主义核心价值观的要求，并且要在其中自然融入社会主义核心价值观的要求。

2015 年 1 月 19 日，《关于进一步加强和改进新形势下高校宣传思想工作的意见》继承了党和国家历来对意识形态工作的重视，并且强调了高校在意识形态工作中的意义和地位在于高校是其前沿阵地。文件很多观点和意见是对上述文件的继承和补充，比如指出高校思想宣传工作战略任务的重要性和紧迫性，并在继承之前文件内容思想的基础上补充说明了高校思想宣传工作的指导思想、基本原则和主要任务。文件也提出了一些新的指导意见，强调推动学生正确认识中国特色社会主义理论体系，重视主流思想舆论的作用，加强高校阵地的全方位安全管理等。这些指导意见对于如今的高校课程思政建设不仅并不过时，而且有着不可忽视的重要价值，当前各项工作都应该继承并改进这些指导思想和意见。

2016 年 11 月 17 日，在上海展览中心举办了上海社科界第十四届学术年会，专家学者从更加广义的视角扩大了高校思想政治课程的范围，称其为高校思想政治教育理念。他们认为，这种新的教育理念比以前具有更广泛的内涵和意义，具体体现在以下三个方面：第一，与高校的思想政治课程相比，高校的课程思政建设具有更广阔的范围和更立体的角度。第二，课堂上的思想政治学习不应局限于某个或某些思政课堂，而应该使之扩散、渗透到所有课堂，真正实现教书育人。第三，高校思想政治教育要转变固有的教学理念，构建更加全面有效的教学体系。

（二）2016 年全国高校思想政治工作会议后的脉络梳理

习近平总书记对教育特别是思想政治教育一向保持高度重视的态度，这也是对我党一直以来关于思想政治教育工作的鼓励和推动该项工作的继承和改进。为了在当代真正做到立德树人进而能够培育高质量的社会主义建设者和接班人，课程思政建设在总结前人的经验以及规划长远的未来中应运而生。

2016 年 12 月 7~8 日，全国高校思想政治工作会议直接提出了高校课程思政建设的概念和理念。《人民日报》（2016 年 12 月 9 日）关于会议的报道中第一段是这样讲的："习近平总书记在会上强调，高校思想政治工作关系高校培养什么样的人、如何培养人以及为谁培养人这个根本问题。要坚持把立德树人作为中心环节，把思想政治工作贯穿教育教学全过程，实现全程育人、全方位育人，努力开创我国高等教育事业发展新局面。"① 可以说，习近平总书记在这次会议上所做出的一些发言，是关于高校思想政治教育的理论创新，更是指导当今社会更好地进行高校思想政治教育的纲领性文件，对之后的课程思政建设有着至关重要的指导意义。

2016 年全国高校思想政治工作会议上习近平总书记有三点非常重要、非常先进、非常科学的论断：第一，思想政治教育工作从根本上说是针对人所进行的工作，必须以学生为中心，必须围绕学生，让学生用正确的眼光认识、看待当今世界和当今中国的发展现状以及未来发展大势，从而能够更深刻地体悟中国特色社会主义的重要性，理解其历史必然性，并且能够将中国梦和青春梦同向同行，以中国梦激扬青春梦，以青春梦推动中国梦，让青年学子自觉树立起为中华民族伟大复兴努力奋斗的理想信念。第二，思想政治工作规律指导思想政治教育工作，教书育人规律明确指出教书的根本目的是育人，遵循学生成长规律才能实现学生健康成长和全面发展，这三个规律是做好高校思想政治教育工作必须遵循的。第三，思想政治课程是教授思想政治知识、培养思想政治素养的专业课程，思想政治教育要充分利用但也不能局限于思想政治课程这个主渠道，高等学校应该同时把思想政治教育与更多课堂、更多环节有效结合，也就是说在思想政治理论课不断改进的同时，其他各门课都要"守好一段渠，种好责任田"。

2017 年 2 月 27 日，《关于加强和改进新形势下高校思想政治工作的意见》指出，当代高校需要不断在创新和改革中完成所肩负的如人才培养、科学研究、文化传承创新等责任和使命，再次强调高校思想政治教育工作依旧是教育工作中不可或缺的重要部分，并且改进和加强高校思想政治工作不仅在当下是一项重大的政治任务，而且也会是一项长远的战略工程。该文件大体上可分为七个部分：第一，明确指出党的十八大以来，在以习近平同志为核心的党中央对高校思想政治教育的高度重视下，在各单位积极采取有效措施开展工作的不断努力下，思想政治教育已经取得了令人瞩目的重要成就以及宝贵经验，并在继承之前文件、政

---

① 张烁. 习近平在全国高校思想政治工作会议上强调：把思想政治工作贯穿教育教学全过程　开创我国高等教育事业发展新局面［N］. 人民日报，2016-12-09（001）.

策的内容及思想的基础上补充了未来进一步改进和加强高校思想政治工作的指导思想和基本原则。第二，强调在高校的各项教育活动中穿插融入理想信念教育是不可或缺的，并且通过创新的方式把社会主义核心价值观融入到教学过程的各个环节、各个方面以实现思想理论教育和价值引领，同时要进一步发挥高校思想政治理论课程的主渠道作用，并再次呼吁中华民族优秀传统文化是宝贵且重要的，值得在当代社会继承和发扬。第三，推动哲学及社会科学的理论体系中国化，让中国特色、中国风格融入更多文化领域。第四，要把校园和课堂作为思想文化阵地来管理。第五，重视教师队伍的骨干力量，让教师队伍与学生群体教学相长、共同提高，师生共同为高校思想政治工作的进一步发展做出贡献。第六，要充分发扬改革创新精神，充分利用大学生喜爱互联网这一现代教育形式的特点，用其喜欢的方式开展思想政治教育，并且不局限于传授知识给大学生，还应该帮助和服务大学生，在生活环境、教学条件以及心理健康等多方面促进其健康发展。最终应该将高校所进行的各项工作制度化，形成科学高效的制度体系。第七，要坚持党对高校的领导地位不动摇。

2018 年 5 月 2 日，习近平总书记在北京大学师生座谈会上的讲话中强调："大学是立德树人、培养人才的地方，是青年人学习知识、增长才干、放飞梦想的地方。"[1] 关于学校培养什么样的人，习近平总书记说："我国社会主义教育就是要培养德智体美劳全面发展的社会主义建设者和接班人。"[2] 关于怎样培养人，习近平总书记强调要抓好三项基础性工作："第一，坚持办学正确政治方向。第二，建设高素质教师队伍。第三，形成高水平人才培养体系。"[3]

2019 年 3 月 18 日，习近平总书记在北京主持召开学校思想政治理论课教师座谈会并发表重要讲话。"他强调，办好思想政治理论课，最根本的是要全面贯彻党的教育方针，解决好培养什么人、怎样培养人、为谁培养人这个根本问题。新时代贯彻党的教育方针，要坚持马克思主义指导地位，贯彻新时代中国特色社会主义思想，坚持社会主义办学方向，落实立德树人的根本任务，坚持教育为人民服务、为中国共产党治国理政服务、为巩固和发展中国特色社会主义制度服务、为改革开放和社会主义现代化建设服务，扎根中国大地办教育，同生产劳动和社会实践相结合，加快推进教育现代化、建设教育强国、办好人民满意的教育，努力培养担当民族复兴大任的时代新人，培养德智体美劳全面发展的社会主义建设者和接班人。"[4]

---

① ② ③ 习近平. 在北京大学师生座谈会上的讲话 [N]. 人民日报，2018-05-03（002）.

④ 张烁. 习近平主持召开学校思想政治理论课教师座谈会强调：用新时代中国特色社会主义思想铸魂育人 贯彻党的教育方针落实立德树人根本任务 [N]. 人民日报，2019-03-19（001）.

2021年4月19日，习近平总书记在清华大学考察时发表了重要讲话，再次强调了教师在高校教育中的重要作用，不仅是在传授知识方面做学生的先生，更要成为"大先生"，在为学、为事、为人等方面都作为学生的榜样，在学习研究方面着眼于世界学术前沿和国家重大需求，不断吸收学习新知识、新理论、新科技以解决中国实际问题；在思想政治层面要坚定自己的理想信念，崇德向善，始终同党和人民站在一起，自觉做中国特色社会主义的坚定信仰者和忠实实践者。

二、课程思政的理论基础

英国哲学家弗朗西斯·培根主张思想是行动的先导，因为行动要受到理论和意念的指挥，而思想是前进的旗帜，因而每种行动和实践都需要科学的理论支撑。课程思政概念的形成、落实以及推进等各个环节和过程，都是有着科学的理论依据、先进的思想指导以及深厚的历史积淀作为前提和基础的科学进程。具体来说，作为课程思政理论基础的相关理论，大体上可分为马克思列宁主义相关理论、中国特色社会主义相关理论、教育教学相关理论等。接下来将对这些理论逐一进行进一步说明。

（一）马克思列宁主义相关理论

在马克思主义的基本理论中，资产阶级和无产阶级的教育理论、人的全面发展理论、认识和实践的关系理论等都与课程思政的思想内核密切相关。第一，马克思和恩格斯在对资产阶级和无产阶级的教育阐述说明时反复强调，无产阶级无时无刻不遭受着剥削和压迫，他们大多数人并没有时间和精力，最主要的是没有机会接受教育，而即使其中的少数一部分儿童进入了资产阶级的学校接受所谓的资产阶级教育，也只不过是接受资产阶级的恶意洗脑，把本该拥有美好未来的孩童变得只会俯首帖耳、唯唯诺诺地服从资产阶级的命令。这不应该算作无产阶级所需要、所应该接受的教育。因此，无产阶级只有在接受无产阶级的教育时，才能真正学习到自己需要和喜欢的自然、科学、政治、经济、艺术等知识。为了让无产阶级明白自己所遭受的苦难，明确自己的敌人，必须进行意识形态方面的教育，最终得以站起来用革命的方式反抗资产阶级。第二，从人的全面发展的角度看，全面发展不仅包括智力发展，还要包括道德修养、社会适应、政治能力等，这与将思想政治教育与专业课教育融合教学的思想理念是相吻合的。第三，从认识和实践的关系的角度看，马克思理论认为认识和实践具有辩证关系，课程思政建设正是将已有的科学认识在高校中传播、在教育中实践，最终也将导致思想政治理论的进一步发展。

列宁也非常重视课程教育与思想政治教育的关系。他认为，不管统治阶级承不承认，教育都不能不联系政治，两者是不可分割的，只有成功进行政治教育，才能培养真正的共产主义者。对于课程的思想政治方向问题，列宁认为由授课教师决定。他认为教师在课堂上应该坚持马克思主义的指导地位，而不允许出现授课教师思想觉悟不高、思想意志不坚定。这为今天"三全育人"理念的形成奠定了深厚的理论基础。

（二）中国特色的思政教育理论

党和国家对于思政教育非常重视，对现实的思想政治教育实践有着极大的指导意义。中国每一任领导人都非常重视教育，特别是思想政治教育，关于高校的思政教育工作也有一些理论意义上的论述。毛泽东认为对学生的教育除了专业知识教育之外，还要注重思想引领。邓小平对教育的重视也是由来已久的，1959年就提出"要保证重点学校的教学质量"，《中共中央关于改进和加强高等学校思想政治工作的决定》等文件都体现了他对思政教育的重视和思考。江泽民非常重视以马克思列宁主义、毛泽东思想、邓小平理论为指导来保证哲学社会科学发展的正确方向。胡锦涛非常重视社会科学的发展，这在《中共中央发出关于进一步繁荣发展哲学社会科学的意见》中有所体现，而在2004年左右的包括在本章第一节的"课程思政"的形成过程中提到的一些文件中都体现了他强调哲学社会科学的中国化的课程思政思想。习近平总书记在北京师范大学师生座谈会上多次引用包括邓小平同志的发言等经典语录强调指出，老师是教育事业的关键，并且指出老师自身理想信念和道德情操的重要性；在全国高校思想政治工作会议上，他在总结前人经验的基础上又推动形成了"课程思政"理念。在之后的北京大学师生座谈会、学校思想政治理论课教师座谈会、清华大学考察等一系列活动中都在强调高校教育，特别是思想政治教育的重要性。可以说，习近平新时代中国特色社会主义教育思想为高校思想政治教育工作提供了理论指导。

（三）教育教学相关理论

第一，最早于20世纪60年代在美国兴起的隐性教育或者称为潜在课程，由杰克森在其著作《班级生活》中提出，潜在课程理论注重隐藏在日常课程之外的扩展教育活动，为课程思政教育在润物无声中对学生进行思想政治教育提供理论遵循。我国早在20世纪90年代就已经将隐性教育置于思想政治教育活动范畴进行讨论，认为将教育教学与实践深度融合有助于在解决实际问题的同时深化思想认识，提升思想政治教育效果，形成良好的思想道德观念。从教学方式上说，隐性教育有别于传统的司空见惯的课堂教学方式，采用"潜在课程"这种非正规的形式，将教育教学活动寓于学生的日常生活、社会实践中，其教学内涵、教育内容、学习目标往往都是隐藏的，强调侧面的、间接的教育教学，这种不刻意、润物细无声的教育方式可能更为学生所接受，从而让各类知识和思政理念渗透、扎根于学生的脑海与心田。从教育主体上说，如同隐性教育的教学环境不局限于学校，隐性教育的教育主体也不局限于教师，除了教师要以身作则、言传身教之外，学生家长也要积极参与，课程思政教育中包含的隐性思政教育也是如此，即便有些家长在高校学生的专业知识方面已经无法提供帮助，但是在思想道德方面，父母一直都是孩子的榜样和标杆，父母的言行举止也会对孩子的为人处事造成深远影响，因而课程思政教育要求父母作为隐性教育的主体之一。此外，隐性教育的教育主体还包括其他可以给高校学生以思想道德指引的社会主体，即课程思政教育要做到"全员育人"。从教学结果的角度看，课程思政教育中的隐性思政教育强调教育除了教书外更重要的是育人，立德树人才是最根本的目标与价值本源，除了基本的专业知识以外，学生也应该拥有具有时代意义的社会主义核心价值观、中华优秀传统文化、爱国精神、职业道德、家庭美德、个人品格等思想政治资源和内容，成为德智体美劳全面发展的高素质人才。

第二，皮亚杰提出的建构主义理论提倡学生的自主学习，重视学生的已有知识结构，并主张以此为基础建构新的知识结构，将专业课程与思政思想相融合构成新的知识体系，进而对教学方式、教学环节进行一系列改革提供理论基础。从教学方式上说，课程思政理论继承了建构主义理论的科学化、标准化、精细化的课程建设管理育人方式，区别于传统的"老师教、学生学"，主张让学生自主吸收各类知识，主动对其精细加工进而融会贯通，这样的教学方式学生不仅会接收到思政知识，还会接触到其他人文社会科学的各类知识，进而会于不知不觉中将各类知识相互结合，形成自己庞大的知识体系，达到课程思政希望各类课程协同创新的初衷和目标。从学习主体上说，建构主义强调以学生为中心主体，而在课程思政教育过程中也同样强调在规划教学活动时多学科共同参与，更多地提供优质教学资源给学生自主学习。从教学过程看，课程思政教育的构建需要精准把握学生自身的需求与特点，强调让学生在老师的引领和同学的协作下，进行自我学习、自我修炼，更强调在学习过程中不仅有各类知识，还有思政元素融入其中。从学习结果的角度看，课程思政与建构主义都强调最终学生要形成自身的知识体系，并且课程思政强调，这个知识体系不仅包括学生的专业知识体系，还要有各类课程与思政理念相融合的思政知识体系，培育出既能精通自身专业知识，又能树立正确三观的高素质人才。

第三，有效教学理论可以指导人们"怎么教"的问题，注重怎样学习更有效，怎样的方式能促进学习，课程思政教育从有效教学理论中可以得到改进教学方式、创新教学课程设计方面的指导，从而达到各学科协同育人的目标。我国最早在《学记》中就涉及了有效教学理论的思想和理念，核心内涵就是追求教育教学的事半功倍效果，即以较少的时间、人力和物力投入，取得较好的教学效果。有效教学理论追求的教学有效性可概括为"三有"：①有效果，即教育教学的成果与设立的教学目标吻合；②有效率，即事半功倍，以较少投入换取较好教学效果；③有效益，即教学目标与特定社会和个人的教育需求是否吻合及吻合的程度，这对于课程思政教育制订教学计划和方案有很大的指导意义。

第四，课程文化发展理论所关注的高校各种课程中所包含的文化传承、发展和建设，对于课程思政教育发掘各类课程中的思政元素、思政文化提供了理论支撑。从文化的角度看，高校各类课程从根源上不仅包含自身的专业知识，还承载着包括相关制度规范、精神内核、道德品质等在内的各类文化因素，发掘并有效利用这些文化因素有助于提升各类课程的育人效果。文化因素也是决定课程质量的重要因素和内在灵魂，有助于发现和总结各类课程在思政育人方面存在的不足、造成问题的原因，进而分析出这些课程融入课程思政教育的路径和方法。课程文化发展理论中还包含课程文化发展和传播的途径及其对高校学生的影响，与课程思政教育希望通过有效途径推动学生树立正确的思想观、文化观殊途同归，两者是相互依托、协同并进的。可见，课程文化发展理论对于课程思政教育具有重要意义，是课程思政教育的理论基础。

第五，合作教育理论强调教育应该追求知识传授、能力培养和价值引领三者的统一，为课程思政教育的当代意义提供了理论遵循。课程思政教育也是追求让高校学生在高等教育中不仅能够获得工作领域的基本技能、处理问题的思维能力，而且能够培养为人处世的良好个性品质，只有这样才是符合当代发展要求、能为中华民族伟大复兴做贡献的社会主义接班人。

第二节　课程思政概念的界定

美国著名哲学家、教育家、心理学家约翰·杜威认为，对问题有了准确明晰的判断就相当于解决了问题的一半。因此，为了更深入地研究和推进课程思政教育，进而能够解决高校思想政治教育的"孤岛困境"，改变思想理论课程与专业课程"两张皮"的现象，首先要做的就是深入且细致地理解其含义，区分其概念。

伟大的马克思主义先驱者，著名的政治家、思想家列宁在《哲学笔记》中指出："每一概念都处在和其余一切概念的一定关系中、一定联系中。"这启发我们，当我们需要考察研究某一个概念时，不能孤立地研究这一个概念，需要联系与之相关的其他概念，分清概念间的联系和区别，进而对所研究的概念有一个更全面、更细致的把握。

回到"课程思政"概念，从构词法的角度上看，它是由"课程"和"思政"两个词语或概念组成的简单词，但"课程思政"是经过长期历史积累以及研究推进才形成的高度凝练的复杂概念，前文提到的多种多样的理论基础以及历史经验赋予了"课程思政"一加一大于二的意义。接下来将从课程、思想政治教育、课程思政教育三个维度分析"课程思政"的概念。

一、课程

"课程"一词的现代释义是学校学生所应学习的学科内容及其进程，也可以用来专门指代某一门学科项目。然而"课程"并不是现代才有的概念，在我国有着悠久的历史，最早在佛经的译文中就已经有了记录。"课程"的古义可以指有规定数量和内容的工作或学习进程、缴纳赋税的限期或指按税率缴纳的赋税、规划工程、考核工作进程。

唐朝经学家孔颖达在他奉命编纂的《五经正义》中提到"以教护课程，必君子监之，乃得依法制也"，此处"课程"的含义为有规定数量和内容的工作进程。而南宋陈鹄的《耆旧续闻》卷二中提到的"后生为学，必须严定课程"，以及明末清初的经学家顾炎武的《与友人辞往教书》中提到的"有实心向学之机，多则数人，少则三四人，立为课程，两日三日一会"中"课程"的含义，是指有规定数量和内容的学习进程。

《旧唐书·职官志二》中有一段话，即"掌勾诸司百僚俸料、公廨、赃赎、调敛、徒役、课程、逋悬数物"，在这里"课程"的含义是课税限期，即缴纳赋税的限期。而《金史·孙铎传》中的"院务课程及诸寨名钱须要全收交钞"以及元朝著名政治家王仲谋王恽在《为驿程量事缓急给限事状》中提到的"押运差发课程一切等物者，既还，心欲速得到家，不问铺马生受，日行数站，其马定不无走损倒死"中"课程"的含义是课税，即按税率缴纳的赋税。

南宋刘昌诗的《芦浦笔记·白玉楼赋》中写道："惟五城一觊之珍，三献不逢之宝，盖於此山积而云骈。然后大匠课程……"在这里"课程"的含义是规划工程。而清代文学家曹寅的《真州述怀奉答徐道积编修瓲月见寄原韵》中提到的"课吏不课程，百里半九十"中"课程"的含义是考核工作进程。

南宋理学家朱熹在其《朱子全书·论学》中也多次用了"课程"这一概念，并且其概念与"课程"的现代释义相近。比如"宽着期限，紧着课程"，"小作课程，大施功力"等，其中"课程"指的是学习进度、学习计划以及需要掌握的知识。而近代文学巨匠鲁迅在《集外集拾遗》中提到的"设讲演及学校课程，一般地说，是从事于革命的宣传工作的"中"课程"的含义是特指学校的教学科目和进程。

西方文化中"课程"一词的发展也是循序渐进的。最早可追溯到古拉丁语的"跑道"，"跑道"一词也暗含着"轨道"的意思，"课程"可以理解为不同学生设计的不同轨道；"跑道"的现实意义是用于奔跑，是一个追求自我提升的过程，即"课程"可以理解为学习、自我建构的进程。英国教育家斯宾塞在《什么知识最有价值》中用到了"教学内容的系统组织"等概念，其实就是现代意义的"课程"概念。约翰·杜威提出的"教育即生活，学校即社会"的教育理论，提倡将学习的范围扩大且主张"从做中学"，强调实践出真知，注重个人的发展以及个体对客观事物的理解，他的有关教育、课程的思想对美国以外的地区如中国、印度等也有很大影响。

二、思想政治教育

《思想政治教育学原理》全面且系统地论述了思想政治教育理论，是高校思想政治教育的前沿教材，具有一定的权威性，其中关于高校思想政治教育的定义是："社会或社会群体用一定的思想观念、政治观念、道德规范，对其成员施加有目的、有计划、有组织的影响，并促使其自主地接受这种影响，从而形成符合一定社会一定阶级所需要的思想品德的社会实践活动。"在大学及以上的学习阶段，高校学生不仅需要学习自己专业的相关知识，还需要接受思想道德教育的洗礼，提高道德修养，同时需要接受政治领域的熏陶，提升政治觉悟。因此，作为大学生深入学习各领域专业知识、接受高等教育并形成远大理想，树立正确道德观的高校，非常有必要方向明确、主题明晰、计划完善、组织得当地对大学生进行思想道德、政治素养、法律规范等意识形态方面的教育活动，推动大学生始终拥护中国共产党的领导，树立为国家奋斗的理想信念，把个人梦想和社会梦想乃至中国梦融合统一起来。

在党、政府、社会、高校、教师等组织和团体的不断发展、不断改进、不断完善下，思政课程经过历史积淀以及科学推动发展到现阶段，早已脱离了开始时稚嫩的单一教学形式，高校思政课程的课程结构和课程体系已经愈加合理和完备。大体上看，高校的思政教育课程可从显性角度和隐性角度两个视角来加以分析。

显性角度的思政教育课程即为必不可少的课堂教育，高校通过开展多种多样、科学合理的思政课程或者说思政课程体系，在课堂上由老师给学生传授思想政治方面的相关知识，并以身作则，利用榜样力量发挥模范带头作用，对学生进行思想道德熏陶。思政课堂在我国具有非常重要的地位，从小学到大学甚至研究生等各阶段都会开设，它所包含的不仅有思想道德、政治素养、法律规范等意识形态方面的知识，更重要的是还让学生形成系统的社会主义理论体系，增强对中国道路、中国模式的自信，进而正确认识我国和当今世界的各方面局势以及我国进行社会主义建设的科学规律，从而坚持在党的领导下锐意进取，自觉树立建设和发展中国特色社会主义事业的理想信念并为之奋斗。可以说，思政课程是高校进行思想政治教育的主渠道。显性角度的思政教育在高校主要开设《思想道德修养和法律基础》《中国近现代史纲要》《马克思主义基本原理概论》以及《毛泽东思想和中国特色社会主义理论体系概论》等课程，具有全面性、系统性、理论性等特点。每学期还会开设形势与政策课程，给学生讲解最新的政治思想和国际国内形势，提升学生政治思想的先进性，在教会学生马克思主义和中国的社会主义思想等经典理论知识的同时使其了解变幻莫测的社会环境和政治局势。综上所述，思政教育的显性方面具有指引、授识、树人等功能。

与思政教育的显性角度相对应的即是思政教育的隐性角度，上文说到显性思政教育是高校进行思想政治教育的主渠道，那么隐性思政教育则是高校进行思想政治教育的主战场。为什么这么说呢？我们先来看看隐性角度思政教育的定义。"隐性思政教育"即为课堂以外的日常思政教育，是课堂思政教育的扩展，与现在各方面教育提倡的"第二课堂"教育是同向同行的。隐性思政教育的主要方式方法有社会实践、创新活动管理实践等，进行隐性思政教育的人主要不是思政课程老师，而是辅导员、高校的党委成员、学生导师等。隐性思政教育理念与上文提到的美国著名哲学家、教育家、心理学家约翰·杜威提出的"教育即生活，学校即社会"的教育理论、主张的"从做中学"等思想是东鸣西应的，都提倡社会学习，认为学习者所处的社会环境、所进行的社会活动都具有潜移默化的影响，甚至比单纯的理论学习所受到的熏陶和启发更多。总的来说，隐性思政教育具有创新性、实践性、自主性等特点。从功能性的角度看，隐性思政教育的作用从古至今都是非常显著的。在古代，隐性思政教育有着强大的"教化"或者说"社会控制"功能，每个人所处的社会环境于潜移默化中使得他们完全服从于统治阶级所施行的政治模式和政策方向。资本主义时代的资产阶级也通过这一方式控制着无产阶级。对于育人这一功能来说，隐性思政教育的作用也是非常值得重视的。道德心理学的相关研究指出，道德修养的形成塑造和提升发展依赖于知识、意图和行为的有机统一。仅通过"显性思政教育"的课堂教育方法，很难将道德知识升华为学生的内在道德修养和政治素养，并且从显性思政教育和隐性思政教育的定义和特点等方面可以看出，两者并不是相互对立的概念，而是相互补充、协同发展的关系。因此，在进行课堂思政教育的同时，将隐性思政教育视为一种重要的学习方式，通过优美的校园环境、出色的学校精神、健康有益的实践活动，以及和谐美好的人际关系来熏陶学生、培养学生，才能真正做到知行合一，让学生不但能掌握思想政治方面的理论知识，而且能将其融会贯通并应用于实践中，从而达到进行思想政治教育的目的。

三、课程思政教育

在课程思政教育的概念中我们之所以先对"课程"和"思想政治教育"两个概念加以说明，是为了更加全面且深入地理解课程思政这一概念。其实课程思政这一概念并不是一个完全崭新的概念，它所蕴含的理念和方法一直存在并不断发展着，就像前文总结的相关文件所提出的一些指导意见，都蕴含着课程思政的基础思想，只是一直没有形成一个科学完整的理论和实践体系。课程思政概念在形成完整的概念体系之前，有很多相关领域的专家学者做了大量的研究，一些学者提出了课程思政包含并覆盖思想政治教育的"包含论"，也有一些观点主张课程思政可以替代思想政治教育的"替代论"，其实这些理解都是不够完善的。课程思政这一概念从字面上或者构词法的角度看是两者的组合，但我们必须首先明确的是，课程思政绝不是两者的简单罗列堆砌，或者说简单的"1+1"式所构成的概念，而是将两者在各自的方向和领域上延伸扩展后，又将两者相融合，形成一个统一的、完善的有机整体，最终形成协同效应。由于课程思政与思想政治教育既有相一致的地方，也有相区别的特点，具有复杂的联系，下面把这两个概念放在一起，利用比较分析法，对课程思政的概念进行更加全面、深入的理解。

首先，两者有相一致的地方，需要从统一的视角来解读。两者最明显相一致的方面在于，都是为了利用一切可利用的条件和因素，更好地进行思想政治教育，强化价值引领，最终更好地完成立德树人的根本任务。可以说课程思政理念的形成有其历史必然性，它不仅是源于党和国家的宏观引导以及各部门、学校的微观配合，而且是由于育人事业、思政工作发展到一定阶段的自主选择。两者都符合我们党自始至终对道德教育的重视态度，都是在社会主义理论体系的指导下进行各种教育教学活动，实现将知识教育与价值引领相互结合，显性教育与隐性教育并驾齐驱。在关于显性思政教育和隐性思政教育的阐述中已经解释了在提高学生政治素养、提升学生道德修养方面显性思政教育的主渠道作用和隐性思政教育的主战场地位，正因如此，课程思政教育最主要的手段还是利用思想政治教育，是对思想政治教育的继承和发扬。

其次，两者也有相区别的地方，需要辩证地看待两者关系，通过两者之间的区别加深对各自概念的理解。从两者各自的表层含义上看，思想政治教育是所有关于思想政治主题显性教育与隐性教育等教育形式的总称，是偏向于课程体系的方向，但课程思政概念则不止这些，它更注重整个教学体系的作用力。虽然课程思政教育最主要的手段还是利用思想政治教育，但是这并不是说课程思政教育就只是借助高校开设的思想政治教育课程来开展活动。考虑到现实中大多数显性思政教育的思政课程没有形成一个将育人资源有效整合的有机系统进而形成育人合力，反而各自为营、单打独斗从而严重削弱了思政课程对学生的影响力，课程思政理念将思政课程做了相当程度的延伸处理，认为不仅应该将思政课程的显性教育与隐性教育的作用发挥到最大，还应该挖掘思政课程以外的其他课程所隐含的思政元素，进而拓宽思政教育的渠道，优化各专业整体的课程结构，深化各种课程的思政内涵。比如专业课、通识课等课程，在课堂上除了进行课程自身知识体系的教育外，还应将挖掘出的教育元素融入其中，更加注重价值引领及立德树人，这种各教育载体相互协同，显性教育与隐性教育相互融合的教育模式可以在一定程度上扭转目前各专业课程重知识而轻思政的"两张皮"现象，解决思政教育的"孤岛困境"。这种"大思政"模式和"三全育人"理念不仅是对之前大力发展学科道德教育理念的继承和延续，还是在此基础上发散思维、深入思考后完成的对思政教育的理论创新，这种创新不仅对当代社会思政教育的迫切需求做出了真切回应，而且是对习近平总书记各种关于课程思政教育的讲话精神的贯彻落实。

总结说来，课程思政概念是一个关于思想政治教育的理论与实践的共同创新。强调将高校教育的各个环节、各个元素、各种活动结合起来共同为"课程思政"服务，最终构建起"三全育人"体系。课程思政是新型教学理念和教育方式的结合，主张将马克思主义等社会主义理论、核心价值观等正确的"三观"、中国现行的法律法规、道德规范等思政知识与理念贯穿于各类教学与管理、学习和生活的全过程，最重要的是构建全课程育人体系，即包括思政课在内的所有课程都要将思政元素融入课程中，在学科建设、教材设计、课堂教学、课下实践、日常管理等各个环节都融入思想政治元素。用一个经典的说法形容即为"思政依托于课程承载，课程借助于思政深化"，虽然每门课程所能融入课程思政的元素并没有太多，但是马克思主义理论告诉我们"量变引起质变"，在每一门课程长年累月的挖掘和推动下，最终必然形成协同效应，产生正向激励。这并不意味着要全盘将其余课程思政化，课程的主要内容还是本身包含的专业知识，只是这些课程的专业内容中本来就蕴含着思政元素，在深入分析、挖掘这些思政元素后再将课程的专业知识与思政元素结合起来教学，在用创新的教学方式激发思政知识的新活力、新内涵的同时，也能深挖专业课程本身的育人功能，比如可通过一些案例分析，而不可强行理解、生搬硬套，具体后面章节再展开分析。

第三节 课程思政教育的内涵

一、课程思政教育的理念内核

课程思政教育的核心理念是对高校学生不仅要进行各种专业知识的传授，还要坚持进行价值引导，促进高校学生塑造正确的价值观念。这是因为当今社会的多元化发展趋势日益显著，随着互联网等现代工具的飞速发展，纷繁复杂的政治思想与价值理念得以在不同国家、不同社会、不同地区广泛传播，高校学生正处于推动个人发展与融入社会发展接轨的节点上，对于专业知识、政治思想、道德观念、法律规范等一切知识都还需要进一步学习并对其怀有浓烈的好奇心，正如习近平总书记在北京大学发表的"纽扣说"，高校学生所处的阶段对其价值观的形成有着重要作用，并且青年的价值观念是整个社会的价值取向的决定因素，用正确的价值理念引导高校青年学生就如同穿衣服扣好了第一粒纽扣，进而对社会价值取向产生正向的影响。关键的是，对高校学生进行价值引领的主导观念应该是社会主义核心价值观，因为高校培养的是未来社会的建设者、领导者，是共产主义的接班人，而在国内国际局势的不断变化动荡下，社会发展迫切需要坚持践行社会主义核心价值观，增强文化认同和自信，提高文化软实力，并且高校学子以后要参与到国家治理和社会治理中，坚持践行和弘扬社会主义核心价值观也是实现国家治理体系、治理能力现代化的要求。

课程思政教育的教育理念是以课程为载体，将思想政治理念与课程相融合。科学教育学的奠基人赫尔巴特提出了"教育性教学"的思想并最终建立了一套较完整的理论体系，他提倡把教育的目的、过程、方法以及内容都心理学化，并且强调教育乃至人类的最高目的应该是道德，教学的过程中如果没有道德教育，那么教育就是空有手段缺乏目的的无用形式，足以见得将道德教育融入课程的重要性，这与我们"课程思政"的教育理念是一脉相承的。现代教育课程发展至今，理性因素已经渐渐占据主导地位，随着各学科专业的不断细化，出现了专业课程与思政课程"两张皮"的现象，而课程思政教育旨在将以往课程逐渐丢掉的立德树人、思政育人的责任再度拾起，使其在进行知识传授和能力培养的同时不要忘了融入价值观念等思政因素，实现教书和育人的有机统一。由此可见，课程思政教育的贯彻落实也是现代教育课程本质的回归，是其进一步发展的必要条件及必然要求。

课程思政教育的推行理念是包括思政课程和专业课程等在内的全部课程协同育人，即不仅在思政课堂上要进行思政知识传播与价值观念引领，其他课程也要坚持在进行专业知识传授的同时挖掘出潜藏在其中的思政元素并贯穿于教学过程的各个环节，于潜移默化中传播更多思政观念，并长期坚持下去。这里的协同育人不仅要求思政教育各主体共同进行思政育人活动，而且各主体间应该密切交流、相互配合，通过各主体思政资源的有效整合，最终可以达到组织结构、教学目标、教学实践、日常管理等各个方面的协同行动。在这种协同育人机制和流程系统化、体系化之后所能激发的协同力量，对思政育人目标的实现会起到比各主体分散育人时更大的作用。

二、课程思政教育的结构体系

前文已经说明，课程思政教育的载体是课程，且主张包括思政课程和专业课程等在内的全部课程要努力做到协同育人，而这里面的协同育人理念所涉及的全课程是指高校课程体系的整合体。高校的课程体系有着复杂交错的结构，除了课程思政教育的主渠道思政课程外，课程体系还包括专业相关课程、通识教育课程、公共基础课程、"第二课堂"等，这也是贯彻落实课程思政教育所要形成的结构体系，是思政教育实践活动所要依托、借助的课程结构体系。下面将对这些课程教育与课程思政教育之间的关系加以分析说明。

（一）思政课程

在课程思政的概念中已经分析了思想政治教育的相关概念，高校思想政治理论课程是高校思想政治教育的显性方面，是对系统教授马克思主义理论等思政理论的相关课程的总称，是学生最直接、最主要学习思政知识、思政理念的课程群，是将思政理念扩散到其余课程的基石，是关系到立德树人根本任务能否落实的关键课程，克服课程的"孤岛效应"需要将思政课程作为高校思政教育的主要手段，因此思政课程是课程思政教育的主渠道。

（二）专业相关课程

在高校，专业相关课程在课程体系中所占比重最大，约为80%甚至更高，因而所占用的授课时间也最长，占用高校学生学习时间最多的也是专业相关课程，据此，要更加重视专业相关课程在课程思政教育中的地位，将专业相关课程教师作为课程思政教育的主力军，深入挖掘专业相关课程中所蕴含的思政元素，将专业性知识与思政知识紧密结合，推动课程思政教育的发展，完成立德树人的根本任务。

（三）通识教育课程

通识教育课程是高校教育体系中不可或缺的一部分，其特点在于不限制选课学生的专业，使得学生能够得到更加自由化、人文化的教育。可以从三个角度理解通识教育课程的概念：第一，从教育性质角度来说，通识教育是一种对高校学生进行的"非专教育"，更是一种人文教育，体现了让高校学生与之前的学习相比更加自由化的理念；第二，从教育目的角度来说，这种非职业性或者说非专业性课程的开设是为了让高校学生通达识见，提升他们道德情感意义上的水平，体现了大学课程对于自由和人文因素的重视与贯彻；第三，从教育内容角度来看，其课程内容宽广全面，涵盖了诸多领域的深浅适度的知识和技能。结合以上通识教育课程的概念，其课程体系本身就含有相当多的思政因素和人文因素，与课程思政教育的兼容性比较好，可以强化课程思政教育的渗透作用，并且与课程思政教育有相互促进的作用，抓住课程思政建设这一时机，就能达到通识课程与课程思政共同发展的效果。

（四）公共基础课程

顾名思义，公共基础课程是高校中每个专业学生都需要学习的课程，是高校培养学生全面发展的基础课程。公共基础课并不一定与专业相关，大致可分为自然科学类、社会科学类、实践活动类等，与高校学生的德智体美劳发展息息相关，不仅是高校教育持续发展的重要基础，而且是不断完善高校教育体系的重要保障。因此，充分挖掘公共基础课程中的思政资源可以夯实课程思政教育的基础，彰显课程思政教育的重要性。公共基础课的课程内容非常重要，学生听课时的专注度也很高，因此高校要完善教学设计，将思政内容寓于公共基础课程的内容之中。

（五）"第二课堂"

课程思政的概念中已经分析了关于课程和教学的相关概念，前面列举的各类课程都是显性的课堂教育，"第二课堂"则是相对于单一的课堂教学模式而采取的课外教学方式，是高校思想政治教育的隐性方面。隐性教育相较于显性教育来说，形式更加多样、活动更加自由、可创新因素更多，可以深挖课程思政教育的深度、延伸课程思政教育的广度，有广度，有深度，思想则有力度。因此，贯彻落实课程思政教育不能忽视"第二课堂"这一有利渠道，将"第二课堂"中诸如互联网教育等创新形式的作用发挥出来。

三、课程思政教育的综合特征

深入思考、辨析课程思政教育的特征对发掘其内涵有很大帮助。下面将从育人格局、教育方式、贯彻措施、教学形式等方面来分析课程思政教育有哪些综合特征。

(一)"三全育人"的育人格局

课程思政教育根据育人主体的"全员"、育人时间的"全过程"以及育人空间的"全方位"的要求提出了构建"三全育人"的大思政育人格局。全员育人强调育人主体不限于高校教师，全体教职员工都要参与进来，形成思政育人系统。全过程育人强调思政教育时间不限于课堂教学环节，横向上教材设计、备课思路、课堂教学、课后实践、考试评估乃至日常管理各个环节都要有机融入思政元素，纵向上学生从入学到毕业、从学习到生活都要涵盖思政教育。全方位育人强调第一、第二课堂等教学空间，家庭、学校、社会等成长空间，线上线下等活动空间都要重视思政建设，并且最重要的是实现学生德智体美劳全方面发展。

(二)"显隐结合"的教育方式

课程思政教育相比于之前包括思政课程在内的各类课程教育有重大创新和进步的就是其所采用的"显隐结合"式教育方法，"课程思政"的概念中已经对课程即思政教育方面的显性与隐性方面做了说明，这里不再赘述。更重要的是，课程思政教育的隐性方面已经相较于之前的隐性教育方法更进一步，即不只满足于思政课程相关的隐性教育，而是外延到其他课程，让其他课程在教学活动中挖掘出自身隐含的思政资源和思政元素，与思政课程一起配合，将各种课程内容与思政内容融为一体，让学生在学会各种知识的同时还有思政情感的共鸣，最终形成正确的价值观与理想信念。只有这种"显隐结合"的教育方式，才能让课程思政教育达到寓教于无形的效果，完成立德树人的根本任务。

(三)"渗透融合"的贯彻措施

上文介绍了课程思政教育采用"显隐结合"的教育方式，这对非思政课程的教师提出了较高的要求，因为这种教育方式最终要靠他们去贯彻落实。而他们贯彻落实的措施不应该是生搬硬套，硬生生在进行本课程知识传授的同时插入一些思政知识，这样非但不能起到使学生耳濡目染的作用，反而可能会引起学生的逆反心理，导致课程思政教育效果不佳。由此看来，各类非思政课程贯彻落实课程思政教育的措施应该是将能利用到的思政元素渗透、融入自己的课程内容中，将价值引领穿插在知识传授的过程中，使得思政元素和课程知识形成一个有机的整体，最终实现协同育人的目标。

（四）多样化的教学形式

课程思政"显隐结合"的教育方式，给予了其教学形式更多的可能性。各类课程隐性教育形式本来就多种多样，在其中融入思政元素后，不仅会拓展它们的内涵，而且会进一步丰富它们的形式。与此同时，由于每个课程的特色不同，因此各个主体将思政元素渗透融合的贯彻措施不同，这样它们的结合所产生的"化学反应"也不同，也会丰富教学的形式。教学形式的多样性一方面会鼓励创新，另一方面还会提高学生们的学习兴趣，让其更主动、更享受地加入课程思政教育活动中。

四、课程思政教育的基本原则

作为一项重大的任务、一项重要的工程，课程思政教育的重要性是不言而喻的。如何确保课程思政教育的方向、形式、效果？如何实现课程思政教育与各课程教育的良性互动、共同发展？如何圆满完成立德树人的根本任务，培育各方面发展的优秀接班人？想要理解课程思政教育如何解决以上问题，更深入地把握课程思政教育的内涵，必须了解课程思政教育实施的一些原则。

（一）整体协同原则

前文已经有所涉及，课程思政教育所依托的各类课程不能各自为政，更不能与思政课程继续存在"两张皮"的现象，而应该在挖掘自身内在的思政元素后相互合作，形成大思政课程系统，产生课程合力与协同效应。因此，在贯彻落实课程思政教育时要遵循整体协同的原则，运用育人全局的战略眼光进行整体设计，全方位协同进行思政教育。整体协同原则还包括对学校、家庭和社会的整体设计，使之与课程思政教育同向同行。高校学生的学习与小初高阶段的学习不同，自由化程度比较高，学校整体的学习环境对学生学习状态和学习积极性都有重要影响，学校整体的校园文化、校风校纪对高校学生也有着潜移默化的作用，因此学校作为整体协同设计的一环，加强其思政建设可以作为课程思政教育的助推力，也是对整体协同能力的又一提升。家庭和社会则作为课程思政教育的支持和保障系统，社会资源的多样性给高校学生的未来发展提供了大量的机会和条件，但若是社会风气不正，就会影响到青年学子的心态，阻碍其正确价值观的形成，而良好的家风是高校学生全面发展的基础。

（二）循序渐进原则

课程思政教育是一个由浅入深、由表及里的长期过程，而不是急功近利、揠苗助长的面子工程。不仅是课程思政教育，每一类教育都有其自身的阶段性，都要先打好基础才能进行深层次的研究，并且每个人的学习能力也具有阶段性，违背其阶段性强行灌输一些知识和理念只会适得其反。在课程思政教育的实施过程中，各类课程要挖掘并融入思政元素也是一个渐进的过程，不能一蹴而就，必须要顺应其规律，其逐渐发展并形成一套符合自身课程规律的方法体系都需要充分的时间。在这个长期的过程中，课程思政教育的内容、方法、形式等不可避免地具有动态性，这就更加要求其推进过程遵循循序渐进的原则，在发展过程中不断更新，与时俱进，实现规律性和时效性的统一。

（三）适度原则

准确说来，适度原则不只是课程思政教育所要遵循的原则，作为马克思主义方法论的一个重要部分，适度原则适用于现实中的很多场景，课程思政教育也不例外。课程思政教育所要把握的适度原则包含以下几个方面：第一，各类课程吸纳融入的思政元素要适度。全课程育人并不是要将各类课程思政化，教学内容包含正确的思政方向并不是将课程内容变成思政知识，各类课程所要传授的主体知识还是本身的课程内容，思政元素只是其中的价值内涵。第二，课程教学内容的量要适度。学生在一个阶段对知识所能接受的量是有限的，如果一门课程由于加入了思政元素使得课程量增加，课程周期延长，那么所取得的效果势必不尽如人意。第三，教学方法的选择要适度。填鸭式或者生硬的教学方式难以激发学生的学习兴趣，难以调动学生的积极性，融入了思政元素后对于教学方法的选择要求更高，在传统的教学形式以外，还需要适当加入一些更加生动的、更具创新力的教学方式，有利于学生更好地适应课程思政教育的新模式，更好地理解蕴含在各类课程中的思政思想，从而更加有效且更加舒适地接受课程思政教育。

第四节　课程思政的价值本源

为了深入理解课程思政教育为什么成为习近平总书记如此重视的重大议题，为什么能作为一项重大的任务、一项重要的工程，并且相关部门和学校都在不遗余力地贯彻落实，而不是空喊口号，必须要结合当今时代各方面因素，分析课程思政教育的价值本源，在此基础上让更多的人明白课程思政教育的功能定位，进而更加自觉主动地加入课程思政教育的建设活动中，加快课程思政教育的建设脚步，加大课程思政教育的贯彻力度，完善课程思政教育的实施环节，最终以更短的时间以及更有效的方式完成立德树人的根本任务，保证这项重大任务的水平和效果。接下来将结合时代、国内外环境、高校、教师、学生等分析课程思政教育的价值本源。

一、课程思政教育是适应当今时代的重要工具

（一）课程思政教育是数字化时代的思想引领工具

当今时代一个非常重要的特征和议题就是计算机和互联网的广泛应用将我们生活的方方面面数字化了，"数字化时代"这个概念应运而生，科技的发展将我们生活的各个角落转化为"0"和"1"了。这看似是一个进步的过程，给我们的生活带来了极大的方便，提高了我们的生活质量，但是马克思主义理论的辩证思维告诉我们，要时刻运用辩证法的观点来分析事物，因为任何事物都是有正反两面的，必须看到其现象背后的对立与统一。数字化趋势的愈演愈烈已经引出"数字化生存"这个议题，此议题最初由麻省理工学院媒体实验室的创办人兼执行总监尼葛洛庞帝提出，主要是指出数字化、网络化、信息化已经使人们生存的世界产生了一个虚拟的生存活动空间——网络空间，人们的生活方式、生存方式发生了巨大的变化，"计算将决定我们的生存"。

这绝不是小题大做或者空穴来风，从当代年轻人尤其是高校学生的视角来看，物质世界已经被数字因素所笼罩，不论是饮食娱乐，还是交流沟通，甚至连学习和工作都无时无刻不依赖于数字化工具。虽然这本身给各项活动带来了便捷，但是背后却暗藏危机，因为随着生活习惯的改变，数字化对人们的影响已经超越了物质世界，对精神世界也产生了重大影响。人们的思维方式开始囿于数字化工具，人们开始丢失诸如面对面交流、独立思考等各项技能，高校学生走在时代的前沿，更是首先受到了巨大影响。因此，"数字化生存"议题的重大与紧迫对思想政治教育施加了倒逼力量，将高校学生的各类思想在数字化时代拉入正轨。形成正确的价值观念，进而正确地利用数字化工具，推动社会沿着正确的方向高速发展，这不仅是中国的议题，更是时代的议题。由此可以看出，课程思政教育是数字化时代重要的思政教育工具，"数字化生存"是推动课程思政教育加快发展的时代动力。

（二）课程思政教育是多元化时代的话语表达工具

当今中国和世界正在经历百年未有之大变局，世界局势的变幻莫测给中国带来了机遇和挑战。从机遇的意义上说，改革开放的深化让中国与世界的联系越来越深，朋友越来越多，当今世界所遇到的各种状况和问题都需要中国声音、中国方案，而中国意见的提出要靠中国文化、中国思想。课程思政教育是中国文化、中国思想传承和发展的基础，以高校学生为代表的中国青年未来也要代表国家发出中国声音，因而他们的理想信念教育愈加重要。从挑战的意义上说，西方的霸权主义从未休止，他们无视和平与发展的时代主题，对中国的制裁仍在发生甚至变本加厉。面对西方世界不停给中国贴标签的现象，如何在解决了"挨打""挨饿"问题后进一步解决"挨骂"的问题，是当前亟待解决的新课题。无论外界的声音如何，我们都要坚持中国的意识形态立场，坚持中国理论、中国道路、中国制度、中国文化。这就要求在新时代进一步加强意识形态工作，而高校学生就是未来中国意识的传承人、发扬人，抓住高校的思政教育就是抓住未来的中国声音。因此，课程思政教育是多元化时代的表达工具。

（三）课程思政教育是新时代背景下的人才培养工具

在新时代的背景下，要继续推动中国特色社会主义建设，夺取更多更大的胜利，坚持"四个自信"，实现中国梦等种种艰巨任务和美好愿景都要求培养新时代人才，培育高素质接班人。课程思政教育是形成中国思政自信的基础，而中国思政自信是中国特色社会主义道路自信、理论自信、制度自信和文化自信在新时代背景下的子命题，具有极强的时代气息。在此背景下，高校所肩负的责任不仅包括智力和能力的培养，还要保证学生德才兼备、全面发展，即培育高水平、高素质的综合型人才。然而，在科技飞速发展的时代下，受历史、环境和发展规律等综合因素的影响，高校的学科建设和课程设置是不完善的，特别是存在重知识轻思想的实用主义和工具主义，具体表现在重专业轻思政、重教学轻育人、重形式轻效果等现象，使得一些高校学生对政治思维不敏感，对理想信念不重视，对社会责任不担当，这与新时代下我国需要的人才培养方向和要求是背道而驰的。正如前文所说，教育的本质不仅包括传授知识，还要做到立德树人。因此，无论是从时代背景的角度来看，还是从教育的根本目标的角度来看，都要求高校在学科建设、教学改革等方面行动起来，既重视能力培养，又注重道德提升，不断挖掘更多课程中的思政因素，推动思政课程向"课程思政"转型升级，实现价值塑造、知识传授和能力培养三者相统一。综上可以得出结论，课程思政教育是符合新时代下的社会需求、教育理念和课程发展规律的人才培养工具。

二、课程思政教育是高校进一步发展的必要手段

(一) 课程思政教育有助于完成立德树人的根本任务

新时代下人才培养的要求早已不限于对专业能力的培养，而是注重于德智体美劳全面发展，特别是提出了立德树人这一高校教育的根本任务，即育人和立德相统一，而育人的根本在于立德，立人先立德，可见高校中思政教育的重要性。事实上，从古至今教育的本质目标都在于培育德才兼备的人才，只是近年来由于时代发展、经济环境等因素影响使得高校思政教育效果不佳，使得立德树人成为高校的一项复杂且长期的任务、一项重要的工程。高校作为立德树人的重要阵地，必须推动教学结构和教学内容的进一步改革，构造全课程参与的大思政育人格局，营造全方位的育人环境，进而促进学生的全面发展。因此，课程思政教育是完成立德树人根本任务的必要手段。

(二) 课程思政教育有助于坚持社会主义的办学方向

高校不仅是人才培养的摇篮，还是意识形态工作的阵地，在办学方向上必须坚持中国特色社会主义方向。怎么才能体现高校的社会主义办学方向呢？最重要的就是在其日常管理和课程设置中体现中国特色社会主义元素，其改革和发展与中国特色社会主义的发展同向同行，其校园文化、校风校纪都要符合中国特色社会主义建设和发展的要求，其所培养的各类人才都应该树立远大的理想信念，有着正确的价值观，在未来都应该自觉投身于中国特色社会主义建设。为了实现这些目标要求，坚持社会主义的办学方向，就必须借助课程思政教育，增强学生"四个自信"的意识，让其对中国和中国特色社会主义的现实成就和未来发展有充分的了解和信心，同时挖掘各门课程所潜藏的思政资源，各课程相互配合，形成一个有机整体。高校学生处在这样充实且正确的思政氛围中，就能充分吸收符合中国特色社会主义方向的思政思想，自觉按照相关标准要求自己，并在未来自觉为中国特色社会主义事业而努力奋斗。因此，课程思政教育是坚持社会主义办学方向的必要手段。

(三) 课程思政教育有助于深化高校思政教育改革

当今社会各方面发展速度都很快，高校的教育结构和教育质量也必须跟上时代发展的步伐，特别是根据上文的分析，思政教育的改革创新是重要且紧迫的。在之前对思政教育的长期探索中，党和国家、教育部门和高校都积累了相当多的

理论基础和实践经验，再加上中国经济的快速增长、科技的迅猛发展等社会环境因素，这些都是未来思政教育改革创新的基础和条件，课程思政教育的提出正是对这些条件的合理利用以及对思政教育理念的完美诠释。课程思政教育让思政教育突破了思政课堂，与各类课程融合为一个有机整体，与各类活动有机结合，进而影响了校园环境、社会环境，创造了高校思政教育的新内容、新方式，摆脱了之前思政教育和各类课程教育的单一教学形式，拓展了思政教育的广度；思政课程和各类课程通力合作，深挖与各类知识结合的思政资源，实现全课程协同育人，思政教育与各类课程教育相互结合，共同进步，使学生所接触的思政知识、思政理念、思政氛围更加深刻，加深其对各方面知识的认知，延伸了思政教育的深度。因此，课程思政教育是深化高校思政教育改革的必要手段。

三、课程思政教育是教师改进教学的有效方式

（一）课程思政教育有助于改进思政课程教师的教学方式

课程思政教育所强调的思政育人方式包括思政课程在内的全课程育人，这改进了之前思政课程进行思政教育的单一教育形式，减轻了思政课教师的负担。课程思政教育之前普遍存在着思政课程与其余各类课程"两张皮"的现象，加上由于社会环境有着偏向于理性教育的趋势，思政教育难以取得应有的效果。思政课程教师虽然努力寻找各种有效的教学形式，但是无法脱离单一的思政课程教学就无法摆脱思政教育的"孤岛效应"，使得思政课程事倍功半、举步维艰。课程思政教育更加深入地变革了思政教育的教学结构，让更多的教育主体加入到思政教育活动当中来，集中各类课程的力量，挖掘其内含的思政资源，并与思政课程协同育人，这大大提高了思政教育的效率，给思政课程教学方式的改进带来了更多的可能性。课程思政教育推行后，思政课程在进行教学设计和教学改革时不仅能从自身课程的知识和特点出发，还能从与之配合的其余课程的角度思考，教学形式的广度和深度都能有所提高。另外，因为有各类课程配合进行思政教育，一些浅层次的知识会通过各类课程的教育活动传授给学生，专业的思政课程就有了更多的时间设计和完善自身的教学内容，将以往没有时间传授的更深层次的教学内容纳入其教学环节。因此，课程思政教育有助于思政课程教师改进教学方式，深化教学内容，以取得更好的教学成果。

（二）课程思政教育有助于改进思政课程以外课程教师的教学方式

让非思政课程融入思政元素看似是给思政课程以外的各类课程增加负担，打

乱其教学计划，混淆其教学内容，其实不然，课程思政教育对于思政课程以外的各类课程是必要的，也是有益的，给其提供了创新改进教学方法以及丰富深化教育内容的机会。首先，即使课程思政教育并未给其他类型的课程带来如此明显的好处，其余各类课程也应该自觉主动地参与到课程思政教育活动中，因为一门课程本身就无法脱离价值引领活动而独立存在，每门课程的设立目标都不只是进行知识传授或能力培养方面的教学活动，更是为了培育德才兼备的高水平、高素质人才，因此立德教育必须融入到各类课程的教学活动中，即课程思政教育对于思政课程以外的各类课程有其必要性。其次，因为价值引领教育和能力培养活动有着相互融合、相互促进的关系，因此每门课程除了本身的专业知识外，都潜藏着思政元素，只是在课程思政教育理念提出以前没有被系统地、充分地挖掘出来。因此，课程思政教育只是让其余课程的教师系统化地寻找、融合其课程本身具有的思政资源，这不仅有利于提升课程本身的思政内核，还有利于各课程教师将专业知识元素与思政元素结合后创造出更多更有效的教学形式，并且大大丰富且深化其教学内容。除了把课程本身的知识和技能交给学生以外，还能让其体会到前人给我们留下的这些知识财富背后的精神力量。因此，课程思政教育有助于思政以外课程的教师改进教学方式，深化教学内容，以取得更好的教学成果。

四、课程思政教育是学生提升自我的有力措施

（一）课程思政教育是学生提高专业技能的重要措施

课程思政教育字面意义上是思想道德教育，但其内涵强调所有课程的参与。学生在学习自身专业领域各种专业知识的同时，还能领会到各个专业领域及其知识对我们国家、民族的重要程度、作用机制以及现状等，更加能够体会到作为国家的主人翁以及未来接班人身上肩负的责任和自身的社会意义，从而树立在未来真正将所学到的专业知识应用于国家富强、民族复兴的某一环节的远大理想信念，实现其个人理想与社会理想、个人价值与社会价值的统一，这样的理想信念会增加其努力学好自身专业知识的不竭动力，从而提升其专业技能。另外，从学习的外界因素来看，首先，如同前文提到的，课程思政教育能够深化高校思政教育改革，有助于高校的教育结构和教育质量跟上时代发展的步伐，课程思政教育让思政教育突破了思政课堂，与各类课程融合为一个有机整体，与各类活动有机结合，进而影响了校园环境、社会环境，创造了高校思政教育的新内容、新方式，摆脱了之前思政教育和各类课程教育的单一教学形式，拓展了思政教育的广度；思政课程和各类课程通力合作，深挖与各类知识结合的思政资源，实现全课

程协同育人，思政教育与各类课程教育相互结合，共同进步，使得学生所接触的思政知识、思政理念、思政氛围更加深刻，加深其对各方面知识的认知，延伸了思政教育的深度。其次，课程思政教育有助于专业课程教师教学方式的改变，给各类专业课程提供了创新、改进教学方法以及丰富、深化教育内容的机会。课程思政教育使得专业课程的教师系统化地寻找、融合其课程本身具有的思政资源，这不仅有利于提升课程本身的思政内核，还有利于各课程教师将专业知识元素与思政元素结合后创造出更多更有效的教学形式，并且大大丰富且深化其教学内容。在这样的多种效用下，学生所接受的专业课程教育的质量显著提高，因此，课程思政教育是学生提高专业技能的重要措施。

（二）课程思政教育是学生提升思政道德修养的必要措施

如同周恩来同志"为中华之崛起而读书"的铿锵之言，高校学生接受教育除了将来走入社会、成家立业、实现自己的个人价值以外，还要作为社会主义的接班人，承担实现中华民族伟大复兴的社会责任，实现自身的社会价值，因而在学生时代就应该具有为国家和民族而奋斗终身的责任感和使命感。而这些思政道德修养层面的培育除了自身要有相当程度的自觉性以外，还需要依靠学校、教师、家庭、社会等外界因素的帮助。课程思政教育正是为了这一使命而存在的，首先，前面也曾说明，课程思政教育帮助高校完成立德树人的根本任务，新时代下人才培养的要求早已不限于对专业能力的培养，而是注重于德智体美劳全面发展，立德树人成为高校的一项复杂且长期的任务、一项重要且重大的工程。而课程思政教育能够推动高校教学结构和教学内容的进一步改革，构造全课程参与的大思政育人格局，营造全方位的育人环境，进而促进学生的全面发展。其次，课程思政教育有助于改进思政课程教师的教学方式，摆脱之前普遍存在的思政课程与其余各类课程"两张皮"的现象，以及思政教育的"孤岛效应"，让更多的教育主体加入到思政教育活动当中来，集中各类课程的力量，挖掘其自身内容中潜藏的思政资源，并与思政课程协同育人，这大大提高了思政教育的效率，给思政课程教学方式的改进带来了更多的可能性。这样一来，学生所能接触到的思政资源显著增多，所接受的思政教育质量大大提升。因此，课程思政教育是学生提升思政道德修养的必要措施。

第二章
生态文明思想融入高校经济学
课程思政的必要性

第一节　人类社会生态文明思想的
演进逻辑与内容体系

　　人类的文明思想观念是在历史长河中，在人类认识世界和改造世界的过程中塑造形成的，随着人类社会的发展不断进化。人类社会的文明发展已经跨越了原始文明、农业文明、工业文明，进入到生态文明的崭新阶段。生态文明思想是人类社会演进过程中必然会出现的一个重要思想，只有正确认识、探究分析、深入研究人类社会生态文明思想的演进过程和内容体系，才能使其应用于指导人类社会可持续发展。

一、生态文明思想的产生与发展

（一）生态文明思想的内涵

　　生态文明思想的内涵丰富，视角不同，意义也有所不同。生态文明思想主要涉及合理处理好经济发展与生态环境保护的关系，处理好人与自然的关系是其核心，如保护自然环境、节约资源、爱护其他生物等。

　　从人与自然和谐的角度看，生态文明思想是人类为保护和建设美好生态环境而取得的物质成果、精神成果和制度成果的总和，是贯穿于经济建设、政治建设、文化建设、社会建设全过程和各方面的系统工程，反映了一个社会的文明进步状态。习近平生态文明思想的内容是基于绿色发展观、基本民生观、全民行动观三个维度的，具体可概括为六论：生态文明兴衰论、自然生态动力论、生态文明文化论、生态保护安全论、生态民生权益论、生态文明共享论。而国际生态思想的研究是将生态文明思想定义为探索人类与自然的相互关系、追求经济社会和生态环境之间的平衡，达到经济发展和生态环境双赢的局面。

无论是从哪一角度来看，生态文明思想的内涵至少要从自然观、价值观、生产方式、生活方式这四个方面来把握。在自然观上，要求尊重自然，树立生态自然观；在价值观上，要求承认自然的价值，树立生态价值观；在生产方式上，要求转变经济发展方式，实现产业生态化；在生活方式上，要求适度消费，树立绿色消费观。

（二）生态文明思想的思想渊源

综观人类社会的文明发展，尤其在工业文明时期，人类对于自然资源无限制的掠夺以及肆意破坏生态环境使得人与自然的关系恶化到难以挽回的地步。人类从茂密的原始森林迁徙到开阔的平原，从春耕秋收的农田走到现代化的工业城市，高度的工业化发展带来的不仅是生产力的飞跃，而且也使生态环境问题日益严峻，成为全球性问题。

如果说人类的进化发展是一部绵延千载的历史长卷，那么人类文明的历史一定是这其中最为浓墨重彩的一笔，人类文明兴衰伴随着生态环境的兴衰。

与西方早期哲学中的"以人为中心"不同，在我国生态文明思想起源可以追溯到先秦时期，儒家"天人合一"的思想其本质就是人与自然的和谐统一，主张以仁爱之心对待自然，体现了以人为本的价值取向和人文精神；道家提出"人法地，地法天，天法道，道法自然"，强调人要遵循自然规律；佛教崇尚天地同根、众生平等，宇宙间的一切生命都是相互联系、相互制约的，并依靠自然界生存。正所谓"养之有道，取之有时"，要尊重自然规律，顺应万物生长。由此可见，生态文明思想在我国传统的文化思想中都有所体现。

近代生态文明思想来源于人类对环境破坏的意识觉醒。由于全球工业文明的生产活动排泄物（废物、废水、废气）严重破坏了人类赖以生存和发展的环境，在个人利益至上的伦理价值取向下的工业经济行为，必然导致一系列环境与发展的矛盾，对人类的生存与发展造成了极大的威胁。人类对环境破坏的意识觉醒来自 1962 年美国生物学家蕾切尔·卡逊所著的《寂静的春天》。该书讲述的是农药对人类环境的危害，并在世界范围内唤起了人类对野生动物保护的意识，引发了公众对环境的保护意识。在此之前几乎找不到任何带有"环境保护"字样的书籍，《寂静的春天》首次将"环境保护"作为专业的词汇展现在读者面前，成为60 多年以来全球影响力巨大的著作之一。蕾切尔·卡逊也成为首位向公众传播环境保护意识的人，该书的畅销也推动了日后现代环保主义的发展。全球环保组织鼻祖罗马俱乐部于1972年发表了著名的研究报告《增长的极限》，其研究成果为：工业革命发展以来，在生产力迅猛发展的同时，世界人口开始膨胀，与其相对应的是资源和环境的破坏也在以指数增长，当这些增长超过地球承载力所能达到的极限时，人类社会将面临前所未有的危机，经济也会随即衰退。

在对人类未来持有悲观主义的情绪与环境问题日益严峻的影响下，1972年6月5~15日在斯德哥尔摩举行了联合国人类环境会议，深入探讨了环境的重要性问题，此时的人们已经意识到环境管理的重要性和紧迫性。会议通过《人类环境宣言》，提出"人类只有一个地球"的口号，以及提出每年6月15日为环境保护日。会议以官方形式将环境保护作为全世界各个国家必须承担的责任，生态文明思想也就此进入人们的视野。

（三）人类文明史上的生态思想演化

人类文明史上的生态思想演化历经了四个阶段：原始文明、农业文明、工业文明、生态文明。农业文明发生在人类诞生至公元前4000年的原始森林中，当时的社会生产力水平低下，人们对自然环境被动适应，人类生存的物质基础是天然动植物资源，以采集、打猎为生。由于自然灾害频发，人类对自然极为崇拜，既畏惧自然又希望得到自然的恩惠，人与自然天然和谐统一。

农业文明阶段，人类运用劳动工具来进行耕作放牧，随着生产力水平的提高，人类开始逐渐了解一些自然知识，虽然依旧没有抛弃对自然的崇拜，但是已经不完全依赖于大自然的恩惠，面对自然灾害时也会做出应对措施来缓解对自身的伤害，人口逐步增长至趋于稳定。在与自然界的相处中，人类逐渐掌握自然规律并适应自然、改造自然，使其为人类服务。因此，在农业文明期间，人类开发土地、砍伐森林、兴修水利、草原游牧也对自然造成了一定的破坏，如土地退化、农田化、森林减少、水土流失等。

工业文明时期，伴随着机器的轰鸣声，人类也加快了工业化、城市化、民主化、流动化的步伐。由于此时的科技水平有了突飞猛进的发展，生产力水平空前提高，人类开始不加节制地开发自然、改造自然、改变环境，由此引发了严重的环境污染、生态退化、环境灾害、自然灾害，人与自然处于针锋相对的两面。以资本主义制度为核心的西方国家为了追求利益最大化和物质享受，以及医学的进步和科技的发展使得人口激增，人类开始过度消耗自然资源、破坏生态环境。人类从对自然的崇拜改为对科学的崇拜，对自然的尊重被征服自然的野心所取代。

工业文明的价值观是不可能实现持续发展的，工业文明的价值观必须调整、必须扬弃。生态意识的觉醒迫使工业文明时期的产业结构合理化转型。相应地，工业文明时代的政治、经济、金融、法律必须向生态文明转变，必须在生态文明观念的引导下，利用迅速发展的信息文明对传统的社会形态和社会再生产诸多环节的运营方式进行深刻的变革。人类观察世界的视角必须从农业文明、工业文明转向生态文明，即人类活动必须对生态环境是有益的，而不是一味地以自身利益出发破坏环境。生态文明发展模式的确立，为身陷工业文明带来的环境灾难和生态危机的人类点亮了发展道路上的灯塔，生态文明应该成为人类的永恒主题。

虽然工业文明存在天生的弊端，但是不能忽视其对人类发展的贡献。工业文明所处的时代是人类社会飞速发展的时代，工业革命带来的生产力的巨大进步使得人类在生产生活方面得到了极大的改善与提高，这也是工业文明所带来的积极面。19世纪60年代，面对环境恶化、资源枯竭、生态退化等一系列问题，工业文明本身并不足以解决，人类开始反思并采取措施来应对经济发展带来的生态问题。1972年在斯德哥尔摩举行的联合国环境与发展会议发布了《人类环境行动计划》和《21世纪议程》，全球对于环境问题的认识显著提高，人类也开始摸索其他发展模式以避免产生严重的环境问题，由此人类开始进入新的文明阶段——生态文明。

面对生态环境的日益恶化，生态文明孕育而生。生态文明不是将工业产业、现代技术、先进科技彻底抛弃，而是把以人类为中心的发展调整到以人类与自然协调发展为中心的道路上来，从根本上确保当代人类的发展及其后代持续发展的权利。中国的复兴及全面现代化不仅是工业化问题，而且是如何利用信息文明，在一定的工业化基础上跨越工业文明阶段而进入生态文明阶段的问题。中国人以其数千年历史文化积淀率先提出人类命运共同体应该走生态文明之路，无论世界如何变化，中国人民义无反顾地开启了人类有史以来的生态文明建设先河，正试图成为全世界生态文明的先锋。生态文明正通过中国人民的现代创新实践成为全球普世价值观，生态文明将会成为新的世界发展模式。

1960年至今，随着生态运动、绿色化、生态化、和谐共生等理念的提出，人类开启了生态文明时期。与工业文明的征服自然、对自然无条件索取不同，生态文明强调尊重自然、顺应自然、保护自然，与自然和谐相处，在这一观念指导下进行社会发展。不同国家、地区要按照可持续发展的原则，始终将生态环境问题放到首要位置，在遵循自然规律的基础上进行生产，真正实现人与自然和谐统一。尽管我们依旧面临全球变化、技术安全、资源安全、生态安全等诸多问题，但是人类已经有意识地去守护自然、管理环境、建设生态。生态文明是在深刻反思工业化沉痛教训的基础上，对人类社会和自然环境可持续发展理论和途径的新探索，是新时代人类社会发展进步的标志。

生态危机古已有之，人类社会从原始时期的为生存而抵御自然灾害到如今人类活动对自然造成严重伤害，无论是在哪个时期，我们与自然都是相互联系、相互制约的。直到生态文明时期人类才真正开始审视人与自然的关系，"和谐共生"替代了"以人类为中心",开始调节人类与自然的关系,进而使人类社会进行可持续发展。生态文明思想将人类与自然从一方对另一方的崇拜以及之后征服的思想意识,转变为两者地位相同,按照自然界的客观规律进行合理生产,进而同步发展的道路上来。

二、国内外具有代表性的生态文明思想

21世纪以来,随着人类生存环境的逐步恶化,生态文明思想正成为越来越多国家关心的重点,国内外不少学者都致力于此项研究。由于关注的视角与研究方向不同,生态文明思想也分为不同派别,国内外具有代表性的流派包括:一是具有中国特色的习近平生态文明思想;二是从马克思主义哲学思维(意识形态)的角度提出的生态文明思想。

(一)习近平生态文明思想

生态文明建设是中华民族永续发展的千年大计。21世纪以来,全球生态环境日益恶化,生态问题层出不穷,人类与自然界关系失衡愈演愈烈,生态系统面临前所未有的巨大危机。当前我国社会的主要矛盾已经转化为人民日益增长的美好生活需要和不平衡不充分的发展之间的矛盾。此时的中国社会也处于转型的关键时期,生态环境问题较为突出,这也为日后的习近平生态文明思想奠定了基础。2018年5月18~19日,在北京召开的全国生态环境保护大会上确立了"习近平生态文明思想"。自此,习近平生态文明思想为解决生态问题、缓解人与自然对立的紧张局面提供了理论指导和行动准则。

习近平生态文明建设思想是习近平新时代中国特色社会主义思想的重要组成部分和核心内涵。遵循科学发展规律,注重理论与实际相结合是习近平生态文明建设思想的鲜明特色。该思想来源于三个方面:第一,以马克思主义生态为坚实基础;第二,以中华人民共和国成立以来中国共产党的生态保护理念丰富其理论来源;第三,以国内外对生态环境严重破坏的经验教训为实践依据。

以习近平生态文明思想指导全党和全国各民族人民共同携手对我国生态进行全面治理,建立美丽中国。习近平生态文明思想的科学内涵主要包括以下六个方面:人与自然、社会、自身三维和谐的生态价值观,"绿水青山就是金山银山"的绿色发展观,良好的生态环境就是最普惠的民生福祉的生态民生观,以最严格的制度保护生态环境的生态法治观,以生态红线为生态环境保护生命线的生态安全观和保护人类共同家园的生态全球观。这些思想观点相互联系、互为补充,共同形成了一个有机统一的新时代中国特色社会主义生态文明建设体系。

习近平生态文明思想不仅为正处于转型期的中国提供了发展方向，以及为当前中国所面临的环境问题提出了解决方案，而且更重要的是，它是世界各国在生态文明道路上的指路灯。这一伟大思想是将环境保护、绿色发展的思想意识植入人心，从思想上改变人们的价值观，走生态文明的发展道路。

(二) 从马克思主义哲学思维的角度提出的生态文明思想

1. 马克思生态文明思想

马克思生态文明思想是 19 世纪正式成立的，当时的马克思不仅积极投身于推翻资产阶级的革命中，而且关注着由工业革命带来的生态问题。马克思生态文明思想是以辩证唯物主义和历史唯物主义基本原理为指导，研究人、自然、社会三者之间的关系。自然界有人类所需的资源，人类有能力通过生产劳动去改变自然界。马克思生态文明思想辩证地阐述了人与自然的辩证关系，明确指出人与自然和谐相处是人与自然关系历史发展的必然结果。马克思说："人来自于自然界并与之长期共存，人类通过劳动改造自然界，并使其自身得到发展。"[1] 人类是自然界的产物，脱离自然界人类就无法生存，更不可能有现在高度发展的社会，大自然孕育了万物，为所有地球上的生命提供最宝贵的自然资源，这也是人类进化发展的物质基础。

作为人类生存的唯一家园，自然界是人类繁衍生息的重要载体，人类所进行的一切社会活动都要在这里进行，人类不可能单独存在。马克思曾说："人是在大自然中孕育而生的，是自然界长期进化的产物，自然环境是人类生存和发展的物质前提，人首先依赖于自然。"[2] 与此同时，人类在劳动过程中发挥自身的主观能动性去改造自然，使得自然界更适合人类繁衍生息。因此，只有在遵循自然规律的条件下，人类才能充分发挥自身的主观能动性，通过劳动去创造价值使其自身得到发展，否则破坏自然，打破客观发展规律，以自己的意愿来支配自然资源，不仅对自然也会对人类自身造成无法逆转的严重后果。马克思认为，"自然界是人类赖以生存的唯一家园，无论人类社会发展多么先进，人类的发展皆与自然同行。人类可以在劳动中改造自然使其适应人类的发展，但是过度地掠夺资源，无休止地消耗只会使人类濒临灭绝"[3]。

人类不仅要与自然和谐共生，还要与其自身无限的欲望做抗争，主要体现

---

① 姜涌. 马克思政治哲学的逻辑起点 [J]. 山东大学学报 (哲学社会科学版), 2011 (1): 7-12.
② 宋俊杰. 马克思主义生态经济思想简要述评 [J]. 沈阳干部学刊, 2014, 16 (1): 30-31.
③ 李全喜. 马克思主义环境治理学: 作为一个学科概念的内涵解析 [J]. 哲学探索, 2020 (1): 233-246.

在：第一，人与自然辩证统一的自然观；第二，社会生产实践是达到人与自然内在统一途径的社会观；第三，人与自然可持续的发展观；第四，社会主义制度是生态文明的最终归宿。马克思本人并没有明确地提出关于马克思生态文明思想的思想理论，而是由研究马克思主义的学者们对其哲学思想和著作中的生态文明思想进行的一个总结。随着人们对于环境保护意识的逐渐增强，马克思生态文明思想也越来越受到学者们的关注，逐渐将其体系化。马克思生态文明思想注重"人与自然和谐相处"，这一观点与当下环境保护的意识相契合，适用于当今社会。

2. 生态马克思主义

生态马克思主义是当代西方较具影响的马克思主义思潮流派之一，其主要代表人物有法国的安德列·高兹、美国的詹姆斯·奥康纳等。西方马克思主义学者并不完全赞同马克思生态文明思想，他们独辟蹊径重新解读人与自然的关系，探索人类社会充分发展与生态环境"双赢"的理念。随着绿色运动的兴起以及马克思主义思想在西方的广泛传播，生态马克思主义兴盛起来。

生态马克思主义的内容包括生态危机理论、消费异化理论和稳态经济理论。生态马克思主义认为当今资本主义社会的危机是生态危机而非经济危机，是由资本主义生产方式的弊端造成的。生态危机的根源是资本主义，通过扩大人们的消费欲，使人们产生对产品虚假的需求，刺激工业化增长，从而导致生态危机。要想根本解决生态危机，就要使社会的政治结构分散化、非官僚化和社会化。这种保护环境不受破坏的方式本质上是改变资本主义社会、经济、政治制度。生态马克思主义将人的消费行为与马克思生态思想相结合的思路值得我们借鉴。

3. 生态社会主义

本·阿格尔在马克思与威廉·莱斯的理论基础上构建了生态社会主义模式，借此来解决日益严峻的生态危机。生态社会主义延续了马克思生态文明思想的"人与自然和谐相处"，以"人与生态和谐"为主旨，通过构建制度来治理生态问题，缓和人与自然的紧张关系。要平衡人与生态的关系，就要改变现有的资本主义制度，建立生产资料分散化和非官僚化的制度，避免高度的集权所带来的资源过度消耗。

生态社会主义的思想体系类似儒家的中庸之道，对待事物的看法往往不偏不倚，从不极端，而是采取各方平衡的态度形成自己独到的生态文明思想。生态社会主义中人与自然的关系汲取了马克思生态文明思想对其进行批判，他们认为人与自然的关系是人类中心主义和人道主义的结合体，既强调以人类为中心，又强调以自然为中心，两者在地位上是相等的，而非主从关系。生态社会主义的经济原则是将高度集中化的计划经济与极度自由的市场经济相结合，使得"看得见的手"与"看不见的手"能互相配合，弥补各自的不足。在政治原则上，强调民主自治，主张政府权力下放，由基层掌控，并认为生态社会主义是资本主义之后的社会制度。

在生态社会主义看来，生态学马克思主义所主张的改变资本主义制度过于偏激，他们提出在不改变现有的社会制度下，可以通过对社会主义制度的取长补短来弥补资本主义自身的不足，从而减少在进入生态社会主义路上发生的大规模社会动荡。

三、生态文明思想的内容体系

（一）习近平生态文明思想内容体系

顺应时代的发展，习近平总书记提出了生态文明思想，并提出了具体实施细则。概括而言，习近平生态文明思想是在新时代的背景下提出了新要求、新任务，同时坚持"六个原则"，构建"五个体系"，从而实现新的目标——建设美丽中国。如图 2-1 所示。

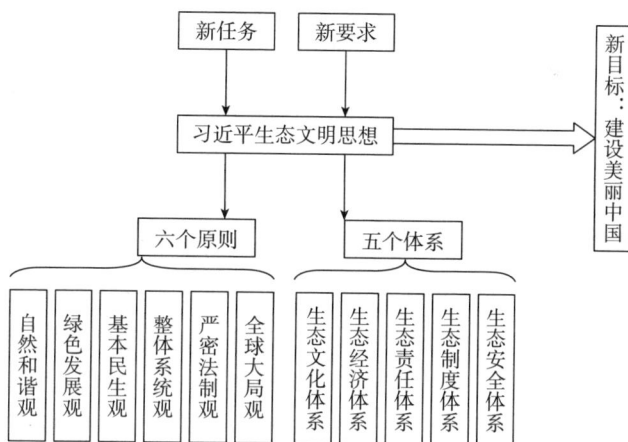

图 2-1　习近平生态文明思想的内容体系

1. 新要求、新任务、新目标

（1）新要求。习近平提出，"地方各级党委和政府主要领导是本行政区域生态环境保护第一责任人"[①]。这样从执行的层面上落实了领导干部责任制，各级

[①]　习近平. 决胜全面建成小康社会　夺取新时代中国特色社会主义伟大胜利——在中国共产党第十九次全国代表大会上的报告［M］. 北京：人民出版社，2017.

领导必须肩负起生态文明建设的政治责任。

（2）新任务。新任务的具体内容包括：全面推动绿色发展；建立健全生态环境风险防范体系；提高环境治理能力和管理水平，突破技术壁垒，进行创新研究；承担责任，积极应对环境、气候变化，与多方合作共同治理污染问题。

（3）新目标。生态文明建设最终目标是建设美丽中国，分两步走，包括近期目标以及终极目标。第一步，确保到 2035 年，生态环境质量实现根本好转，美丽中国目标基本实现；第二步，到 21 世纪中叶，生态文明与物质文明、政治文明、精神文明、社会文明一起全面得到提升，全面形成绿色发展方式和生活方式，建成美丽中国。

2. 六个原则

（1）坚持"人与自然和谐共生"原则。人与自然的关系是人类生存和发展的基本关系，是人类生活和发展的基础。"人类只有遵循自然规律才能有效防止在开发利用自然上走弯路，人类对大自然的伤害最终会伤及人类自身，这是无法抗拒的规律。"① 违背客观规律，终将害人害己。注重工业发展，以牺牲生态环境来换取经济快速发展是十分错误的。我们要以发展的眼光去看待，走可持续发展道路，坚持"人与自然和谐共生"的发展理念。

（2）坚持"良好生态环境是最普惠的民生福祉"原则。党的十八大以来，党中央把民生工作作为社会建设的一项根本任务，中国共产党是全心全意为人民服务的政党，是心系人民的政党，不断为人民对美好生活的向往而奋斗。自中华人民共和国成立以来，我国从本国国情出发，大力发展重工业，在经济快速发展的同时，对大气也造成了较为严重的污染，大气污染是中国重要的环境污染问题。除此之外，水污染、垃圾处理、水土流失、土地沙化等，也是目前我国的环境治理需要面临的突出问题。这些问题严重破坏了生态环境，威胁着人们的身体健康。生态环境对民生事业的重要影响不言而喻，让人们都能享有更优美的环境是当前迫切要完成的任务。当前人民群众对环境改造要求迫切，这体现出生态文明建设与人民的需求息息相关，因此应当先解决人民关心的环境问题。

"良好生态环境是最公平的公共产品，是最普惠的民生福祉"②，这是赋予生态环境最高的评价。对生态环境的保护不仅可以使人民群众享受美丽生态环境所提供的产品和服务，而且良好的生态环境也提高了人民群众的幸福感。为此，各级政府应努力做到保护环境，保护人们生存的最基本环境要求，创造绿水青山的美好家园。

---

①② 习近平. 决胜全面建成小康社会 夺取新时代中国特色社会主义伟大胜利——在中国共产党第十九次全国代表大会上的报告［M］. 北京：人民出版社，2017.

要创造绿色家园就要解决环境治理问题。目前我国面临的很多生态环境问题，都是由于各种制度不健全、法制不完备等造成的。为了解决这些问题，首先，应当着重开展环境保护工作，不断健全各种法治制度，用严格的法治制度来保障生态文明的建设，绝不能以环境为代价去换取 GDP 的增长。完善这些制度，不仅可以为生态文明的建设提供可靠的依托，同时还能尽早实现生态文明现代化。其次，还应加大对环保技术研发的投入，不断促进环境技术创新，进而推动经济结构改善，更高效、更全面地做好生态环境建设工作。最后，要建立完善的监察制度，不断提高监察人员的整体素质，严格监督执法人员在执法过程中是否按照制度进行执法，同时要坚持监察的透明性与公开性，设立相关的工作公开机制，接受全社会的监督。

习近平总书记指出："生态文明是人民群众共同参与共同建设共同享有的事业，要把建设美丽中国转化为全体人民自觉行动。"[①] 因此，要发动全民投入到生态文明与美丽中国的建设中来，要在全社会进行广泛宣传，提高人民的生态文明意识，同时积极鼓励公众参与生态文明建设，倡导绿色低碳的生活方式，大力宣传生态文明理念，广泛开展绿色生活行动，为生态环境保护做出贡献。

（3）坚持"绿水青山就是金山银山"原则。近年来，中国的经济以飞快的速度蓬勃发展，虽然取得了很大的成就，但是也对环境造成了较大的破坏，资源短缺、污染严重等生态问题急需解决。因此，必须要有正确的生态文明观，采取有效措施保护环境，否则一旦生态环境恶化，也会阻碍到经济的发展。

发展是硬道理，是人类永恒的主题，只有良好的生态环境做基础，才能更好地发展生产力。生态环境和经济发展之间的关系经历了三个阶段：第一个阶段是只注重经济而不去考虑环境的承受能力，为了经济的进步，大力开发资源，导致资源的过度使用；第二个阶段是强调经济发展与生态环境的兼容，认识到生态环境是经济发展的根本，强调两者可以共生，要求实现经济发展与环境保护的共同繁荣；第三个阶段是认识到良好的生态环境可以更好地带动经济发展，"绿水青山本身就是金山银山"，只有保障一个良好的生态环境，才能促进经济更好、更快发展。这三个阶段体现了人们对环境与经济之间关系认识的不断深化，同时体现出人与自然的关系不断趋向和谐。生态环境问题归根结底是发展方式和生活方式问题。

2005 年 8 月 15 日，在浙江省的余村，时任浙江省委书记的习近平同志提出重要论断——绿水青山就是金山银山。在多种场合，习近平强调"绿水青山就是

---

① 习近平. 决胜全面建成小康社会　夺取新时代中国特色社会主义伟大胜利——在中国共产党第十九次全国代表大会上的报告［M］. 北京：人民出版社，2017.

金山银山"的思想，党的十九大更是将这一理念写入报告中。他对这"两座山"的认识是一个逐步深化、与时俱进的过程。绿水青山与金山银山是辩证统一的关系，"两山论"的理念，一方面，要求尊重自然，顺应自然，遵循自然规律，建设良好的生态环境；另一方面，要求在不破坏自然环境的基础上，更好地利用自然资源，不断促进经济的发展。这一理念体现了人与自然可以和谐共生的本质，强调了生态环境与发展生产力之间密不可分的联系，同时也指出了两者和谐共生的路径。

而今，蓬勃发展的乡村旅游业就是这一论点的最好证明。不管是浙江省的余村，还是后来兴起的许多乡村旅游景点，其优美的环境和独特的风光使其成为人们休闲放松的好去处，不仅促进了农村地区的发展，还提高了居民的收入，更改善了乡村的生态环境。

（4）坚持"山水林田湖草是生命共同体"原则。习近平总书记指出，生态是统一的自然系统，是相互依存、紧密联系的有机链条。山水林田湖是一个生命共同体，一方面，山水林田湖草这些系统相互独立，因此，要对不同的系统因地制宜地采取治理方法。另一方面，山水林田湖草是一个生命共同体，人的命脉在田，田的命脉在水，水的命脉在山，山的命脉在土，土的命脉在树，因此要将其作为一个整体，将这些独立的系统联系起来，进行整体治理。在生态环境治理工作中，习近平总书记反对"头痛医头、脚痛医脚"的治理方法，提出要统筹兼顾、整体施策、多措并举，全方位、全地域、全过程开展生态文明建设。生态文明建设涉及经济、政治、文化等各个方面。因此，对于生态文明的建设工作，不能片面地看待问题，一定要从全局出发，如此才能对生态系统进行全面、系统的治理，从而促进人与自然的和谐共生。进行生态文明建设，一定要认识到"山水林田湖草是生命共同体"，对生态系统进行整体性和系统性的保护，从而实现美丽中国的愿景。我们决不能因当下的利益而忽略了对生态系统的保护。

人与自然界是紧密相连的，人类的一切生产活动都离不开自然界。生态文明思想要求对山水林田湖草进行综合治理，系统性地进行环境保护。"山水林田湖草是一个生命共同体"这一概念的提出，为我国生态环境治理找到了新方向。山水林田湖草都是生态系统的一部分，其相互影响、相互制约。因此，要进行生态文明建设，必须对生态系统进行系统化的修复。不仅要对山水林田湖草进行系统化、整体化建设，而且生态文明的建设也应遵循这一思想，要以系统论的方法看问题，要做到统筹兼顾、整体施策、多措并举。我们要把握"生命共同体"理念的科学内涵，遵循自然规律，对山水林田湖草进行统筹兼顾，因地制宜地开展修复工作，着力解决生态环境突出问题，坚持预防为主、综合治理，全民共治、源头防治。

（5）坚持"用最严格制度最严密法治保护生态环境"原则。在 2018 年 5 月召开的全国生态环境保护大会中，习近平总书记提出要用最严格的制度和最严密的法治来保护生态环境。

第一，最严格的制度。历史的发展告诉我们，工业文明体系和结构存在严重的缺陷，生态环境的恶化，经济不可持续发展等一系列问题不断出现，促使我们选择新的发展方向，即生态文明的建设。我们必须划定生态红线，一旦越过界限，就应该严格追究责任，进行严厉的惩罚，来进一步维护生态文明的建设。

第二，最严密的法治。法治是"依法办事"的治理方式及其运行机制。我们应该完善和健全相关的法律体系与机制，将生态保护的理念融入到刑法、民法等实体法中去，形成实体法的"生态法"，切实做到有法可依。坚决抵制有法不依、执法不严、违法不究等现象。法律的灵魂在于执行，没有严格的执法，法律体系的设定如同虚设，具体如下：一是实行严格的环境损害赔偿制度，对环境的损害进行严厉的惩罚，让违反者付出惨痛的代价来警告世人，保护环境；二是建立最严密的环境执法体系，并严格执行。

（6）坚持"共谋全球生态文明建设"原则。随着人类的发展，我们不断地从大自然索取，却没有很好地保护大自然，已经对整个人类社会造成了严重的伤害，产生了严重的全球性生态问题。如果依旧对其置之不理，那么环境问题所带来的恶劣影响将会波及更大的范围、持续更长的时间。因此，生态文明的建设是题中之义。此外，生态文明的建设，不是一个人，也不是一个国家的责任与义务，而是全球共同建立与维护，任何一个国家都不能独善其身、置身事外。

2017 年 10 月，习近平总书记在党的十九大报告中明确强调："我们呼吁，各国人民同心协力，构建人类命运共同体，建设持久和平、普遍安全、沟通繁荣、开放包容、清洁美丽的世界。"我国已经成为了生态文明建设的重要参与者、贡献者、引领者。我们应该同世界各国一起，携手并进，共同建设美好未来，共建美丽家园。

3. 五大体系

五大体系系统地概括了生态文明的内容，构建了理论框架，指出了思想内涵、制度保障、责任追究和安全防线。五个体系是建设美丽中国的理论指导和行动指南，也是人类永续发展的新方案。

（1）构建生态文化体系。"加快建立健全以生态价值观念为准则的生态文化体系"，习近平指出。价值观对人的行为具有导向作用，倡导绿色价值观理念，推进生态文明建设。

建立生态文明体系，要坚持人与自然和谐发展，促进人与自然和谐共生。人与自然的关系最早可以追溯到我国古代儒家的"天人合一"、道家的"道法自然"、佛家的"众生平等"。马克思的生态文明思想也是以人与自然和谐相处为核心。人类社会是自然界的一部分，我们取之于自然，用之于自然。自然是我们社会发展的来源，而我们所做的一切又反馈于自然，最终反馈于自身。

建立生态文明体系，要坚持绿色发展。历史已经证明，试图以牺牲自然环境来换取经济发展的道路是行不通的。工业革命以来，人类过度开采，工厂建立，污染排放等造成环境污染十分严重，资源过度消耗，经济不能持续绿色发展，人民的生活也受到严重困扰。全球气候变暖、雾霾的出现、水污染等不断提醒着世人。绿色发展，包括方方面面。在生活中，应提倡低碳环保，绿色消费，做到粮食不浪费，合理适当地使用资源，低碳出行，把环保意识牢记于心，资源不浪费，垃圾要分类。总之，构建生态文化体系要将生态价值理念融入到社会核心价值观中，使其牢记于心，并实践于生产生活。

（2）构建生态经济体系。"加快建立健全以产业生态化和生态产业化为主体的生态经济体系"，习近平指出，"生态环境保护的成败，归根结底取决于经济结构和经济发展方式"。经济是一国建立的基石，生态保护就是一国发展的基础。

产业生态化要求从源头上治理。环境污染很大程度上来源于工业生产、工业排放，导致水资源污染、土地污染以及空气污染，进而深入人们生活、威胁动植物生存、影响人类的发展。生态产业化强调将生态进行系统化、产业化，推进生态产业化和产业生态化，加快生态经济体系建设。生态经济体系建设，要求环保经济、低碳经济、绿色经济、循环经济，以促进经济发展和生态环境的和谐。"绿水青山就是金山银山"，对于物资丰富、地广人多的中国来说，自然资源是我们最大的财富。对于环境的保护就是对人类自身的保护，肆意开采资源就是自掘坟墓。生态农业、生态工业、生态服务业，要将生态经济发展与第一、第二、第三产业结合，从多层次、多方面进行生态经济发展。深入经济发展，就是利用最原始的物质资源来创造出无穷无尽的财富。绿色发展是构建经济高质量发展的必然要求，是解决环境污染问题的根本之策。

（3）构建目标责任体系。"加快建立健全以改善生态环境质量为核心的目标责任体系"，习近平指出。改善生态环境质量是我们构建生态文明体系的出发点和落脚点，人们通过改善生态环境，提高生活质量，来满足日益增长的精神需求。

目标责任体系是生态文明建设的载体。构建目标责任体系，要求责任落实，追究到部门甚至是个人身上，从而达到规范公民行为并最终得以实现绿色生态的目的。目标责任体系的构建，更重要的是对政府的责任追究、对领导干部的责任追究，只有这样生态环境保护才不是一纸空文，而是真真切切地落到实处。自上而下的政治管理体制决定了领导干部是治污的关键，明确的法律条款以及严格执法是治污的必要条件。领导干部不负责，法律法规不清楚、明确，执法不严，都会出现地方环保意识不强、措施举措不具体、工作不落实、实施不严格、相关环保部门执行力不强、监督机制不严的问题。

（4）构建生态文明制度体系。"加快建立以治理体系和治理能力现代化为保障的生态文明制度体系"，习近平指出。一国的制度体系是一国社会和谐稳定的保障，生态文明制度体系是生态文明建设的制度保障，只有用最严格的制度、最严密的法治来保护生态环境，来保障生态文明建设。

构建生态文明制度体系，要以治理体系现代化和治理能力现代化为保障，加快建立生态治理体系，同时强化制度执行力。两者相辅相成，融为一体，共同促进我国生态文明建设，其主要内容包括：①决策制度。生态文明建设要从全局高度进行顶层设计和整体安排；②评价制度；③管理制度；④考核制度。

（5）构建生态安全体系。"加快建立以生态系统良性循环和环境风险有效防控为重点的生态安全体系"，习近平指出。生态安全是国家安全的重要组成部分，是国家经济发展的必要因素，是人类社会可持续发展的重要保障，生态安全将社会、经济和生态三者融为一体。生态安全包括生物安全、环境安全和生态系统安全。加强生态安全体系建设是推进国家安全体系建设的重要战略举措。

构建生态安全体系，要以生态系统良性循环为重点。生物与环境之间相互作用，并处于一种相对稳定的动态平衡状态，被称为生态系统。生态系统是不断循环的，每一个生物、每一种环境、每一个环节都极其重要，一旦被破坏，就会打破生态系统平衡，造成不可估量的后果。促进生态系统良性循环，有利于可持续发展。构建生态安全体系，要以环境风险有效防控为重点。对环境风险进行有效防控，才能降低环境污染风险，减少损失。加强防范化解环境风险，要把环境风险纳入生态文明建设体系中去，系统地构建多方面、深层次的生态环境风险体系。

构建生态安全体系，一是降低生态系统退化风险，通过实施国土空间管制和生态红线制度，采取生态系统修复和保护措施，确保物种和各类生态系统的规模和结构稳定，提升生态服务功能水平；二是防范化解生态环境问题引发的社会风险。

（二）马克思生态文明思想的内容体系

马克思生态文明思想体系分为三个原则和两种样态，其中三个原则包括生态依赖原则、生态生产力原则和真实需求原则。两种样态分为显性样态与隐性样态：显性样态的生态文明思想主要包括物质变换裂缝理论、循环经济理论、自然生产力理论；隐性样态的生态文明思想主要包括经济危机理论、阶级斗争理论、共产主义社会中的"双重自由"（即"自然自由"和"人的自由"）思想。马克思生态文明思想就是通过这"一显一隐"两种样态体现出来的，如图2-2所示。

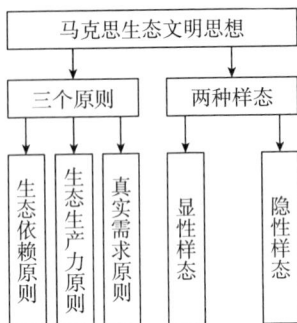

图 2-2 马克思生态文明思想的内容体系

1. 三个原则

（1）生态依赖性原则。从马克思的历史唯物主义理论出发，通过社会与自然的互动来解释人类社会发展的一般规律。历史唯物主义认为，人类无论进行何种活动都得有个自然前提，因为"自然界是人的无机的身体，人靠自然界生活"。社会本质上是源于自然界的，是自然界的一部分，自然界是社会存在的前提，社会依赖自然界而存在，两者是互动而非割裂的关系。自然先于人类社会而存在，人类活动受制于"自然—社会"这一关系，这里的自然是"人化的自然"，这里的社会是"自然的社会"，"人类的独立性是相对的，而对自然的依赖则是绝对的"，马克思生态文明思想首次提出自然——这一人类社会存在的前提，提出了人类活动的相对自由，从而反驳资本主义提倡的绝对自由假设，这也是马克思生态文明思想的精髓。

（2）生态生产力原则。马克思认为，人类从事的生产活动应该在尊重自然、以遵循客观规律为基础的前提下改造自然，使人与自然之间的物质转变合理化，而不是破坏自然来达到社会发展的目的。因此，马克思主义学者将这一理念融入到生态文明思想中，提出了"生态生产力"这一思想。

"生产力发展"的概念是马克思后期著作的一个重要议题，关于生产力发展的论述是马克思改造自然观点的具体理论呈现。生产力发展无疑是推动人类社会飞速进步的关键，但同时由于科技的进步使得人类大量掠夺自然资源，对自然造成极大的破坏，导致人们对科技变革产生批判。的确，科技的发展是生产力发展的推动器，但这并不意味着生产力发展一定要以破坏自然环境为代价。马克思主义认为，生产力发展的最终结果是推动社会关系的变革，人类会进入一个更高级的社会，在这种新的社会结构下，主体会受社会关系的制约而更合理地处理人与自然的物质变换，进而使这种二元交互关系达到一种动态的平衡。中国特色社会主义正是以马克思理论为指导并结合中国实际走出的一条社会主义绿色发展道路。

（3）真实需求原则。人类对生态环境的破坏，归根结底就是人类无限的欲望与有限的生态资源之间的矛盾。资本主义的绝对自由思想催生了消费者的无限欲望，并导致这一矛盾的恶化。资本主义遵循自由原则在市场领域进行物与物的交换，这被称之为"市场自愿原则"。这一看似"理性抉择"实则是一种利己主义的原则，并非是消费者真实的需求，马克思提出的"各尽所能，按需分配"实质上是一种可持续的资源分配方式。在这里需要正确理解"需求"与"欲望"，两者并不相同，其中"需要"意指"真实需要"，"欲求"意指"虚假需要"，两者概念截然不同。马克思认为，人类若满足自身的"虚假需求"则并不会真的产生幸福感，欲壑难填，最终只会带来更大的伤害，人类将无法得到生活必需的新鲜空气和纯净的水资源。资本主义无视人们的"真实需求"，而是放大人们的"虚假需求"，点燃欲望之火，最后使之吞并自身，在《资本论》中，马克思指出，价值生产与商品生产是存在着根本区别的，价值生产是为了满足人的真实需要，而后者则是为了生产交换价值，它所满足的是否为人的真实需要是不在其考虑范围之内的。马克思所指的"需要的增长"，是指人的自我实现的需要，这是一种真需要、满足人们幸福生活的需要。

2. 两种样态

马克思在《资本论》中将生态文明思想以显性、隐性两种样态显现出来。

（1）显性样态。

第一，物质变换裂缝理论。随着工业革命所带来的工业和农业规模的不断扩大，人与土地之间出现裂缝。资本主义制度的运行使得人与土地分离，将两者独立地纳入生产资料中，切断了人与土地的联系，破坏了人与土地、社会与自然的完整性，出现物质变换裂缝。物质变换裂缝理论强调自然与社会、自然与人类间双向关系的生态文明思想，这对于当代社会和谐处理人类与社会的"物质关系"具有良好的启发。

第二，循环经济理论。早在美国经济学家 K. 波尔丁提出"循环经济"这一名词之前，马克思就在《资本论》中描绘了这一场景，专题论述废料循环利用问题，并提出循环经济的四个重要作用：首先，发展循环经济有助于减少污染，提高环境质量；其次，发展循环经济有助于提高经济效益；再次，发展循环经济也有利于缓解资源短缺状况；最后，马克思强调先进的科学技术可以改善工业污染问题，改善生态环境。

第三，自然生产力理论。马克思在《资本论》中突出了自然生产力在社会物质生产过程中不可替代的作用。人类无限的欲望与有限的自然环境之间的矛盾被资本主义的生产方式所扩大。资本主义为其自身发展过度剥削人力和自然力，获得超额利润，这无疑是破坏了人与自然的和谐关系。只有合理地开发和利用资源，实现可持续发展，人类才能拥有美好的未来。

（2）隐性样态。

第一，经济危机理论。马克思在《资本论》中阐述了资本家的逐利本质，即资本家通过剥削工人的剩余价值不断积累资本，最后导致生产相对过剩而产生经济危机。为满足生产而对资源不断掠夺以及对环境肆意破坏，这一切危机的根源是制度本身，不改变资本主义制度就无法真正地解决。人们有限的消费能力无法与高速发展的生产力相匹配，环境资源亦是如此，进而破坏了人与自然的和谐相处。

第二，阶级斗争理论。阶级斗争指对抗阶级之间的对立和斗争，是根本利益对立的阶级之间相互冲突的表现，是解决对立阶级之间矛盾的基本手段。阶级矛盾的本质是不同阶级的经济地位和物质利益的对立。一切阶级斗争，都是在物质利益即经济利益互相对立和冲突的基础上发生的，归根结底也都是围绕着物质利益而进行的。阶级斗争的目的是夺取更多有利资源来维护各阶级自身的利益，不消除阶级对立就不会实现所有人的资源共享。通过阶级斗争，胜利的一方往往会更加肆无忌惮地掠夺资源，通过限制他人使用来达到垄断的目的，因而对环境造成了极大破坏。

第三，共产主义社会中的"双重自由"思想。马克思提出资本主义的基本矛盾是社会化大生产与生产资料私有制之间的矛盾，这一矛盾在资本主义制度下是无法解决的，他认为只有社会的制度发生根本改变才能使其真正得到解决。因此，他独辟蹊径构建了共产主义社会，在那里人与人之间不再有等级之分，资源配置能按需分配，人与自然达到真正的和谐统一。马克思认为，人类进入共产主义后，人与自然的对抗会自然而然地解除，自然界从人类的"控制"中解放出来，生态环境将不会再遭受破坏。同时，在共产主义社会的人们思想觉悟极高，不再肆意掠夺自然资源和破坏环境，使自然能恢复其原有面貌。人类的一切活动必须在符合自然规律下按照人的本性来进行，只有这样才能真正达到人与自然和谐相处。

（三）生态马克思主义的内容体系

生态马克思主义提出了生态危机代替经济危机，并认为其根源是异化消费，只有合理的需求和稳定的经济才能解决。如图2-3所示。

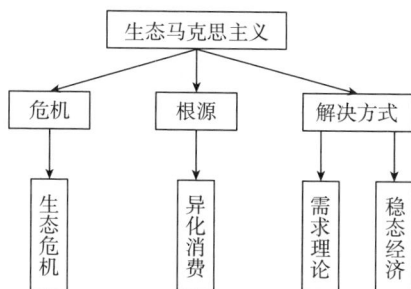

图 2-3 生态马克思生态文明思想的内容体系

1. 生态危机替代经济危机

生态马克思主义承认马克思对自由资本主义社会基本矛盾的分析和批判的正确性，但是否认经济危机是导致资本主义灭亡的根本原因。由于技术的迅猛发展以及国家福利政策的普及，并没有出现马克思阐述的极端贫富差距，因此不会发生大规模经济危机。生态马克思主义认为是资本逐利的本质导致人类对生态环境产生极大破坏，造成人与自然之间的矛盾与日俱增。人类社会与自然界的矛盾已上升为西方社会的主要矛盾，正因如此，要以生态危机来取代经济危机。

2. 异化消费是生态危机的直接根源

"异化消费"是生态马克思主义提出的概念，指人们用获得"虚假需求"商品的办法去补偿异化劳动的生活消费方式。生态马克思主义认为"虚假需求"所引发的异化消费使得商品生产加快，从而维持了资本主义。异化消费是导致垄断资本主义扩大再生产的根本源泉，而这样大的生产行为也导致对生态环境造成严重破坏，可能形成大灾难，使人类走向毁灭的边缘。

3. 用需求理论消除异化消费

在异化消费所创造的"虚假需求"的假象中，资本主义势必会导致生态危机，造成无可挽回的局面。显然一味追求自身利益最大化而对其他事物漠不关心已经不能维持资本主义的自身，政治家学者甚至资本家本身也看到了其后果。为解决这一问题，生态马克思主义提出资本主义要从异化消费中走出，建立更为合理的需求理论才能保证人与自然的和谐相处。

4. 以"稳态"经济模式抑制生产过剩

要有计划地进行工业生产，减少生产过剩，马克思主义也对此持有相同的观点。其实在之前的小农经济中，欧洲人们普遍遵循这样一种规律，即生产适量，工作适度。当时人们的行为并不是因为看到生产过剩所带来的经济危机，而是由于宗教信仰再加上生产力低下所造成的。"稳态"经济模式是生态马克思主义根据马克思、穆勒、舒马赫等的思想提出的，这一思想的核心在于控制资本主义不计后果的逐利行为，约束其本性，使人类劳动符合自然规律。

第二节　生态文明思想融入经济学课程思政的必要性

一、新时代生态文明建设的必然要求

粗放型的经济增长模式对我国生态环境造成了严重的破坏。"大炼钢铁""盲目开荒""围湖造田"等以牺牲环境来换取经济的快速发展，只顾眼前利益而忽视长远利益，只管经济利益而抛弃环境效益，导致了自然环境的恶化。20世纪70年代，周恩来首先注意到环境污染问题，派遣代表团参加了人类环境会议。[1] 从那以后，我国开始重视生态环境的建设。目前，我国生态环境的总体质量正在改善，但生态文明建设所面临的形势依然严峻[2]。因此，我们在总结生态文明建设成功经验的同时，也应该正视生态环境建设现状。

"建设天蓝、地绿、水清的美丽中国"，首先，一个重要的难关就是减轻空气污染。随着经济的发展，我国工业化、城镇化进程加快，加剧了大气污染。近年来，我国空气污染总体得到改善，但大气污染物总排放量居高不下。工厂废气排放、汽车尾气排放、煤炭燃烧等增加了空气污染物，如二氧化硫、碳氧化物、细颗粒物（PM2.5）等。沙尘暴、雾霾等席卷北方地区，严重影响人们的日常生活。其次，就是水资源短缺、污染。水是人们生存与生活的必需品，水资源问题不可小视。在一些地区由于早期粗放型经济增长，还存在着工业园区、城市建设区、港口区等基础设施欠账较大以及城市黑臭水体仍未被完全消除的现象，截至2020年，23.3%的湖泊存在轻度及以上的污染[3]。再次，能源使用不合理。我国在能源开发和使用的过程中，存在着浪费、使用不合理的现象，以高资源消耗方式来使用能源，会造成能源浪费、能源资源紧缺。最后，生物多样性问题。由于生态环境的破坏，导致一些生物无法生存下去，物种减少，生态系统失衡，造成恶性循环。

---

① 参见中华人民共和国环境保护部官网的《我国环境保护的发展历程与成效》一文。

② 寇江泽.《2019中国生态环境状况公报》显示，我国生态环境质量总体改善——绿色发展带来水碧天蓝［N］.人民日报，2020-06-12（006）.

③ 参见中华人民共和国生态环境部的《生态环境部发布2020年全国生态环境质量简况》一文。

党的十九届五中全会上，对未来我国经济社会发展进行十五年展望，制定了我国未来发展的蓝图，指出了我国发展的方向，并制定了目标。在新时代的背景下，"坚持新发展理念、着眼推动高质量发展，强调'推动绿色发展，促进人与自然和谐共生'，对深入实施可持续发展战略、完善生态文明领域统筹协调机制、加快推动绿色低碳发展等做出重要部署，为推进生态文明建设、共筑美丽中国注入强大动力"①。为了构建美丽中国，除了生态治理、生态保护、生态建设之外，更重要的是树立全民生态意识，构建生态文明观。应该充分发挥教育的力量，在传递知识的同时，建立生态文明观，让生态文明融入到课程思政中去。

新时代构建生态文明建设，需要全民参与，大学生正是一批具有专业知识与思想品质的重要群体，是社会建设与发展的主力军。大学生有着独特的优势，承担着未来社会发展的重担。高校为大学生营造了一个良好的学习环境与氛围，助力大学生全面高质量发展，应该充分发挥大学教育的力量，推进生态文明思想的传递。然而在目前，生态文明思想更多的是一门课程或者融入思想政治教育课程中，对于专业课涉及较少。"绿水青山就是金山银山"，生态文明建设与经济学息息相关。将生态文明融入经济学课程思政中，用专业的知识去诠释，能够使学生更加深入地理解生态文明，这是贯彻落实生态文明课程思政建设、实现建设美丽中国目标的必要基础，是当前发展形势下的最好选择，也是新时代生态文明发展的现实要求。

二、经济学课程思政发展的内在要求

"课程思政"的概念最初是 2014 年上海市教育局为了促进中小学的学科德育教育而提出的②。课程思政自推出以来，逐渐扩展，选择部分高校进行试点，充分挖掘思想政治教育资源。教育部印发的《高等学校课程思政建设指导纲要》指出，要结合学科专业特点分类推进课程思政建设，深化教育改革，充分发挥课程教学育人的作用，全面提高人才培养③。经济学作为一门独立的学科，研究社会中如何利用稀缺资源生产物品与劳务，并进行分配等。经济学包罗万象，与社会生产、生活息息相关。经济学课程思政是传统课程思政的发展，是现实的选择。在经济学专业课上，传递思政教育，更能深入理解其内在含义。早在先秦时

---

① 参见新华网的《促进人与自然和谐共生——学习贯彻党的十九届五中全会精神》一文。
② 李翔. 高效经济学教学课程思政的探讨：以新疆财经大学为例［J］. 教育观察，2019（19）：18-19.
③ 参见中华人民共和国教育部官网的《教育部全面推进高校课程思政建设》一文。

期，我国的思想家、政治家、哲学家就有了他们的经济思想。"道法自然"从自然哲学的角度出发，主张经济活动应顺应自然法则；"义利思想"论证"义"与"利"之间的相互关系，倡导"君子爱财，取之有道"；"富国思想"认为国家富裕，国民才能富裕，提出富国强兵和"重本抑末"政策。

然而，在过去很长的一段时间里，我们只注重理论知识的传递以及专业技能的培养，而忽略了思想文化的教育，几乎没有进行生态文明教育。在传统的思想政治教育课上，很少会提到与生态文明相关的理论思想，忽略了对学生生态素质的培养。此外，还存在一个非常重要的问题，即专业课与思想政治教育分离，专业课上只进行专业知识的传递，没有与思想政治教育结合在一起，不对学生进行人文素质教育，这将会导致专业课与思想政治教育出现"两张皮"的现象，没有充分发挥两者的优势，出现效率低、深度不够、实用性不强等现象。思想政治教育经历了思政课程到课程思政的转变。

对于生态文明教育，仅仅依靠传统的思政教育是不够的。思政教育的范围过于广泛，没有充分发挥学科优势，不够深入。经济学课程思政结合了经济学的特点进行思想教育建设，将思想教育贯彻其中，使学生融会贯通，深入透彻地理解。生态文明思想融入经济学课程，有利于其思想全面持续地发展，解决新时代思想政治教育发展所面临的新问题，更好地贯彻落实中共中央对高校课程思想建设的新任务和新要求。因此，生态文明思想融入经济学课程思政中，是经济学课程思政发展的必然要求。

三、新时代大学生全面发展的必然要求

教育是国之大计、党之大计，是民族振兴、社会进步的重要基石，是功在当代、立在秋千的德政工程①。在党的十九大报告中，强调"要全面贯彻党的教育方针，落实立德树人根本任务"。马克思主义关于人的全面发展学说中提到，人的全面发展是精神、身体、个性化和社会化等都得到普遍、充分而自由的发展。在高校的教育中，我们要重视并加强对大学生的全面发展，要把生态文明思想融入到经济学课程思政中，增加大学生关于生态文明思想的理论知识，同时也树立大学生生态文明观，进一步契合大学生全面发展的要求。

进入新时代，人民对于美好生活的向往有了更高的要求，对于生态文明建设也有了新的要求。首先，大学生是社会建设的主要承担者，是祖国的未来与希

---

① 参见《中国教育报》的《立德树人担使命——扎实开展"不忘初心、牢记使命"主题教育系列评论之三》一文。

望，肩负着实现"两个一百年"奋斗目标和建设美丽中国的任务，责任重大，对于大学生的教育一定不能松懈。高校是大学生生活与学习的主要场所，高校应该承担起责任，在课堂上潜移默化地传递生态文明思想理论，对大学生进行生态文明教育，建立良好的校园文化，引导大学生树立正确的生态文明观，养成良好的生活习惯，实现全面发展。然而长期以来，高校对于思想政治教育这一块相对来说比较薄弱，授课的方式较为落后，没有太大创新。学校对于思想政治教育没有给予足够的重视，课堂上传递的内容过于理论，缺乏互动交流，学生的积极性不足，创新和开拓思维欠缺。总体来说，高校的思想政治教育表面化，没有进行深入的理解与探讨。其次，大学生进入大学后，相比高中来说，所处的社会环境更复杂，大学生难免会受到功利主义、享乐主义、个人主义等不正确价值观的影响。最后，由于大学生毕业后就业竞争比较激烈，会更注重实践能力的提高，而忽略思想政治教育以及生态文明思想的培养。然而，增强生态文明意识，树立生态文明观对大学生自身价值的实现以及社会价值的实现都十分重要。生态文明，是解决人与自然和谐共生的问题，是我国经济绿色持续发展的前提，是全球生态治理永续发展的根本。

高校的思想政治教育应该以培养大学生全面发展为重点，加强生态文明教育，构建校园生态文化，不断推进我国生态文明建设的进程，实现"美丽中国"的目标。在思想政治教育课堂上，要增加生态文明相关理论知识，丰富思想政治教育的内容，改变传统的课堂形式，增强师生互动，使大学生深刻透彻地理解生态文明思想内涵，进而构建良好的校园生态文化，帮助大学生树立正确的生态文明观，增强生态文明意识。在课程思政的建设中，应充分发挥专业课的优势，充分挖掘专业课中的思想政治教育理念，让学生在吸收专业知识的同时，也能够了解生态文明思想，实现全面发展。将生态文明思想融入到经济学课程思政中，将生态文明思想、经济学专业知识、思想政治教育三者结合为一体，实现人才的全面发展，是新时代对高校的思想政治教育提出的新要求。

四、高校思想政治教育成效提升的必然要求

目前，随着生态文明建设，我国生态危机得到了一定的缓解，但是生态问题仍然持续存在，制约着经济绿色可持续发展。生态问题的解决最根本的就是正确处理人与自然的关系，既要满足当代人的需要，也要不影响后代人的发展。如何正确处理人与自然的关系，首先应该是正确认识人与自然的关系，教育在此发挥着十分重要的作用。我们只有认识到人与自然和谐共生的相处关系，才能够采取正确的措施去解决生态环境问题，实现经济绿色可持续发展，全社会全面协调发

展。高校作为大学生教育的主战场，承载着知识的传播、文化的传承，应该充分发挥其教育的功能，进行生态文明教育，树立校园生态文化，推进我国生态文明建设的进程。

然而，过去高校人才培养单一，大多数高校更加侧重于专业知识的传递，提高大学生的专业水平，缺乏对大学生全面系统的培养。近年来，高校开始注重人才培养的多元化、全方位以及促进大学生德智体美劳全面发展，但是对于生态文明教育仍然缺乏。高校思想政治教育更多的是以思想政治课程、讲座等形式开展，内容上更侧重于马克思主义理论、历史教育、重要政策文件等，以帮助大学生形成正确的世界观和价值观，提高大学生的道德品质，而忽视了大学生的生态学文明教育。目前的生态文明教育形式单一，没有详细的教育规划，意识形态和政治教育与专业课程无关，表现出"两张皮"现象。对于大学生来说，必须要确立生态文明的正确概念，培养对生态文明的正确意识，正确认识人与自然的和谐共生的关系，未来才能承担起社会责任，推动生态文明建设进程，助力我国构建美丽中国。这无异于对高校的思想政治教育提出了新要求，对高校的生态文明建设提出了新要求。高校思想政治教育应该以多元化的形式来进行生态文明教育，加强学科交叉融合，将思想政治教育与专业课相结合，深入剖析与理解。

将生态文明融入到经济学课程思政中去，这本身就是高校思想政治教育内涵的丰富和提升，为高校思想政治教育开辟了新领域。目前我国已经步入中国特色社会主义新时代，为了实现"美丽中国"的新目标，高校思想政治教育应该与时俱进，以推动生态文明建设的进程。从历史的角度来看，思想政治教育具有时效性，随着时代的进步与发展，其也在发生着不断的变化。课程思政的推出，就改变了之前单一形式的思想政治教育，使得思想政治教育内涵得到提升、内容得到拓展。意识形态和政治教育是基于"立德树人"的根本任务的，应以全员、全过程、全课程的形式，让思想政治教育与其余课程教育同向同行。因此，在新时代的背景下，意识形态和政治教育必须与时俱进，高校要在"立德树人"的基础上为大学生实施生态文明教育，使其深刻理解生态文明的内涵，树立正确的生态文明观。同时，高校应该充分发挥思想政治课与专业的潜能，将思想政治课与专业课进行学科交叉融合，使两者协同育人，同向同行；将生态文明融入到经济学课程思政的建设中去，用经济学的思想去深入理解生态文明，在生态文明的学习中学习经济思想。将生态文明融入到经济学课程思政中去，是高校思想政治教育成效提升的必然要求。

第三节　生态文明思想融入经济学课程思政的可行性

高等学校的文化组织与民族的、国家的、世界的文化组织，本质上具有同构和同存的关系①。高校生态文明建设的构成要素和存在具备社会基础与经济基础，这也就使生态文明思想融入到经济学课程思政中成为了可能。

一、生态文明思想与经济学课程思政相契合

生态文明思想与经济学课程思政具有相同的教育内容，内容相契合。生态文明的理论是 20 世纪 60 年代西方生态学危机下，随着西方思想界对人类社会的反省逐渐进化和发展起来的。习近平生态文明思想是基于我国经济发展不均衡的现状，对马克思主义生态文明理论思想的深入理解，建立了服务于中国现代化的实践，具有中国特色。生态文明思想的教育主要是对马克思主义生态文明理论思想的传递，对人与自然关系的传递。经济学课程思政主要是围绕马克思理论哲学进行教学，在专业课即经济学课程上对思想政治进行理论的深化与延续。

生态文明思想与经济学课程思政都具有教化育人的目的，具有指导意义，目标相契合。生态文明思想继承和发展了中华优秀传统文化、马克思主义关于人与自然的理论等，其内容丰富、体系完整、逻辑紧密。生态文明思想是基于社会发展的现状提出的，以解决经济社会发展不平衡，实现经济与社会的可持续发展，实现人类的永续性发展。习近平生态文明思想是以转变原来的资源要素投入不均衡到创新驱动的可持续性发展而提出的，是以建设美丽中国为出发点的，它对当前社会发展、对构建生态文明具有重要的指导意义，对整个社会和人民具有指导意义。

具体而言，生态文明思想从哲学的角度提出了"山水林田湖草是一个生命共同体，人的命脉在田，田的命脉在水，水的命脉在山，山的命脉在土，土的命脉在树"，用辩证唯物主义论述了世间万物的整体与部分，以及物质的普遍联系性。世间万物是相互联系、相互影响、互为依赖的，地球是一个整体，是由无数个生命共同构成的，每个个体既是相互独立的，也是相互依赖的。"构建人类命运共

---

① 冀景．习近平生态文明思想融入大学校园生态文化建设研究［D］．长沙：湖南师范大学硕士学位论文，2020.

同体"是从全球视角出发，呼吁各国人民携手并进，共建美好家园。生态文明思想所提出的"共同体"，要求以整体观和系统观来建设生态文明，对思想政治教育也提出了新的思考。"绿水青山就是金山银山"，就是要站在一个新的高度，以发展的眼光看待自然资源。过去以牺牲环境换取经济增长的思想，错在没有长远的目光，局限于眼前的利益。而"两山论"从根本上突破了狭义的生产力概念，将生态环境纳入生产力的范畴之内。习近平指出："破坏生态环境就是破坏生产力，保护生态环境就是保护生产力，改善生态环境就是发展生产力。""两山论"突破性的提出，引发了社会各界深入思考，即做任何事情之时，要有长远的目光，只在意眼前的得失，可能会导致以后不可逆转的损失。在考虑任何事情的时候，不要想着以牺牲一些事物来换取利益，要想着如何创造利用事物来获取更大的收益。此外，生态文明思想也规范了人们的行为。"用最严格制度最严密法治保护生态环境"，设定生态红线，以及相关法律法规，从制度上规范人们的行为，严禁破坏生态环境以及违反保护生态环境的法律法规。同时，生态文明思想帮助人们树立生态文明观，养成良好的生态习惯，实现绿色消费的生活方式转变。

综上所述，无论从生态文明思想的教育内容上看，还是从其教化育人的目的以及生态文明思想所具有的指导意义上看，生态文明思想都与课程思政相契合，这使得将生态文明思想融入到经济学课程思政中成为了可能，使得将生态文明思想融入到经济学课程思政中具有了可行性。

二、生态文明思想具有开放性和包容性

生态文明思想具有开放性和包容性。首先，从生态文明的发展历史来看。随着人类社会的持续发展，人类经历了原始文明、农业文明、工业文明、生态文明。在工业文明时代，人类大力发展重工业，掠夺天然资源，严重损害了生态系统平衡，使环境持续恶化。人们开始逐渐意识到生态环境的重要性，提出生态文明思想，而随着时代的不断发展与进步，生态文明思想也逐渐发生着改变。生态文明的起源可以追溯到中国古代：儒教强调"天人合一"，认为人与自然是一致的关系；道宗强调"人法地，地法天，天法道，道法自然"，建议遵循自然规律；佛教强调"众生平等"，提倡尊重自然，保护生命。17 世纪中叶，马克思提出人与自然和谐共处的思想，顺应自然保护。20 世纪末，我国提出"退耕还林，围田造湖"，保护和改善生态环境；随后提出建设资源节约型、环境友好型社会，全面建成小康社会。当前，中国特色社会主义已经进入新时代，为了满足人民对美好生活的向往和实现中华民族伟大复兴的目标，提倡全新的生态文明思想。习

近平在对生态文明的看法上，吸收了古代、现代多种生态学智慧，继承了马克思主义理论，这是我国适应新时代的战略选择，是回应人民对美好生活的向往，是为了实现"美丽中国"的目标。

其次，从生态文明的具体内容来看。生态文明思想内容丰富、体系完整，其中包括了"六个原则"和"五大体系"，不仅论证了人与自然和谐共生的关系，强调尊重自然、顺应自然、保护自然，而且提出了"两山论"，指出"绿水青山就是金山银山"；同时，坚持始终以人民为中心，站在人民的立场，从全球的角度去共谋生态文明，并"用最严格制度最严密法治保护生态环境"，严格执法。生态文明思想，是集社会建设、经济建设、政治建设、文化建设的思想于一体的智慧，涵盖了全面的范围。生态文明思想是科学的、系统的、现实的，并且具有指导意义。习近平生态文明思想是我国生态文明建设的行动指南，是指导原则。将生态文明思想融入到课程思政中，不仅是时代课题，还是历史使命。生态文明思想中先进的整体观、全局观、历史观，超越了国家主义思维和个人利己主义思维，是对思想政治教育更为深刻的理解与反省。

正是因为生态文明思想吸收了中华优秀传统文化，以及马克思主义关于人与自然的理论，并结合了当前时代发展的特点，所以其具有整体观、历史观、全局观。生态文明开放包容的思想，使得将生态文明思想融入到经济学课程思政中成为了可能，也使得将生态文明思想融入到经济学课程思政中具有了可行性。

三、经济学课程思政具有融合性

思想政治教育是我国精神文明建设的主要内容，也是解决社会矛盾的主要方法之一。思想政治教育的本质是社会实践活动，其实用性决定了其具有发展和持续性。思想政治教育，使人们意识形态和道德得到改善，培养了其正确的人生观和价值观。人只有在真正进行思想政治教育实践的过程中，才能准确把握精神文化传播与现实世界的区别，才能真正践行思想道德教育理念。然而对于学生而言，只从单一的思想政治课程中进行思想政治教育是远远不够的，仅仅从课程去授课，不仅形式单一，而且效果不明显。很多学生容易忽视思想政治教育，对其没有进行深入的思考与理解，这也使得思想政治教育改革成为必然。课程思政是对传统的思想政治教育的深入改革，其是将思想政治教育融入到各个学科，而不是单一地增加"思想政治教育"这一门课程，是将思政教育全方面、全过程融入到其他课程的学习中去，在其他课程中有机融入思政元素，并特别注重的是与专业课程的有机融合。专业课蕴含着丰富的育人资源，课程思政与专业课的有机融合，可以建立学科育人共同体。经济学主要研究人的经济行为以及生产过程，使学生掌握经济理论知识与分析方法，培育经济思维。经济学与课程思政的有机融合，就是在经济理论知识学习的过程中融入思政元素，从经济学的角度去理解生态文明思想，从而有利于深入理解生态文明思想的内涵。

经济学课程思政具有融合性，主要从三个方面来看。首先，从经济学课程中的意识形态和政治教育的内容来看，思想政治教育的内容丰富多彩，其已被全面开发和多样化了，内容主要包括意识形态教育、政治教育、道德教育、法学教育、心理学教育等，尤其包括马克思主义理论、中华优秀传统文化以及与政治、经济、社会相关的理论知识等。在经济学课程思政的学习中，还强调站在经济学的立场上去深入理解与实践思想政治教育。其次，从经济学课程思政的组成结构来看，课程思政是将思政元素全方面、全过程融入到其他课程中去，经济学课程思政是将课程思政与经济学有机融合，具有融合性。最后，从经济学课程思政的发展来说，课程思政主要是对大学生进行思想道德教育，无论是从内容上来看，还是从结构上来看，都是不断发展、不断变化的，要融入新的理论知识、新的思想理念等。经济学课程思政随着社会的不断发展与进步而发生变化，由于人们思想理念的变化以及社会的不断变化，会融入新的教学内容，会产生新的教学模式，因而具有融合性。

总的来说，课程思政本身就有着融合的特质，是对各种优秀传统文化、思想理念、法律法规等的吸收与融合，是以思想道德去规范人们的行为，使其形成正确的世界观、人生观、价值观。课程思政的融合性使得将生态文明思想融入到经济学课程思政成为了可能，使得将生态文明思想融入到经济学课程思政具有了可行性。

第四节　生态文明思想融入经济学
课程思政的重要意义

一、生态文明思想融入经济学课程思政的理论意义

（一）有利于深入理解生态文明思想内涵

生态文明思想是构建生态文明的行动指南，对于构建和谐社会、实现"美丽中国"这一宏伟目标非常重要。生态文明的建设需要社会全体成员的共同努力。大学生作为社会建设的核心力量，有着完备的知识储量以及较高的道德素质，学

习能力比较强，同时对社会的传播与辐射效果比较明显，是生态文明教育的重点教育对象。大学生要深刻理解生态文明思想，将其贯彻落实到生活的方方面面，从细微的小事做起，绿色低碳出行，绿色消费，养成好的生活习惯。将生态文明融入到经济学课程思政中去，在思政课和专业课的共同作用下，从不同的角度深度剖析生态文明，使大学生深入理解生态文明的深刻内涵。

对于生态文明的深刻理解，首先，要正确理解人与自然的关系，主张人与自然和谐共生。人类和自然的关系是人类生存和发展的基本关系，人来自自然，依赖自然。习近平指出，人与自然是生命共同体，人类必须尊重自然、顺应自然、保护自然。只有在我们尊重自然、顺应和保护自然的情况下，我们才能与自然和谐地生活。如果我们违反了自然规律，就会被自然报复，会受到自然对我们的惩罚。人类对自然的损害最终都会反过来对我们造成危害。其次，我们必须有整体的观点和系统的观点，认识到山、森林、原野、湖泊、草是生命的共同体。生态系统是统一的自然系统，是相互依存和密切联系的有机连锁。生态学文明的建设和生态学的恢复应该作为整体进行调整和实施，且必须再次认识到"绿水青山就是金山银山"，用经济和开发的观点来看生态文明。最后，必须从整体和全球化的角度构建生态文明，把握人类命运的共同体。更重要的是，我们要站在人民的立场上，以人民为中心，把改善人民的生活与工作看作是社会主义建设的重要工作。生态文明建设中最重要的是，创造人们良好的生活环境，解决大气污染、水质污染、土壤污染等环境问题，推进绿色生活方式，养成良好的生活习惯，确立生态文明的概念。同时，还需要用最严格的系统和最严格的法律控制来保护生态环境，必须加快系统的革新，加强系统的实施，使系统成为严格的制约和棘手的高压线。

（二）有利于丰富经济学课程思政教学内容

丰富的教学内容是进行课程教学的基本前提，对于经济学课程思政来说更应如此。思想政治教育应以"立德树人"为宗旨，课程思政是对大学生进行全方面、全过程的思想政治教学，需要涉及方方面面。只有系统完善的意识形态和政治教育课程，才能全面改善大学生的意识形态和道德素质，有助于培养其正确的人生观、价值观以及对世界前景的展望。然而，当前大学教学中思政课与专业课中关于生态文明教学的内容很少，而且零散，没有一个系统完整的体系。将生态文明思想纳入经济学课程思政中去，有助于丰富经济学课程的意识形态和政治内容，有助于培养大学生对生态文明的认识，有助于建立对生态学和自然、可持续发展和绿色消费的正确见解，有助于改善生态学道德教育和生态学法律教育。

将生态文明思想纳入经济学课程思政中去，有助于培养现代大学生的生态学意识。生态意识主要是反映人与自然和谐共生，生态意识可以分为两个方面：一方面是生态责任意识。作为社会的一分子，作为当代青年，我们在享受时代进步所带来的好处时，也应该肩负起我们的责任，保护家园和建设家园。另一方面是生态忧患意识。现实生活的安逸，让我们忽略了环境恶化所带来的严重后果。应形成忧患观念，规范自己的行为，自觉做到低碳环保、绿色消费、保护环境。将生态文明思想融入到经济学课程思政中去，还有利于树立生态自然观、可持续发展观。生态文明思想告诉我们，在做任何事情的时候，不要只顾眼前利益，要以长远的目光来看待和思考，肆意地开发自然资源，会造成自然资源的稀缺和不可持续性。在生活中，我们要保持绿色消费，养成正确的消费观。要将生态文明思想融入到经济学课程思政中去，对大学生进行生态法制教育，使其明白：对于严重破坏生态环境，触碰生态红线，违反生态法规的人，我们会进行最严格的执法。总的来说，将生态文明思想融入到经济学课程思政中去，极大地丰富了课程思政的教学内容，使课程思政变得更加完善，同时也全方面培育了人才，落实了"立德树人"的根本任务。

二、生态文明思想融入经济学课程思政的实践意义

（一）有利于践行习近平生态文明思想

生态文明建设不仅关系到当前的经济发展与社会建设，还关乎人类的永续发展，生态文明建设一直是我国建设的一大重点。2018年5月，全国生态环境保护大会的召开，确立了"习近平生态文明思想"①。"生态兴则文明兴，生态衰则文明衰"，将生态文明建设上升到了人类文明形态的高度。习近平生态文明思想，内容体系完整，逻辑紧密。人与自然和谐共生的生态文明观，从哲学辩证的思想去论证人与自然的关系，以及人与自然的相处。人首先是大自然的一部分，而且人的生存资料与生活资料都来源于大自然，取之于大自然，并且用之于大自然。尊重自然、顺应自然是我们必须严格遵守和执行的。对大自然的伤害最终都会反馈到人类本身。"绿水青山就是金山银山"的生态发展观，从经济和发展的角度看待祖国的大好河山。中国土地辽阔，物产丰富，绿水青山就是我们最大的财富。对自然资源，即绿水青山的开发，有助于提高经济发展以及助力文化自信。"山水林田湖系统治理"的生态系统观，启示我们系统地治理与管理自然资源及生态文明建设。"良好生态环境是最普惠的民生福祉"的生态民生观，指导我们

---

① 参见《人民日报》的《学习宣传习近平生态文明思想》一文。

从人民的立场去构建生态文明建设。我们党始终以人民为中心，人民的问题就是最大的问题，随着经济的不断发展与社会的建设，人们对于美好生活的向往日益增加，构建一个良好的生态环境与生活环境就是当前党的工作重点。"用最严格的制度最严密的法治保护生态环境"的生态法治观，要求完善生态文明建设的相关立法，并严格执法，从制度上保障生态文明建设。法律制约着人们的行为，制定生态法可以约束人们的行为，有利于推进生态文明建设的进程。同时，立法就应该严格执法，坚决抵制执法不严、违法不究的现象。"共谋全球生态文明"的生态全球观，要求从全球的视角去建设生态文明。生态文明的建设从来都不是一个国家、一个民族的事情，是全球乃至全人类的事情，需要全球人民共同努力。

将生态文明融入到经济学课程思政中去，有利于践行习近平生态文明思想。一方面，将生态文明思想融入到经济学课程思政中去，从理论上传递了习近平生态文明思想。学习习近平生态文明思想科学的生态文明观、生态发展观、生态系统观、生态法治观、生态全球观，将生态文明理论教学与意识形态相结合，深入理解与贯彻生态文明思想的内涵。另一方面，将生态文明思想融入到经济学课程思政中去，从具体实践上践行了习近平生态文明思想。习近平生态文明思想的建设需要每个人的参与与实践，而当代大学生是社会主义建设的接班人和社会的主要建设者。因此，将生态文明思想融入到经济学课程思政中是很好地贯彻落实与践行习近平生态文明思想的有效途径之一。通过思想政治教育的传播，从内在深层次的角度去理解与贯彻生态文明思想，有助于当代大学生养成良好的生态行为习惯，构建和谐美丽的校园，推进生态文明建设进程。

作为中国公民，我们应该遵守道德法规以及自然发展的规律，从具体实践中践行习近平生态文明思想。作为当代大学生，更应如此。除了学习相关的理论知识以外，更应该关注国家发展战略，肩负起社会建设的任务与承担起相应的责任。在课后，积极参与相关生态文明建设的实践，贯彻和落实习近平生态文明建设的思想。人类取之于自然，并用之于自然，大自然是人类赖以生存与发展的物质基础与生活环境，人类对于自然环境的保护，更是对人类本身的生存与生活环境的保护。祖国的大好河山，是我们最大的财富与保障，我们要合理开发利用，助力经济和社会的不断发展，同时也要好好保护。将生态文明思想融入到经济学课程思政中去，有利于推进生态文明建设的进程，有利于践行习近平生态文明思想。

（二）有利于实现"美丽中国"奋斗目标

人类是大自然的一部分，大自然为我们提供物质资料与生活资料，对大自然的伤害最终都会反馈给人类本身。大肆开发和掠夺自然资源破坏了生态系统的平衡，造成了一系列环境问题，阻碍了经济的可持续发展，并污染了生态环境与生活环境，不利于人类身体健康以及永续发展。工业革命时期，重工业时代，工厂有害气体以及污水的排放，造成了十分严重的空气污染以及水污染，严重破坏了生态系统的平衡。这种以环境为代价来换取经济增长的方式是十分错误的，不但破坏了生态环境，导致环境问题恶化，对人类生存也造成威胁，而且治理污染与恢复环境会付出更大的代价，得不偿失。环境问题日益凸显之后，环境治理与生态文明建设开始被重视起来。随着经济和社会的不断发展，人们对美好生活的向往日益增长。习近平总书记指出："人民对美好生活的向往，就是我们的奋斗目标。"① 党的十八大指出，应统筹推进"五位一体"总体布局，把生态文明建设放到经济建设、政治建设、文化建设、社会建设中去，统筹规划，实现"美丽中国"的宏伟目标。

在党的十八大报告中，习近平总书记把"美丽"一词放到社会主义现代化建设的目标中去。"美丽"从字面上来说，是构建一个美丽的生态环境与生活环境，构建美丽的家园；从实践意义上来说，是满足人们对美好生活的向往与实现经济、社会的绿色可持续发展，实现人类的永续发展。"美丽中国"的实现，不仅改善了生态环境，而且还能促进经济发展。"绿水青山就是金山银山"，好的自然资源是经济发展的主要来源，是最宝贵的财富。同时，生态系统的平衡与发展，会带来超过其本身的效益，产生外部效应。不断淘汰落后产能，采用绿色低碳能源，可以为经济发展提供新动力。将生态文明思想融入到经济学课程思政中去，是从具体实践上落实生态文明建设，构建和谐校园，实现"美丽中国"。"美丽中国"这一宏伟目标需要所有人共同努力，从一件件小事做起去改善生态环境，树立正确的生态文明观，养成良好的生态习惯，致力于生态文明的建设中去。在实践生活中，践行光盘行动，不浪费粮食、不浪费资源；低碳出行，减少空气污染；减少塑料袋的使用，绿色环保；实行垃圾分类，减少污染……从真正意义上做到绿色环保，推进生态文明建设的进程，增强生态文明意识，有利于促进全面发展，有助于构建人、自然和社会的和谐关系，有利于实现"美丽中国"的宏伟目标。

（三）有利于构建社会主义和谐社会

在 20 世纪末，我国更多关注的是经济社会的可持续发展，到了 21 世纪，更多关注的是经济社会和谐稳定的发展，社会主义和谐社会是人类一直在追求的一种美好社会。进入 21 世纪，我国不断提出构建社会主义和谐社会的战略目标与

---

① 中共中央文献研究室．十八大以来重要文献选编（上）［M］．北京：中央文献出版社，2014.

任务，建设小康社会。和谐社会具体内容包括民主法治、公平正义、诚信友爱、充满活力、安定秩序以及人与自然和谐相处。其中，民主法治就是充分发挥社会主义民主，并同时以法律法规来保障社会和谐稳定发展，依法治国；公平正义，就是在社会发展的过程中，在效率与公平中，更加注重公平，协调社会各方利益，解决社会矛盾与社会问题；诚信友爱，是中华优秀传统美德，在与人相处中，要诚信友爱，互相帮助，待人诚恳，和平相处；充满活力，是指充分发挥生产力，鼓励创新，让社会充满活力；安定有序，就是制度健全且完善，保障人民的基本生活，使社会达到和谐稳定，人民安居乐业，幸福美满；人与自然和谐相处是指生态环境良好，人民生活幸福，人与自然和谐相处是构建社会主义和谐社会的前提保障与重要基础。

将生态文明思想融入到经济学课程思政中去，有助于深刻理解人与自然的相处关系，即"人与自然和谐共处"。要对"人与自然"进行理论溯源并深刻学习，以及从党的具体实践中深刻把握人与自然和谐共生的内涵。尊重自然、顺应自然，因为在保护自然的同时，也是在保护人类自己。将生态文明思想融入大学校园内，有助于营造和谐的校园文化。要普及与增强生态文明意识，促进大学生养成良好的生态习惯，低碳生活，健康出行，并积极开展保护环境以及生态文明建设的校园活动，践行生态文明思想，进而促进人与自然和谐相处。同时，要充分发挥大学生的示范作用。大学生是社会主义的接班人，是社会主义的主要建设者，大学生应该肩负起社会主义建设的责任，将校内活动以多种形式推广到校园外，增大生态文明意识的普及范围，进而增强人们的生态文明意识，提高人们的生态文明素养，推进生态文明建设的进程，促进构建社会主义和谐社会。将生态文明思想融入到经济学课程思政中去，有助于从理论和具体实践方面落实生态文明建设，加强大学生生态文明教育，增强大学生乃至公众的生态文明意识，有利于促进人与人之间、人与自然之间的和谐相处，有利于构建社会主义和谐社会。

第三章
生态文明思想融入高校经济学课程思政的现状分析

为切实了解经济学课程思政教育现状，尤其是生态文明思想融入情况，本章以 297 名学生和 81 名高校教师的调查问卷为中心，研究现阶段生态文明思想融入经济学课程思政教育现状与面临的问题。本章首先交代问卷调查的目的和方法，然后根据回收的问卷得出目前课程思政建设在教学改革、成效等方面取得一定成果的结论，通过进一步分析问卷，总结出学校、教师和学生三方在课程思政建设过程中存在的不足，并提出解决对策。

第一节　调查目的与方法

一、调查目的

生态文明建设是贯彻新发展理念、实现高质量发展的重要路径。生态文明思想融入高校经济学课程思政将影响高校人才培养质量、社会可持续发展水平与发展潜力，因此应将生态文明思想贯穿到经济学课程思政建设的全过程。自 2020 年 5 月教育部印发《高等学校课程思政建设指导纲要》以来，各地高校均大力推进高校课程思政建设，为切实了解经济学课程思政教育现状，尤其是生态文明思想融入情况，研判新时代下生态文明思想融入经济学课程思政教育面临的问题，进而提出改进意见，我们采取调查问卷的方法进行深入调查分析。

二、研究对象与数据收集方法

《高等学校课程思政建设指导纲要》要求课程思政建设紧紧围绕教师与学生

两大群体，在全面抓好大学生思想政治教育和教师思想政治工作基础上，重点加强教师党支部建设①。一方面，高校教师是全面推进课程思政建设的关键，学生培养成效是检验高校课程思政建设一切工作的根本标准；另一方面，高校教师与学生作为课程思政建设两大直接主体，对课程思政建设及生态文明思想融入课程思政建设现状的反馈有着重要参考意义，以这两个主体为研究切入点，具有较强的现实意义。因此，本次关于经济学课程思政教育现状的问卷调查将以在校大学生和高校教师作为主要研究对象，在实际调研过程中，调查问卷教师版线下发放依照就近原则，选择安徽财经大学的教师，调查问卷学生版不仅选择安徽财经大学的学生，还通过线上问卷的方式调查了多所其他高校的大学生。

本书主要通过发放问卷收集数据，共发放调查问卷学生版 340 份，调查问卷教师版 100 份。调查问卷回收后通过整理分析答卷数据，得到研究结论，其中回收有效问卷学生版 297 份、教师版 81 份。

三、问卷设计

本调查问卷的设计以教育部印发的《高等学校课程思政建设指导纲要》为指导思想，分为学生版和教师版，分别从学生和教师的角度考察高校经济学课程思政的现状与问题，两版既有相同或相关联的考察点，也有针对教师、学生不同身份与不同视角的考察点。

（一）学生版

1. 被调查学生的基本信息及对课程思政的认识与态度

基本信息主要涉及学生的性别、所属高校类别、年级、专业、所修经济学类课程以及政治面貌。通过调查学生对课程思政的理解、是否主动在课外了解思政知识以及是否会对课程思政教学提出意见，来了解学生对于课程思政学习的认识与态度。

2. 从学生角度调查课程思政融入经济学教学的现状

教育教学是最基础、最根本的工作，《高等学校课程思政建设指导纲要》指出，全面推进课程思政建设要紧紧抓住教师队伍"主力军"、课程建设"主战场"、课堂教学"主渠道"，通过学生的视角能够客观地了解到授课教师在教学过程中是否结合专业知识加入思政案例以及思政案例的时效性，这反映了教师是

---

① 中华人民共和国教育部. 教育部关于印发《高等学校课程思政建设指导纲要》的通知［EB/OL］.［2020-06-01］. http：//www. moe. gov. cn/srcsite/A08/s7056/202006/t20200603_ 462437. html.

否有意识引导学生了解所在专业和行业领域的时事问题，培养学生经世济民的职业素养，从而判断教师队伍有没有发挥好"主力军"的作用；通过了解被调查学生所在学校经济学课程思政教学改革创新的实践路径和学校提升学生创新思维的措施，可以看出学生所在高校是否科学地设计课程思政教学体系，是否有能力把握住课程建设这一"主战场"；课程思政是否融入到每门课程中乃至融入得是否深入，能否把握好课堂教学这一"主渠道"的基本前提，从中可以了解到现有的经济学课程思政教育是否解决了专业教育和思政教育"两张皮"的问题。为更深层次地考察课程思政融入经济学教学的现状，问卷还进一步调查了教师授课过程中有没有着重培育学生的社会主义核心价值观，增强学生创新精神和创新能力，加强中华优秀传统文化教育，深化职业理想和职业道德教育。此外，指导纲要还提出要创新课堂教学模式，推进现代信息技术在课程思政教学中的应用，激发学生学习兴趣，引导学生深入思考，因此问卷还通过学生了解目前所接触的经济学思政教学形式的种类，来考察教师或学校是否做到了创新教学模式。

3. 从学生角度考察课程思政教学的成果与效果

全面推进高校课程思政建设是为了提高高校人才培养质量，强化每门课对学生的思政教育，因此，最重要的还是学生在经济学课程思政教育过程中是否有更多、更高质量的收获。《高等学校课程思政建设指导纲要》指出，专业课程是课程思政建设的基本载体，要根据不同专业课的特点、思维逻辑和价值观念，深入梳理各专业课教学内容、挖掘其中存在的思政元素，将其与课程教学有机融合。对于经济学专业课程，应当引导学生多加关注现实问题、参与社会实践，要加深学生对其从事专业、行业领域的国家战略、相关政策和法律法规的理解，培育学生诚信服务、经世济民的职业素养。据此，我们着重调查了思政教育对学生思辨能力、创新能力、理论结合实际能力乃至综合能力的促进作用，通过比较学生在单一的经济学理论课与在课程思政建设中的收获情况、教师授课与"第二课堂"的课程思政教学效果以及不同教学形式的教育效果，来评价学生的学习成果，同时从侧面反映所在学校课程思政建设的效果如何。

4. 从学生的角度考察目前课程思政教育存在的问题和学生的改进意见

问卷分别从学校、教师、课堂教学、学生自身和教学改革五个角度考察了思政教育的不足和改进意见。

(二) 教师版

教师版问卷的设计主要是关于教师的基本信息，所在学校部署的工作、教师所做的工作以及从教师角度看课程思政的成果、效果、存在的问题和相应的改进建议。

1. 被调查教师的基本信息

设置教师的基本信息不仅是为了了解调查对象的基本情况，还为了考察教师的教龄、学历、职称、政治面貌和所在岗位对经济学思政教育的效果有无影响。

2. 从教师的角度调查课程思政融入经济学教学的现状

教师是学校与学生之间的桥梁，以教师的身份能更好地了解学校对课程思政教育的部署工作和课程改革，因此通过教师的视角调查所在高校采取了哪些实践路径和策略。该问卷还着重调查了高校是否促进思政课程与各类课程同向同行，是否将隐性教育与显性教育相统一，形成协同效应。除了考察学校对课程思政的响应，更重要的是考察教师的作为，教师是把生态文明思想带入经济学课堂的一线工作者，这部分除了调查教师有没有结合专业知识加入思政案例以及思政案例的时效性和类型，还调查了教师会着重培养学生的哪些能力。根据《高等学校课程思政建设指导纲要》要求，教师应将课程思政融入课堂教学建设全过程，为此，我们进一步调查了教师是否将课程思政融入教学建设的每个环节，以及重点融入哪些环节，教学方式是否有所改变。此外，针对生态文明思想融入高校经济学课程思政，还考察了授课教师有意识地将哪些生态文明思想融入课程思政。

3. 从教师角度考察课程思政取得的成果与效果

除了考察学校与教师的作为，我们更关心的是考察课程思政的成果与效果，教师作为学校和学生之间的桥梁，与两者都有密切联系，关于课程思政对学校和学生的影响会有更直观的了解。这部分一方面考察了进行课程思政教育对高校产生的影响，另一方面考察了学生对课程思政教育的积极性与参与度以及学生核心素养和综合能力的提升，同时设计问卷让教师评价学生的创新能力、综合分析时事能力等是否有所提升以及提升主要体现在哪些方面。教师作为课程思政教育的执行者，能更清晰地了解课程思政教学的效果，因此从教师角度考察了哪些融入方式更加有效以及创新手段对课程思政的促进作用。

4. 从教师的角度考察目前课程思政教育存在的问题和教师的改进意见

除了对高校经济学课程思政现状的调查，我们还关心从教师的角度看目前课程思政建设所存在的问题有哪些，主要调查了课程思政改革是否对课堂教学质量产生负面影响，当前经济学课程思政建设的不足，教学过程中存在的困难，制约课程思政教学效果的因素，以及目前教师队伍与学校的不足之处。教师作为经济学课程思政教育的重要主体之一，对课程思政建设有更深刻的见解，因此通过问卷调查了教师团队需要哪些支持以及哪些相关部门的配合，通过教师的意见了解学校、教务处应如何推进课程思政工作、深化课程思政改革，进而完善评价机制。

第二节　基于调查问卷的生态文明思想融入高校经济学课程思政的现状分析

一、基于学生版调查问卷的现状分析

(一) 调查问卷描述性统计分析

关于学生版调查问卷的描述性统计分析，根据回收的有效问卷的资料性质，使用 SPSS24 实现频率分析过程，通过样本数、所占百分比、最大最小值、平均值和标准差等统计量，了解样本的基本情况，对样本组形成基本了解。

本调查问卷（学生版）共发放 340 份，其中收回 297 份，回收率达到了 87.35%。通过对收回的 297 份有效问卷进行样本特征的统计，得到的样本情况如表 3-1 所示。

表 3-1　人口学变量频率分析

特征变量	类型	样本数	百分比（%）	平均值	标准差
性别	男	100	34	1.66	0.473
	女	197	66		
所在高校类别	985、211 院校	8	3	1.99	0.247
	普通一本院校	285	96		
	普通二本院校	2	1		
	其他类型院校	2	1		
年级	本科	111	37	1.63	0.485
	研究生	186	63		
专业	理论经济学类	63	21	2.42	1.250
	应用经济学类	137	46		
	工商管理类	49	17		
	法学类	6	2		
	其他学科类	42	14		
所修经济学类课程数量	少于 3 门	96	32	2.06	0.840
	3 门	87	29		
	多于 3 门	114	38		

特征变量	类型	样本数	百分比（%）	平均值	标准差
政治面貌	中共党员	43	15	2.7	0.744
	中共预备党员	10	3		
	共青团员	236	80		
	其他	8	3		

通过表3-1的频率分析结果可以看出受调查的学生对象人口学变量的数据特征，其反映了本次被调查学生的分布情况，其中均值反映了集中趋势，标准差反映了波动情况。根据各个特征变量的频率分析结果可以看出，分布基本满足抽样调查的要求。本次调查问卷涉及了受访者的性别、所在高校类型、年级、专业、所修经济学类课程数量以及政治面貌。在回收的297份样本中，男女比例约为1∶2，较为符合财经类院校男女比例情况；调查对象所在高校类型中一本院校占比96%，由此可以看出本次调查结果主要反映了普通一本院校学生的意愿；本科生和研究生的比例分别为37%和63%，可以看出调查结果更偏向研究生的认知；学生所修专业方面，理论经济学类、应用经济学类和工商管理类占比较多，占总体的84%；所修课程数量方面，分布比较均匀；从政治面貌这一角度看，本次调查的对象主要为共青团员，其次为党员。

如表3-2所示，从学校投入度的描述统计可以看出，关于学校课程思政教学改革创新的实践路径是否多样这一题均值最大，关于课程思政教学方式是否多样这一题均值最小。这说明当前学校对于经济学课程思政的改革创新投入了大量资源，实现了路径多样化这一目标，而教学方式的丰富方面投入的较少，导致学生所接受的教学方式较为单一。

表3-2 学校投入度描述统计

变量	测量内容	个案数	最小值	最大值	平均值	标准差	总体均值
学校投入度	贵校经济学课程思政教学改革创新的实践路径是否多样	297	1	3	2.60	0.691	2.45
	贵校提升学生创新思维能力的策略是否多样	297	1	3	2.54	0.721	
	贵校推行课程思政教育的角度是否多样	297	1	3	2.42	0.754	
	贵校课程思政教学方式是否多样	297	1	3	2.23	0.799	

如表3-3所示，关于教师投入度方面可以看出，"您的专业课老师在授课过程中传达的生态文明思想是否丰富"这一题均值最高，为2.63；"您的授课老师在课程思政教育过程中涉及面是否宽广"这一题均值最低，为2.34。这说明教师在授课过程中对生态文明思想的传达投入较多，传达的生态文明思想内容较为丰富，但教师在实际授课过程中传达的思政知识面较为狭窄。通过了解发现，经济学专业课涉及的思政内容主要集中在政治方向、方针政策等方面。另外，教师课程思政的时效性、专业课教师的优秀品质和传达的生态文明思想是否丰富这三题的均值均大于总体平均值，说明教师比较重视这些方面，在这些方面的投入较多。

表3-3 教师投入度描述统计

变量	测量内容	个案数	最小值	最大值	平均值	标准差	总体均值
教师投入度	您的专业课老师是否优化教学内容，结合专业课知识加入思政案例	297	1	3	2.45	0.676	2.47
	您的专业课老师是否实时更新教学内容，思政案例的时效性如何	297	1	3	2.51	0.621	
	您的授课老师在经济学课程思政教育过程中涉及面是否宽广	297	1	3	2.34	0.851	
	您的专业课老师在授课过程中存在的问题多吗	297	1	3	2.36	0.793	
	您的专业课老师在授课过程中是否具备大量优秀品质	297	1	3	2.51	0.731	
	您的专业课老师在授课过程中传达的生态文明思想是否丰富	297	1	3	2.63	0.619	

如表3-4所示，对学生提升度进行描述统计可以看出，学生在教师授课和"第二课堂"吸收的思政知识较多，收获较为丰富，因为此题均值最高；而课程思政对学生综合能力提升这一问题均值最低，说明课程思政教育对学生综合能力提升并不明显。从中我们可以看出，学生在教师授课和"第二课堂"能学习到很多思政知识，但没有很好地提升学生的综合能力，这可能是因为学生只接收了大量的思政理论知识，却没有将之运用到实际生活中，或没有机会实际应用，导致综合能力的提升跟不上理论知识的增长。

表 3-4　学生提升度描述统计

变量	测量内容	个案数	最小值	最大值	平均值	标准差	总体均值
学生提升度	与单一的经济学专业理论课相比，您觉得在经济学课程思政教学中收获如何	297	1	3	2.53	0.74	2.40
	您在老师授课与"第二课堂"中学到的思政内容多吗	297	1	3	2.60	0.661	
	课程思政教育对您综合能力的提高效果如何	297	1	3	2.21	0.863	
	课程思政教育对您思辨能力培养有何帮助	297	1	3	2.52	0.616	
	在经济学专业课中融入思政教育对您创新能力的提高效果如何	297	1	3	2.25	0.814	
	通过专业课课程思政教育，您的收获多吗	297	1	3	2.22	0.863	
	把课程思政融入经济学专业课中是否提高了您将学习的经济学知识与中国特色社会主义市场经济中的经济问题结合分析的能力	297	1	3	2.46	0.581	

（二）调查问卷信度与效度分析

本调查问卷（学生版）通过 SPSS24 对收集到的问卷数据进行检验，主要从信度（reliability）、效度（validity）两方面来检验测量量表的质量。如果信度和效度检验结果均满足实证分析的要求，就能说明其结果可靠。信度分析主要用于测度回收信息的可靠性，信度越低，则说明同一量表的内在一致性越低；反之，信度越高，则其内在一致性越高。目前社会科学领域流行使用克隆巴赫系数（Cronbach's alpha）检测测量结果的信度，一般来说，克隆巴赫系数处于 0~1，克隆巴赫系数越高，则表明所测量维度的信度也越高，而克隆巴赫系数大于 0.70 则说明具有相当程度的信度。

根据表 3-5 的信度分析结果可以看出，在学校投入度方面，总体标准化后的克隆巴赫系数为 0.828；根据删除项后的克隆巴赫系数可以看出其都小于总体的系数 0.828。因此，高校经济学课程思政现状调查学校维度的题目信度满足要求，无须进行调整。

由于信度系数的取值范围处于 0~1，信度系数值越接近 1 说明其可靠性越高，而高校经济学课程思政现状调查学校维度分析的结果为 0.828，因此相对来说信度比较好。

表 3-5　学校投入度信度分析

变量	删除项后的标度平均值	删除项后的标度方差	修正后的项与总计相关性	删除项后的克隆巴赫系数	标准化后的克隆巴赫系数
贵校经济学课程思政教学改革创新的实践路径是否多样	7.20	3.705	0.615	0.801	
贵校提升学生创新思维能力的策略是否多样	7.25	3.514	0.661	0.781	0.828
贵校推行课程思政教育的角度是否多样	7.37	3.289	0.717	0.754	
贵校课程思政教学方式是否多样	7.56	3.335	0.633	0.796	

根据表 3-6 的信度分析结果可以看出，在教师投入度方面，总体标准化后的克隆巴赫系数为 0.613。根据删除项后的克隆巴赫系数可以看出，"您的专业课老师在授课过程中存在的问题多吗"一题删除项后的克隆巴赫系数为 0.738，大于总体的系数 0.613，说明删除此项后总体的信度更好。

表 3-6　教师投入度信度分析一

变量	删除项后的标度平均值	删除项后的标度方差	修正后的项与总计相关性	删除项后的克隆巴赫系数	标准化后的克隆巴赫系数
您的专业课老师是否有优化教学内容，结合专业课知识加入思政案例	12.34	4.616	0.445	0.530	
您的专业课老师是否有实时更新教学内容，思政案例的时效性如何	12.27	4.996	0.354	0.567	
您的授课老师在经济学课程思政教育过程中涉及面是否宽广	12.45	4.147	0.431	0.529	0.613
您的专业课老师在授课过程中存在的问题多吗	12.43	6.063	−0.084	0.738	
您的专业课老师在授课过程中是否具备大量优秀品质	12.28	4.134	0.571	0.470	
您的专业课老师在授课过程中传达的生态文明思想是否丰富	12.16	4.620	0.512	0.511	

通过删除调整发现，"您的专业课老师是否有优化教学内容，结合专业课知识加入思政案例""您的专业课老师是否有实时更新教学内容，思政案例的时效

性如何"和"您的专业课老师在授课过程中存在的问题多吗"三题删除后总体信度最高，如表3-7所示。

表3-7　教师投入度信度分析二

变量	删除项后的标度平均值	删除项后的标度方差	修正后的项与总计相关性	删除项后的克隆巴赫系数	标准化后的克隆巴赫系数
您的授课老师在经济学课程思政教育过程中涉及面是否宽广	5.13	1.513	0.584	0.786	0.788
您的专业课老师在授课过程中是否具备大量优秀品质	4.96	1.664	0.668	0.669	
您的专业课老师在授课过程中传达的生态文明思想是否丰富	4.84	1.924	0.670	0.692	

根据表3-7的信度分析结果可以看出，在教师投入度方面总体标准化后的克隆巴赫系数为0.788。根据删除项后的克隆巴赫系数可以看出，删除各项都会使总体信度系数小于目前的系数0.788。因此，对于高校经济学课程思政现状调查教师投入度这一维度的题目满足信度要求，无须再调整。

由于信度系数的取值范围处于0~1，越接近1说明其可靠性越高，而高校经济学课程思政现状调查教师维度分析的结果为0.788，因此相对来说信度比较好。

如表3-8所示，根据对学生提升度的信度分析结果可以看出，在学生提升度这一维度总体的标准化信度系数为0.785；根据删除项后的信度系数可以看出，各项都小于总体的0.785。因此，高校经济学课程思政现状调查学生维度的题目信度满足要求，无须再进行调整。

由于信度系数的取值范围处于0~1，越接近1说明其可靠性越高，而高校经济学课程思政现状调查学生维度分析的结果为0.785，因此相对来说信度比较好。

表3-8　学生提升度信度分析

变量	删除项后的标度平均值	删除项后的标度方差	修正后的项与总计相关性	删除项后的克隆巴赫系数	标准化后的克隆巴赫系数
与单一的经济学专业理论课相比，您觉得在经济学课程思政教学中收获如何	14.25	9.372	0.410	0.777	0.785
您在老师授课与"第二课堂"中学到的思政知识多吗	14.18	9.417	0.473	0.765	

续表

变量	删除项后的标度平均值	删除项后的标度方差	修正后的项与总计相关性	删除项后的克隆巴赫系数	标准化后的克隆巴赫系数
课程思政教育对您综合能力的提高效果如何	14.57	8.225	0.567	0.747	
课程思政教育对您思辨能力培养有何帮助	14.26	9.640	0.459	0.768	
在经济学专业课中融入思政教育对您创新能力的提高效果如何	14.53	8.372	0.582	0.743	
通过专业课课程思政教育，您的收获多吗	14.56	7.970	0.629	0.732	0.785
把课程思政融入经济学专业课中是否提高了您将学习的经济学知识与中国特色社会主义市场经济中的经济问题结合分析的能力	14.31	9.729	0.471	0.767	

如表 3-9 所示，根据总体的信度系数可以看出，标准化后的克隆巴赫系数为 0.897，结果表明调查问卷学生版总体可信度较高，可用于实证分析研究。

表 3-9　可靠性统计量

克隆巴赫系数	基于标准化项的克隆巴赫系数	项数
0.899	0.897	14

本次问卷效度分析是通过 SPSS24 探索性因子分析的方法完成检验的，结果如表 3-10 所示。

表 3-10　KMO 和 Bartlett 球形检验

Kaiser-Meyer-Olkin 检验		0.913
Bartlett 球形检验	近似卡方	1936.28
	df	91
	Sig.	0

如表 3-10 所示，根据探索性因子分析的结果可以看出，KMO 检验的系数结果为 0.913，KMO 检验的系数取值范围为 0~1，越接近 1 说明问卷的效度越好。

根据球形检验的显著性也可以看出，本次检验的显著性无限接近于 0，小于

0.05，拒绝原假设，因此问卷具有良好的效度。

（三）调查问卷差异性分析

差异性检验是通过独立样本 t 检验、卡方检验以及单因素方差分析等检验方法去研究不同维度上的差异情况。在本次分析中，根据数据的特性主要运用独立样本 t 检验和单因素方差分析，并使用 SPSS24 实现分析步骤。

如表 3-11 所示，根据独立样本 t 检验的结果可以看出各个维度在性别上的差异情况，学校投入度在性别上的差异显著性检验为 0.981，明显大于 0.05，不能拒绝原假设，说明学校投入度对于不同性别的学生不存在差异。以此类推，教师投入度、学生提升度在性别上都不存在显著的差异。

表 3-11　各个维度在性别上的差异分析

变量	性别	N	均值	标准差	均值的标准误	t	Sig.（双侧）
学校投入度	男	100	9.79	2.587	0.259	-0.023	0.981
	女	197	9.8	2.325	0.166		
教师投入度	男	100	7.64	1.861	0.186	1.136	0.257
	女	197	7.38	1.858	0.132		
学生提升度	男	100	17.29	3.337	0.334	1.840	0.067
	女	197	16.52	3.458	0.246		

根据表 3-12 的单因素方差分析结果可以看出，高校经济学课程思政现状三个维度显著性水平分别为 0.879、0.499 和 0.520，显然大于 0.05，从而可以得出各个维度在不同类型高校中不存在显著差异的结论。

表 3-12　各个维度在学校类型上的差异分析

维度	所在高校类型	个案数	平均值	标准差	F	显著性	多重比较
学校投入度	985、211 高校	8	9.13	3.14	0.225	0.879	—
	普通一本高校	285	9.81	2.40			
	普通二本高校	2	10.00	2.83			
	其他类型院校	2	9.50	0.71			
教师投入度	985、211 高校	8	7.25	2.19	0.792	0.499	—
	普通一本高校	285	7.49	1.85			
	普通二本高校	2	7.50	2.12			
	其他类型院校	2	5.50	0.71			

续表

维度	所在高校类型	个案数	平均值	标准差	F	显著性	多重比较
学生 提升度	985、211 高校	8	15.50	3.82	0.756	0.520	—
	普通一本高校	285	16.84	3.42			
	普通二本高校	2	15.00	4.24			
	其他类型院校	2	15.00	4.24			

根据表 3-13 独立样本 t 检验的结果可以看出各个维度在年级上的差异情况，学校投入度在年级上的差异显著性检验为 0.036，明显小于 0.05，则拒绝原假设，说明学校对于不同年级的学生投入度并不相同。这可能是因为高校更加注重高水平人才的政治素质，从而对研究生的投入更多，这就造成了不同年级之间存在差异。教师投入度方面，在年级上的差异显著性检验为 0.047，明显小于 0.05，则拒绝原假设，说明教师对不同年级的投入也存在差异。这可能是因为相对于本科生来说研究生与教师的联系更多，教师不仅注重专业技能的培养，而且对学生的道德品质等方面也比较重视。学生提升度方面，在年级上的差异显著性检验为 0.001，明显小于 0.05，则拒绝原假设，说明不同年级学生提升度存在差异。这可能是因为研究生已经接受过大量的思政教育，且学校与教师对研究生的投入更多，因此提升度更高。

表 3-13　各个维度在年级上的差异分析

维度	年级	个案数	平均值	标准差	标准误 差平均值	t	显著性 （双尾）
学校 投入度	本科年级	111	9.41	2.55	0.24	-2.110	0.036
	硕士年级	186	10.02	2.31	0.17		
教师 投入度	本科年级	111	7.18	2.01	0.19	-2.002	0.047
	硕士年级	186	7.64	1.75	0.13		
学生 提升度	本科年级	111	15.90	3.38	0.32	-3.465	0.001
	硕士年级	186	17.30	3.36	0.25		

根据表 3-14 的单因素方差分析结果可以看出，高校经济学课程思政现状调查的三个维度在学生专业上均存在差异，因为显著性检验结果分别为 0.016、0.003 和 0.000，均明显小于 0.05。

根据多重比较的结果可以看出，在学校投入度上和教师投入度上，应用经济学类大于工商管理类。这可能是因为财经类院校内应用经济学类课程更加具有竞争性，因此学校和教师对应用经济学会投入更多的资源与精力。在学生提升度方面，应用经济学类大于工商管理类。这可能是因为学校和教师对应用经济学类学生投入的更多，同时应用经济学类学生提升度也大于理论经济学类学生提升度，且应用经济学类学生有更多的现实案例与实践机会，从而提升度更大。

表 3-14　各个维度在学生专业上的差异分析

维度	专业类别	个案数	平均值	标准差	F	显著性	多重比较
学校投入度	理论经济学类	63	9.68	2.26	3.109	0.016	应用经济学类>工商管理类
	应用经济学类	137	10.24	2.27			
	工商管理类	49	9.00	2.47			
	法学类	6	8.50	3.67			
	其他学科类	42	9.62	2.60			
教师投入度	理论经济学类	63	7.41	1.85	4.018	0.003	应用经济学类>工商管理类
	应用经济学类	137	7.82	1.66			
	工商管理类	49	6.78	1.98			
	法学类	6	6.00	2.76			
	其他学科类	42	7.43	1.95			
学生提升度	理论经济学类	63	15.98	3.35	7.150	0.000	应用经济学类>理论经济学类
	应用经济学类	137	17.77	3.34			
	工商管理类	49	15.51	2.48			应用经济学类>工商管理类
	法学类	6	13.67	5.54			
	其他学科类	42	16.67	3.55			

根据表 3-15 的单因素方差分析结果可以看出，高校经济学课程思政现状调查的三个维度在学生所修经济学课程量上均存在差异，因为显著性检验结果均为 0.000，都是明显小于 0.05 的。

根据多重比较的结果可以看出，学校投入度方面多于 3 门课程的大于其他两类。显然，所修课程越多，学校的投入就越多，以此类推，教师投入度和学生提升度方面也是如此。

表 3-15　各个维度在经济学课程量上的差异分析

维度	经济学课程量	个案数	平均值	标准差	F	显著性	多重比较
学校投入度	少于 3 门	96	9.02	2.73	13.934	0.000	1<3，2<3
	3 门	87	9.52	2.44			
	多于 3 门	114	10.66	1.76			

维度	经济学课程量	个案数	平均值	标准差	F	显著性	多重比较
教师投入度	少于3门	96	6.95	2.05	9.746	0.000	1<3, 2<3
	3门	87	7.31	1.96			
	多于3门	114	8.03	1.43			
学生提升度	少于3门	96	15.63	3.45	8.407	0.000	1<3, 1<2
	3门	87	17.34	3.25			
	多于3门	114	17.32	3.34			

注:"1"表示"少于3门","2"表示"等于3门","3"表示"多于3门"。

根据表3-16的单因素方差分析结果可以看出,三个维度在政治面貌上不存在差异,因为三个维度显著性水平均大于0.05。这说明学校和教师对于不同政治面貌的学生投入度都是相同的,而不同政治面貌的学生在接受课程思政教育后提升度也不存在差异。

表3-16　各个维度在政治面貌上的差异分析

变量	政治面貌	N	均值	标准差	F	显著性	多重比较
学校投入度	中共党员	43	9.6	2.574	1.048	0.372	—
	中共预备党员	10	10.3	2.669			
	共青团员	236	9.85	2.334			
	其他	8	8.5	3.423			
教师投入度	中共党员	43	7.26	1.989	0.318	0.812	—
	中共预备党员	10	7.2	2.044			
	共青团员	236	7.51	1.830			
	其他	8	7.63	2.066			
学生提升度	中共党员	43	16.05	3.000	1.179	0.318	—
	中共预备党员	10	16.6	3.718			
	共青团员	236	16.96	3.448			
	其他	8	15.63	4.596			

(四)调查问卷相关分析

相关分析是相关性研究中常用的分析方法之一,本次采用SPSS24相关分析板块实现分析过程。

如表3-17所示,根据相关分析结果可以看出,各个变量在99%的显著性水平上均存在显著的相关性,且相关系数都大于0,因此都是正相关关系。

学校投入度和学生提升度之间的相关系数为 0.614，为正相关关系，以此类推，可以解释其他变量之间的相关性。这说明学校投入度及教师投入度与学生提升度间均为正相关关系，学校和教师投入的越多，学生的提升度越高。

表 3-17　各个维度间的相关性分析

变量	相关性	学生提升度	学校投入度	教师投入度
学生提升度	皮尔逊相关性	1		
学校投入度	皮尔逊相关性	0.614 **	1	
教师投入度	皮尔逊相关性	0.658 **	0.775 **	1

注："＊＊"表示在 0.01 级别（双尾）相关性显著。

二、基于教师版调查问卷的现状分析

（一）描述性统计分析

关于教师版调查问卷的描述性统计分析，将根据回收的有效问卷的资料性质，使用 SPSS24 实现频率分析，通过平均值、最大值及最小值、标准差等统计量，了解样本的基本情况，并对样本组成形成基本了解。

教师版调查问卷共发放问卷 100 份，其中收回 81 份答卷，回收率为 81%。通过对收回的 81 份有效问卷进行样本特征的统计，得到样本情况如表 3-18 所示。

表 3-18　人口学变量频率分析

特征变量	类型	频率	百分比（%）	平均值	标准差
教龄	5 年以下	9	11	3.26	1.233
	5~10 年	8	10		
	10~20 年	35	43		
	20~30 年	11	14		
	30 年以上	18	22		
学历	本科	9	11	3.01	1.135
	硕士	24	30		
	博士在读	5	6		
	博士	43	53		

续表

特征变量	类型	频率	百分比（%）	平均值	标准差
职称	讲师	26	32		
	副教授	36	44	1.91	0.745
	教授	19	24		
政治面貌	群众	19	24		
	中共党员	55	68	1.85	0.550
	其他民主党派	7	9		
岗位	教学岗位	46	57	1.43	0.498
	教学科研岗位	35	43		

由人口学变量频率可以看出本次调查中教师在各个维度上面的分布情况，教龄方面，主要集中于 10～20 年这个阶段，占比为 43%，说明本次调查的教师大部分都有一定的教学经验。由统计分析可以看出，有超过一半的调查对象学历为博士，且大部分教师的职称为副教授，占比为 44%。政治面貌方面，中共党员占多数，有 68%。教师所在岗位方面，可以看出教学岗位与教学科研岗位约为 1∶1，但教学岗位略多一些。

如表 3-19 所示，从学校投入度的描述统计可以看出，"贵校经济学课程思政教学改革创新的实践路径是否丰富"这一题均值最大，为 3.30。这说明学校对于经济学课程思政改革创新投入了大量资源，实现了路径多样化这一目标，且通过深入调查发现，高校经济学课程思政教学改革创新的实践路径主要是育人与育才有机结合、显性教育与隐性教育有机结合。而"贵校为教师组织的课程思政建设活动是否丰富"这一题均值最低，为 2.09。这说明学校对于教师课程思政建设相关培训组织得较少，且通过了解发现，目前高校为教师组织的课程思政建设活动多为线上线下培训、建设交流活动、申请思政示范课程项目等。

表 3-19　学校投入度描述统计

变量	测量内容	个案数	最小值	最大值	平均值	标准差	总体均值
学校投入度	贵校为教师组织的课程思政建设活动是否丰富	81	1	4	2.09	1.098	2.598
	贵校为课程思政做出的改革是否多样	81	1	4	2.40	0.996	
	贵校经济学课程思政教学改革创新的实践路径是否丰富	81	1	4	3.30	1.112	
	贵校提升学生创新思维能力的策略是否多样	81	1	4	2.60	0.701	

如表3-20所示，从教师投入度的描述统计可以看出，"您是否实时更新教学内容，添加具有时效性的思政案例"这一题均值最高，为3.84。这说明教师比较注重教学内容的投入，根据问卷的数据可以看出，其中有59%的教师表示会根据近期热点话题加入思政案例，还有32%的教师表示其所用的案例都是近两年且仍具时效性的思政案例。"您是否将课程思政融入到教学的各个环节之中"这一题均值最低，为2.53。这说明教师在将课程思政融入教学全部环节方面投入较少，不会或很少将课程思政融入到教学的每个环节，大部分教师表示其没有精力在每个教学环节都考虑到思政教育，且目前仍在探索阶段，但会在重要环节如教学目标设计、课堂授课等方面着重融入思政教育。

表3-20　教师投入度描述统计

变量	测量内容	个案数	最小值	最大值	平均值	标准差	总体均值
教师投入度	您是否优化教学内容，结合专业课知识加入思政案例	81	1	4	3.37	0.601	3.131
	您是否实时更新教学内容，添加具有时效性的思政案例	81	1	4	3.84	0.558	
	您在专业课程教学中引入的思政内容类型是否丰富	81	1	4	2.89	1.194	
	您会着重培养学生全方位的能力吗	81	1	4	3.06	1.004	
	您是否将课程思政融入到教学的各个环节之中	81	1	4	2.53	1.163	
	您的课程思政教学方式是否多样	81	1	4	2.94	1.004	
	您在教学过程中涉及的思政元素是否多样	81	1	4	3.22	1.000	
	您在教学过程中涉及的生态文明思想是否多样	81	1	4	3.20	1.145	

此外，在"您是否优化教学内容，结合专业课知识加入思政案例""您在教学过程中涉及的思政元素是否多样"和"您在教学过程中涉及的生态文明思想是否多样"这三题的均值均大于总体的均值，同时"您在专业课程教学中引入的思政内容类型是否丰富""您会着重培养学生全方位的能力吗"和"您的课程思政教学方式是否多样"三题的均值均小于总体的均值。综合来看，教师比较重视教学内容方面的改进，对此也做出大量投入，但在内容的类型、教学方式多样性等方面还需要进一步投入。

如表 3-21 所示，通过对学生提升度进行描述统计可以看出，"您觉得课程思政建设对学生创新能力的提升作用如何"均值最高，为 2.62；"在您目前的教学实践中，学生对专业课加入思政教育的积极性和参与度与原来相比如何"均值最低，为 2.17。这说明思政教育融入经济学对学生有一定的提升效果，表现为创新能力有较大的提升，但是对于学生课堂参与度与积极性的提升不大。此外，课程思政对学生核心素养和综合能力的提升效果以及结合互联网等创新手段对课程思政建设的提升效果也大于总体均值水平，这说明课程思政融入专业课教学对学生核心素养和综合能力也有明显的提升效果，通过互联网等创新手段建设经济学课程思政也能取得较好的反馈。然而从表 3-21 也可以看出，"学生将经济学专业知识与我国时事结合分析的能力提升效果如何"一题均值为 2.30，小于总体均值 2.436，这说明经济学课程思政建设对于学生将经济学专业知识与我国时事结合分析的能力没有明显的提升效果。

表 3-21　学生提升效果描述统计

变量	测量内容	个案数	最小值	最大值	平均值	标准差	总体均值
学生提升效果	在您目前的教学实践中，学生对专业课加入思政教育的积极性和参与度与原来相比如何	81	1	3	2.17	0.648	2.436
	课程思政建设对您所在的高校影响如何	81	1	3	2.43	0.724	
	您认为通过课程思政对学生核心素养和综合能力的提升程度如何	81	2	3	2.59	0.494	
	您觉得加入课程思政的经济学专业课对学生综合能力的提升大吗	81	1	3	2.43	0.741	
	结合互联网等创新教学手段对课程思政建设的促进作用如何	81	1	3	2.51	0.727	
	您觉得课程思政建设对学生创新能力的提升作用如何	81	1	3	2.62	0.561	
	学生将经济学专业知识与我国时事结合分析的能力提升效果如何	81	1	3	2.30	0.486	

（二）信度和效度检验

本书采用统计软件 SPSS24 对收集到的数据进行检验，主要从信度（reliability）、效度（validity）两方面来检验测量量表的质量。只有信度和效度均满足实证分析的数值要求，才能说明其结果可靠。信度分析主要用于检测测量结果的可靠性。信度越低，则同一量表内在一致性也越低；反之，信度越高，则其内在一致性也越高。目前社会科学领域流行使用克隆巴赫系数（Cronbach's alpha）检测测量结果的信度，一般来说，克隆巴赫系数在 0 到 1 之间变化，系数越高，说明测量维度的信度也越高，而克隆巴赫系数大于 0.70 则说明该量表具有相当程度的信度。

根据表 3-22 的信度分析结果可以看出，在学校投入度上，总体的标准化信度系数为 0.813。根据删除项后的信度系数可以看出，"贵校为教师组织的课程思政建设活动是否丰富"一题删除后会提高总体的信度系数，说明删除此项后总体信度更高。

表 3-22　学校投入度信度分析一

变量	删除项后的标度平均值	删除项后的标度方差	修正后的项与总计相关性	删除项后的克隆巴赫系数	标准化后的克隆巴赫系数
贵校为教师组织的课程思政建设活动是否丰富	8.3	6.336	0.457	0.856	
贵校为课程思政做出的改革是否多样	7.99	5.512	0.761	0.702	0.813
贵校经济学课程思政教学改革创新的实践路径是否丰富	7.09	5.28	0.694	0.736	
贵校提升学生创新思维能力的策略是否多样	7.78	6.925	0.717	0.756	

通过删除调整发现，删除"贵校为教师组织的课程思政建设活动是否丰富"后总体信度系数最高，如表 3-23 所示。

表 3-23　学校投入度信度分析二

变量	删除项后的标度平均值	删除项后的标度方差	修正后的项与总计相关性	删除项后的克隆巴赫系数	标准化后的克隆巴赫系数
贵校为课程思政做出的改革是否多样	5.90	2.84	0.746	0.783	
贵校经济学课程思政教学改革创新的实践路径是否丰富	5.00	2.40	0.784	0.763	0.856
贵校提升学生创新思维能力的策略是否多样	5.69	3.82	0.740	0.832	

此时，在学校投入度上，总体的标准化信度系数为 0.856；根据项删除后的信度系数可以看出都是小于总体的系数 0.856。因此，高校经济学课程思政现状调查学校维度信度达到标准，无须进行调整。

由于信度系数的取值范围处于 0~1，越接近 1 说明其可靠性越高，而高校经济学课程思政现状调查学校维度分析的结果为 0.856，因此相对来说信度比较好。

根据表 3-24 的信度分析可以看出，在教师投入度上，总体的标准化信度系数为 0.876。根据项删除后的信度系数可以看出，"您是否优化教学内容，结合专业课知识加入思政案例"和"您是否实时更新教学内容，添加具有时效性的思政案例"两题删除后的信度系数分别为 0.883 和 0.891，均大于总体的标准化信度系数，说明删除后会提高总体的信度。

表 3-24　教师投入度信度分析一

变量	删除项后的标度平均值	删除项后的标度方差	修正后的项与总计相关性	删除项后的克隆巴赫系数	标准化后的克隆巴赫系数
您是否优化教学内容，结合专业课知识加入思政案例	21.68	30.496	0.368	0.883	
您是否实时更新教学内容，添加具有时效性的思政案例	21.21	31.643	0.214	0.891	
您在专业课程教学中引入的思政内容类型是否丰富	22.16	23.636	0.710	0.853	
您会着重培养学生全方位的能力吗	21.99	25.687	0.648	0.859	
您是否将课程思政融入到教学的各个环节之中	22.52	23.803	0.718	0.852	0.876
您的课程思政教学方式是否多样	22.11	24.425	0.792	0.843	
您在教学过程中涉及的思政元素是否多样	21.83	24.545	0.782	0.845	
您在教学过程中涉及的生态文明思想是否多样	21.85	23.328	0.783	0.843	

经过删除和调整后，得到删除"您是否优化教学内容，结合专业课知识加入思政案例"和"您是否实时更新教学内容，添加具有时效性的思政案例"两项后总体信度最高，如表 3-25 所示。

表 3-25　教师投入度信度分析二

变量	删除项后的标度平均值	删除项后的标度方差	修正后的项与总计相关性	删除项后的克隆巴赫系数	标准化后的克隆巴赫系数
您在专业课程教学中引入的思政内容类型是否丰富	14.95	19.823	0.730	0.892	
您会着重培养学生全方位的能力吗	14.78	21.650	0.680	0.898	
您是否将课程思政融入到教学的各个环节之中	15.31	20.266	0.706	0.895	0.906
您的课程思政教学方式是否多样	14.90	20.765	0.791	0.883	
您在教学过程中涉及的思政元素是否多样	14.62	20.839	0.786	0.884	
您在教学过程中涉及的生态文明思想是否多样	14.64	19.808	0.775	0.884	

如表 3-25 所示，根据以上项删除后的信度系数可以看出，其系数都小于总体的系数 0.906，因此，高校经济学课程思政现状调查教师投入度方面的题目不需要再进行调整。

由于信度系数的取值处于 0~1，越接近 1 说明其可靠性越高，而高校经济学课程思政现状调查学校维度分析结果为 0.906，因此相对来说信度比较好。

根据表 3-26 关于学生提升效果的信度分析可以看出，总体的标准化后的信度系数为 0.779，其中"在您目前的教学实践中，学生对专业课加入思政教育的积极性和参与度与原来相比如何"和"学生将经济学专业知识与我国时事结合分析的能力提升效果如何"两题删除后的信度系数均大于 0.779，因此应进行相应的调整。

表 3-26　学生提升效果信度分析一

变量	删除项后的标度平均值	删除项后的标度方差	修正后的项与总计相关性	删除项后的克隆巴赫系数	标准化后的克隆巴赫系数
在您目前的教学实践中，学生对专业课加入思政教育的积极性和参与度与原来相比如何	14.88	6.835	0.360	0.780	0.779

续表

变量	删除项后的标度平均值	删除项后的标度方差	修正后的项与总计相关性	删除项后的克隆巴赫系数	标准化后的克隆巴赫系数
课程思政建设对您所在的高校影响如何	14.62	5.564	0.699	0.706	
您认为通过课程思政对学生核心素养和综合能力的提升程度如何	14.46	7.151	0.407	0.769	
您觉得加入课程思政的经济学专业课对学生综合能力的提升大吗	14.62	5.539	0.684	0.709	0.779
结合互联网等创新教学手段对课程思政建设的促进作用如何	14.54	6.126	0.505	0.752	
您觉得课程思政建设对学生创新能力的提升作用如何	14.43	6.523	0.571	0.740	
学生将经济学专业知识与我国时事结合分析的能力提升效果如何	14.75	7.438	0.301	0.784	

通过删除调整后发现删除"在您目前的教学实践中,学生对专业课加入思政教育的积极性和参与度与原来相比如何""您认为通过课程思政对学生核心素养和综合能力的提升程度如何""您觉得课程思政建设对学生创新能力的提升作用如何"和"学生将经济学专业知识与我国时事结合分析的能力提升效果如何"四项后总体信度最高,如表 3-27 所示。

表 3-27　学生提升效果信度分析二

变量	删除项后的标度平均值	删除项后的标度方差	修正后的项与总计相关性	删除项后的克隆巴赫系数	标准化后的克隆巴赫系数
课程思政建设对您所在的高校影响如何	4.94	1.909	0.702	0.872	
您觉得加入课程思政的经济学专业课对学生综合能力的提升大吗	4.94	1.659	0.854	0.732	0.874
结合互联网等创新教学手段对课程思政建设的促进作用如何	4.86	1.869	0.724	0.853	

如表 3-27 所示，根据以上项删除后的信度系数可以看出，其系数都小于总体的系数 0.874，因此，高校经济学课程思政现状调查学生提升效果方面的题目不需要再进行调整。

如表 3-28 所示，根据总体的信度系数可以看出，标准化后的克隆巴赫系数为 0.939，说明调查问卷教师版总体可信度较高，可用于实证分析研究。

表 3-28 可靠性统计

克隆巴赫系数	基于标准化项的克隆巴赫系数	项数
0.933	0.939	12

本问卷效度分析是通过 SPSS24 探索性因子分析的方法实现检验的，结果如表 3-29 所示。

表 3-29 KMO 和 Bartlett 球形检验

Kaiser-Meyer-Olkin 检验		0.886
Bartlett 球形检验	近似卡方	762.319
	df	66
	Sig.	0.000

如表 3-29 所示，根据以上探索性因子分析的结果可以看出，KMO 检验的系数结果为 0.886，KMO 检验的系数取值范围为 0~1，越接近 1 说明问卷的效度越好。

根据球形检验的显著性也可以看出，本次检验的显著性无限接近于 0，小于 0.05，拒绝原假设，因此问卷具有良好的效度。

（三）调查问卷差异性分析

根据表 3-30 的单因素方差分析结果可以看出，高校经济学课程思政现状三个维度显著性水平分别为 0.364、0.850 和 0.833，显然大于 0.05，从而可以得出三个维度在各个教龄段上不存在显著差异的结论。

表 3-30 各个维度在教龄上的差异分析

维度	教龄	个案数	平均值	标准差	F	显著性	多重比较
学校投入度	5 年以下	9	7.6667	2.87228	1.097	0.364	—
	5~10 年	8	8.875	2.41646			
	10~20 年	35	7.8	2.63238			
	20~30 年	11	9.1818	1.60114			
	30 年以上	18	8.7778	2.55655			

维度	教龄	个案数	平均值	标准差	F	显著性	多重比较
教师投入度	5 年以下	9	16.1111	6.00925	0.340	0.850	—
	5~10 年	8	18.5	5.8554			
	10~20 年	35	17.6857	5.59291			
	20~30 年	11	18.6364	4.45584			
	30 年以上	18	18.2222	5.36388			
学生提升度	5 年以下	9	6.6667	2.5	0.365	0.833	—
	5~10 年	8	7.625	2.06588			
	10~20 年	35	7.4	1.92812			
	20~30 年	11	7.6364	1.80404			
	30 年以上	18	7.3889	1.914			

根据表 3-31 的单因素方差分析结果可以看出，高校经济学课程思政现状三个维度显著性水平分别为 0.408、0.822 和 0.632，显然大于 0.05，从而可以得出三个维度在教师学历上不存在显著差异的结论。

表 3-31　各个维度在学历上的差异分析

维度	学历	个案数	平均值	标准差	F	显著性	多重比较
学校投入度	本科	9	9.56	2.242	0.977	0.408	—
	硕士	24	7.88	2.525			
	博士在读	5	8.20	2.490			
	博士	43	8.28	2.567			
教师投入度	本科	9	17.00	5.568	0.305	0.822	—
	硕士	24	17.38	5.754			
	博士在读	5	17.00	4.848			
	博士	43	18.37	5.323			
学生提升度	本科	9	7.11	2.369	0.578	0.632	—
	硕士	24	7.00	1.865			
	博士在读	5	7.40	2.608			
	博士	43	7.63	1.877			

根据表 3-32 单因素方差分析结果可以看出，高校经济学课程思政现状三个维度在教师职称上不存在显著的差异，因为其显著性水平均大于 0.05。

表3-32　各个维度在职称上的差异分析

维度	职称	个案数	平均值	标准差	F	显著性	多重比较
学校投入度	讲师	26	8.2692	2.2371	0.108	0.898	—
	副教授	36	8.1944	2.71314			
	教授	19	8.5263	2.61127			
教师投入度	讲师	26	17.3077	5.22891	0.442	0.645	—
	副教授	36	18.4722	4.99992			
	教授	19	17.3684	6.39627			
学生提升度	讲师	26	7.2692	1.88802	1.846	0.165	—
	副教授	36	7.7778	1.85335			
	教授	19	6.7368	2.15618			

根据表3-33单因素方差分析结果可以看出，高校经济学课程思政现状三个维度在教师政治面貌上不存在显著的差异，因为其显著性水平均大于0.05。

表3-33　各个维度在政治面貌上的差异分析

维度	政治面貌	个案数	平均值	标准差	F	显著性	多重比较
学校投入度	群众	19	7.53	2.80	1.264	0.288	—
	中共党员	55	8.58	2.32			
	其他民主党派	7	8.14	3.13			
教师投入度	群众	19	16.32	6.03	1.417	0.249	—
	中共党员	55	18.53	5.22			
	其他民主党派	7	16.57	4.31			
学生提升度	群众	19	6.63	2.43	1.802	0.172	—
	中共党员	55	7.60	1.66			
	其他民主党派	7	7.57	2.51			

根据表3-34的独立样本t检验的结果可以看出各个维度在教师所在岗位上的差异情况，学校投入度在教师所在岗位上的差异显著性检验为0.263，明显大于0.05，不能拒绝原假设，说明不同岗位的教师对于学校投入度不存在差异。以此类推，教师投入度、学生提升度在教师所在岗位上都不存在显著的差异。

表3-34　不同维度在不同岗位上的差异分析

维度	所在岗位	个案数	平均值	标准差	标准误差平均值	t	显著性（双尾）
学校投入度	教学岗位	46	8.02	2.57	0.38	-1.127	0.263
	教学科研岗位	35	8.66	2.44	0.41		
教师投入度	教学岗位	46	17.20	5.43	0.80	-1.237	0.220
	教学科研岗位	35	18.69	5.29	0.89		
学生提升度	教学岗位	46	7.26	2.02	0.30	-0.574	0.567
	教学科研岗位	35	7.51	1.90	0.32		

三、调查问卷现状分析

（一）课程思政建设涵盖生态文明教育，但仍有不足

《高等学校课程思政建设指导纲要》指出，各类课程要与思想政治理论课同向同行，协同发展，这就要求各门课程要深度融入思政元素。通过对学生的调查问卷可以看出，有33.33%的学生认为每门课都融入了思政元素，46.46%的学生认为大多数课程都融入了思政元素，仅有20.20%的学生认为只有少数课程融入了思政元素甚至没有思政元素融入。此外，70.03%的学生表示专业课教师传达的生态文明思想较多。同时，有52.53%的学生认为专业课课程思政融入得比较深入，但仍有47.47%的学生认为融入得比较浅显。对学生的调查结果还显示，课程思政教学过程中生态文明教育的内容和方式单一。由此可以看出，目前高校的课程思政建设投入力度较大，专业课课程思政覆盖较为全面，生态文明思想也有效融入到课程思政之中，但仍存在思政元素的融入深度不足，生态文明教育内容与方式有待丰富等问题。

（二）课程思政改革推进有力，但学生积极性不足

通过对学生和教师的问卷调查可以看出，目前高校对于课程思政教学改革重视程度较高，教学改革创新实践路径较为多样，主要是目标明确，实现了育人育才相结合，显性教育与隐性教育相结合，全员参与育人。有92.59%的教师表示所在高校有统一隐性教育与显性教育，使思政课程与各类经济学专业课程同向同行，形成了协同效应；高校还有丰富的提升学生创新思维能力的策略，主要包括培养学生独立思考能力、鼓励学生参与科研并培养学生的批判性思维。

然而，同时也存在着学生学习思政知识主动性不强、对课程思政理解较为片

面的问题。通过分析学生版调查问卷了解到，只有32.32%的学生会经常主动在课堂外学习思政知识，而67.68%的学生表示只会偶尔甚至很少在课堂外学习思政知识。另外，本次调查中仅有30.86%的教师表示，目前的教学实践中，学生对专业课加入思政教育的积极性和参与程度与原来相比有很大提高，有55.56%的教师表示有一定提高，还有13.58%的教师表示没有多大提高甚至积极性降低。关于学生是否会对课程思政改革提出意见，有40.4%的学生表示会结合学习感受向老师或教务处提出意见，40.74%的学生表示没有什么意见，还有18.86%的学生表示想提出意见却没有渠道，可见学生对于课程思政教育改革的参与积极性并不是很高。此外，本次调查还发现很多学生对经济学课程思政没有全面理解，包括部分学生分不清课程思政与思政课程两者间的区别。由此可以看出，学生对于思政教育的参与度与其积极性还有待提高。

（三）思政案例应用较少，但时效性较好

通过问卷调查发现，有55.22%的学生认为老师会优化教学内容，结合专业课知识加入较多的思政案例，34.34%的学生认为加入的较少，有较少的学生认为老师加入的思政案例没有结合专业课知识（占7.41%）或几乎没有加入（占3.03%）。而对教师的调查结果却有所不同，有41.98%的教师认为有结合专业课知识加入较多的思政案例，54.32%认为加入的较少，同时很少有老师认为其没有结合专业课知识加入思政案例（占2.47%）或几乎没有加入（占1.23%）。此外，有57.91%的学生和59.26%的教师表示教学过程中有实时更新教学内容，加入的思政案例都是近期的热点话题；27.61%的学生和32.1%的教师表示加入的思政案例虽是近两年的案例，但仍有时效性。

（四）思政内容丰富，教学形式多样

通过问卷调查发现，当前课程思政教育中专业课教师引入的思政内容较为丰富，其中，政治方向和方针政策、家国情怀和社会责任是授课过程中涉及较多的方面。88.89%的学生表示老师在课堂上会讲述经济学专业领域的国家战略、法律法规和相关政策，81.14%的学生表示老师会将习近平生态文明思想与经济学知识结合讲解，相对而言，人文精神与传统文化、社会实践和志愿服务则相对较少。关于对学生能力的培养，受调查的老师表示其更注重培养学生自我认知的能力、勇于实践的能力、沟通合作的能力和规划设计的能力。

目前专业课课程思政教学形式也较为多样，多媒体教学是现阶段教师采用最多的教学方式，研讨互动式、一般解式、专题式、案例式教学法也有所融入。通过教师版调查问卷可以看出，教学实践中讲授式教学和案例式教学是课程思政融入专业课较为有效的两种方式，讨论式教学和专题式教学其次，实践教学融入效果稍差。

（五）课程思政建设成效显著，学生能力显著提高

通过问卷调查发现，教师和学生均认为课程思政建设对高校发展有着正面影响，主要表现为课程思政建设有助于学校适应时代发展，促进学校形成创新风气，提高学校的人才培养质量。接受问卷调查的 81 名教师表示，课程思政教育过程中会着重培养学生的自我认知能力，同时会加强创新能力、规划设计能力和沟通合作能力的培养。而 297 名学生反馈到，课程思政教育对自己综合能力的提高确实有一定的作用，且主要表现在自我认知能力和创新能力的提高，且规划设计能力和沟通合作能力也有所提高。有超过一半的教师（占 59.26%）表示课程思政对学生核心素养和综合能力的提升很大，尤其学生的创新能力和实践能力有明显提高，表现在经济问题分析能力提升，科研创新成果明显增多，更善于发现新的经济问题，且社会实践活动质量有所提升。同时，学生表示通过专业课课程思政教育，增加了自己对经济时事热点和以往经济案例更深层次的了解，增加了自己对经济学专业发展态势、国家战略等方面的了解；经济学专业课中融入思政教育提高了自己分析问题的能力，使自己有意识地探索新的经济问题；有74.41%的学生表示课程思政提高了自己的思辨能力。

（六）课程思政建设成效在不同年级、学科间存在差异

通过对问卷进行差异性分析我们发现，对于不同年级、学科的学生，学校投入度、教师投入度和学生提升度均有所不同。首先，学校对于不同年级的学生投入度并不相同。这可能是因为高校更加注重高水平人才的政治素质，从而对研究生投入更多，这就造成了在不同年级之间存在差异。其次，教师对不同年级的投入也存在差异。这可能是因为相对于本科生来说研究生与教师的联系更多，教师不仅注重专业技能的培养，而且对学生的道德品质等方面也比较重视。最后，不同年级学生提升度存在差异。这可能是因为研究生已经接受过大量的思政教育，且学校与教师对研究生的投入更多，因此其提升度更高。此外，根据多重比较结果可以看出，在学校投入度和教师投入度上，应用经济学类大于工商管理类，这可能是因为财经类院校内应用经济学类课程更加具有竞争性，因此学校和教师对应用经济学会投入更多的资源与精力。在学生提升度方面，应用经济学类大于工商管理类，这主要是因为学校和教师对应用经济学类学生相对投入更多；应用经济学类学生提升度也大于理论经济学类学生提升度，这可能是因为应用经济学类学生有更多的现实案例与实践机会，从而提升度更大。

第三节　存在的问题与采取的对策

一、存在的问题

（一）生态文明教育等内容渗透不足，有待丰富

在对学生的问卷调查中，关于授课教师在课程思政教育过程中涉及面是否宽广的问题中，仅有 58.59% 的学生选择"非常宽广"。值得肯定的是，高校在推进课程思政教学改革中做了大量工作，也取得了一定成效，但在课程思政建设和改革方面仍存在问题。

关于授课教师在课程思政教育过程中多涉及国家方针政策、政治方向、家国情怀和社会责任方面的内容，多半是因为经济学课程与国家政策方针等思政元素的联系更加显著。在对教师的问卷调查中，关于"您在专业课程教学中引入的思政内容类型是否丰富"和"您在教学过程中涉及的思政元素是否多样"的问题，选择"比较丰富"和"非常丰富"的教师分别占 62.96% 和 76.54%，可以看出目前教师引入的思政内容还有很大的提升空间。此外，通过对学生的调查发现，有 29.97% 的学生认为专业课教师在课堂中传达的生态文明思想不多。其中，"人与自然是生命共同体，必须尊重自然、顺应自然和保护自然"和"不能以牺牲环境为代价来换取经济发展"两个方面传达得较多，而对于"生态文明建设与经济建设协同发展"和"以发展的眼光走可持续发展道路"两个方面却较少。

显然，目前生态文明思想等思政教育主要局限于高校思政课程上，在专业课程中涉及的方面还有待拓展，若能在专业课程内容中融入生态文明思想，并结合可持续发展、绿色协同发展等内容融入一些相关案例，势必会在课程思政教育中大大丰富生态文明的内容。

（二）日常思政教育弱化，大学生积极性不高

近年来，党和国家对思政教育的重视程度在逐年提高，全国各大高校在党和国家的领导下，也越发重视大学生的思政教育，不断深化思政教学改革。其中，讲授式教学、专题式教学和案例式教学在经济学课程思政教育中较为常见，也具有一定的教育成效。然而，仅通过这些方式将思政元素融入高校经济学专业课中是远远不够的，还需要重视"第二课堂"、线上大学生生态文明教育等。

经济学专业课程思政想要取得良好的教学效果，还需要大学生的自觉参与，主观能动性的发挥，才能取得良好的教学效果。然而，在对学生的问卷调查中，关于"你是否会主动在课堂外了解思政知识"这一问题，仅有32.32%的同学选择"经常学习"，而大多数同学选择"偶尔学习"，其占比为53.2%，还有14.48%的同学选择"很少学习"。可见，能够主动积极学习思政知识的同学还是少数，目前仍是教师扮演着教学主导者的角色，大学生仅是被动地接受思政知识，高校还需要激发学生自主学习思政知识的积极性。关于学校当前经济学课程思政建设存在的不足方面，有60.94%的学生和66.67%的教师认为当前教学模式、教学方法创新不足，经济学课堂仍存在教学枯燥乏味、刻板生硬的问题，影响经济学课程思政建设。50.51%的学生反映，课堂教学环节存在课上课下联动性不强，只侧重课堂讲授，不能充分利用"第二课堂"的问题。也有66.67%的教师认为，教学手段单一、填鸭式教育和课下实践环节缺失制约了课程思政教学的效果。由此可见，目前课堂灌输是对大学生进行经济学课程思政教育的主要途径，这种教学方式显然存在弊端，即对学生的感染力和吸引力不足，无法有效调动学生课堂互动的积极性，从而难以达成教育成效与教学目标。

关于当前经济学课程思政建设的改进意见方面，62.63%的同学提出教师应该积极创新课程思政教学方法，以不断增强教学的吸引力和感染力，73.06%的同学认为通过教学形式的多样化可以激发学生对思政教育的兴趣，也有65.99%的学生希望增加实践课程来提高对思政教育的兴趣。关于学生自身改进方面，有78.11%的同学认为要改变自己的学习方式，不能死读书，要充分利用现有的互联网资源等，以适应经济学课程思政建设的改革。

（三）教师队伍相关思政知识和理论储备不足

高校教师肩负着传道授业、教书育人的重任，其工作能力直接影响到大学生思想政治素养和专业素养的培育成效，可以说，大学生思想政治素质的培养直接取决于高校教师的水平。然而，通过学生版调查问卷可以看出，分别有67.90%和44.44%的学生认为教师作为"主力军"没有过硬的思想政治理论知识；有43.43%的学生认为教师政治理论储备有限，不能够满足经济学课程思政建设的要求；53.54%的学生认为教师不能够充分挖掘经济学专业中潜在的思政元素，使得经济学课程思政建设效果欠佳。可见，目前高校教师队伍整体的政治素养还有待提高，思政理论储备亟须补充。

这主要体现在五个方面。第一，专业课教师思政相关知识和理论储备不足。经济学专业课教师往往是经济学、金融学和管理学等相关学科背景的教师，专业课教师具备一定的经济学等知识储备，对本专业知识有着较为准确而全面的掌握，但其生态文明思想的知识储备与生态文明建设的实践经验还是不足。第二，专业课教师的经济学课程思政教育意识与能力还有待加强。从现实情况来看，目前我国经济学教育重视专业教育而轻思想教育、重视科学实践而轻课堂教学、重视学术研究而轻思政培养等现象依然普遍存在，思想政治与专业教育教学"两张皮"的问题仍有待解决。第三，专业课教师未能全面把握专业技能，普遍认为教好自己的专业课就算完成任务，对学生人文素质的培养有所欠缺，把学生的生态文明思想等思想政治教育看作是思政理论课教师的职责，从而无法实现全课程、全员育人的目标，这使得高校经济学课程思政建设步伐缓慢。第四，很多专业课教师对生态文明保护的敏锐性不高，即使有些专业课教师能够有意识地在经济学教学过程中融入生态文明教育，这也仅仅是极少数经济学专业课程对课程思政改革的响应，这就导致高校经济学生态文明思想融入课程思政建设成效较差、成果零散、不够系统。第五，思政专业课教师与经济学专业课教师之间缺乏充分的交流，从而导致双方对对方课程体系不够熟悉，没有将思想政治理论课程与经济学专业课程有效融合。

（四）高校顶层设计和整体规划不够成熟

教师版调查问卷显示，有44%的教师认为，学校是课程思政的政策制定者与推动者，但目前学校顶层设计仍不成熟，不能高效指导、推进校内经济学课程思政建设。这是因为高校有些课程目标定位不明确，缺乏科学系统的思维，没有从思政元素融入专业课应遵循的原则出发，制定可实施性较高的教学改革方案。调研发现，在一些经济学专业课中，由于体制机制不灵活而导致课程思政教学部分经常流于形式，使得课程思政教育体现出较强的主观色彩，因此不能保证思政教育目标的实现。各类经济学专业课程与思政知识结合的可行度差异很大，高校经济学课程思政建设必须树立高标杆，有序推进。经济学课程思政涉及经济学专业课程与思政课程、学校安排与教学工作、"第一课堂"与"第二课堂"等多个方面，某一个部门或学院难以单独完成，只有学校整体加强重视、总体布局、统筹推进，才能保证经济学课程思政建设有力执行。调研发现，学校改革制度尚不完善，在顶层设计和整体规划方面也存在不足。有75%的教师表示需要建设完善的经济学课程思政教学体系，建立一支专业能力过硬的课程思政设计团队，使课程思政教师与思政课程教师有机契合。此外，通过调研发现，学校领导层迫于教育部和社会形势的需求，表面上非常重视经济学课程思政教育工作，但实际工作中仍缺乏实质的政策支持，经济学课程思政建设"说起来重要，做起来次要，忙起来不要"的问题没有完全克服。

当前，高校课程思政建设顶层设计面临的一大问题就是缺乏针对经济学课程思政的考核评价机制，考核评价观念滞后。通过调查发现，64.20%的教师反映学校虽然已开展经济学课程思政的建设，但是目前缺乏评价和激励机制，教师缺乏动力，落实不到位，建设效果不佳。当前高等院校对经济学课程思政的考核评价仍是依据全校统一的标准，还未建立起符合课程思政教学的考核评价机制。课程思政教育考核评价只是一种手段，其主要目的一方面希望为课程思政建设相关决策提供依据，另一方面根据考核结果对教师进行相应的激励，引导教师更好地履行工作职责。本次调查中有66.67%的教师表示需要学校制度激励（如完善绩效激励机制）的支持，分别有64.20%和53.09%的教师建议通过组织课程思政教学优秀奖评选和将课程思政教育成效纳入教师评价，以推进经济学课程思政建设。

（五）学校重视度有待提升，建设经验较为缺乏

首先，高校经济学专业课程思政教育缺乏战略性部署和长远规划。高校在制定整体发展规划时，往往看重学校排名，希望通过加强专业知识教学和支持科研发展提升自身的综合实力，对经济学课程思政建设的重视程度远不如专业教育，人力、物力、财力对经济学课程思政教育的投入明显不足，学校领导对专业课教师的思政教育培训有所忽视，对经济学课程思政教育发展重视不足。此外，目前高校还存在教学过程中缺乏相应教学系统与理念的问题。

其次，我国开展经济学专业课程思政教育的时间较晚，起点较低，经验也不够丰富，目前对经济学课程思政教育发展研究的深度、广度、重视程度都不够，还需要不断丰富和发展。思政内容涉及面有待拓展、生态文明思想有待丰富、教师队伍思政基础不扎实、评价机制不完善等方面的问题，究其根源，还是我国经济学课程思政建设开始较晚，全国众多高校并没有全面开展，目前高校经济学课程思政建设仍处于探索阶段，优秀、可供参考的经济学课程思政建设案例较为缺乏。

二、具体对策

（一）提高高校课程思政重视程度，加强课程思政建设

目前，生态文明思想融入经济学课程思政教学存在很多问题，要取得良好的教育成果，首要任务就是要提高高校对生态文明思想融入专业课思政教育的重视程度，加强顶层设计和整体规划。要贯彻落实课程思政建设的要求，首先要完善教师思政水平培养方案，多组织课程思政建设与生态文明教育活动，搭建交流平台，给予教师有效的指导；其次要拓展课程思政教学改革创新，摸索出一条高效

的实践路径；最后要建立科学的课程思政教学评估体系，提高教师的积极性。除了加强课程思政的顶层设计外，还需要整体规划当代大学生生态文明教育内容与形式的建设。例如，进一步完善专业教育与生态教育耦合机制，打造一支专业能力过硬的课程思政团队，使经济学课程思政教师与思政课程教师有机契合；改善教学方法，以学生为中心，适应经济学课程思政特点，同时善用多种教学方法，合理运用多媒体等现代化教学手段，激发学生对专业课课程思政的学习兴趣，并注重学生自主学习能力的提高等。

（二）注重经济学课程思政顶层设计与规划

为集中有效资源，高效快捷地实现大学生生态理念的建立和生态建设能力的提高，高校应对课程思政建设中生态文明教育的各方面、各层次、各要素统筹规划，加强顶层设计。要不断完善课程思政工作体系、教学体系和内容体系，做好各类经济学专业、课程与生态文明教育的统筹建设；围绕国家、地区发展需求，结合各高校发展与人才培养规划，构建全面覆盖、类型丰富、层次递进、相互支撑的经济学课程思政生态教育体系。首先，要科学设计课程思政教学体系，明确目标要求和重点建设内容；其次，要将生态文明思想融入经济学课程思政建设全过程，同时建立健全课程思政建设质量评价体系和激励机制，加强组织实施和条件保障。

（三）加强教师队伍建设

生态文明思想能否有效融入高校课程思政建设，关键是要提高专业课教师的思政教育与生态文明教育能力。一是要切实增强专业课教师的政治意识、生态意识和育人意识，支持高校将专业课教师思政培训与生态文明思想学习贯穿岗前、在岗全过程，增加师德师风、教学能力专题培训，进一步强化专业课教师育人意识，提升其育人能力，确保经济学生态文明教育全程落实，效率提高。二是要提高专业课教师课程思政能力，通过建设优秀课件示范平台、举办教师教学现场观摩、教学培训等活动来夯实其推进课程思政的基本功，并充分利用现代信息技术手段，促进优质资源在各高校间共享共用。三是要切实完善专业课教师推进经济学课程思政建设的评价体系与激励机制。专业课教师需要投入大量精力落实经济学课程思政建设与生态文明教育，如果激励考核机制无法正确评价、激励专业课教师的投入，那么势必会对教师教学投入产生负向激励，只有科学、可行的激励考核机制才能确保高校经济学生态文明教育行稳致远。

（四）丰富并深化生态文明教育内容

由上述调查可以看出，当前高校课程思政涉及面有待拓展，还需要把教育教学作为最基础最根本的工作，深入挖掘各类课程中蕴含的思政元素，拓展教育方式，丰富和完善生态文明教育等内容。具体来说，可从以下方面着手，进行丰富和完善。

生态文明意识教育：首先要树立高校学生的生态责任意识，让学生自觉承担起生态文明建设的责任；其次要培养学生生态忧患意识，让大学生意识到人与自然的相互统一性，约束学生的行为。生态文明观念教育：首先要培养大学生的生态自然观，让其意识到人与自然相互依存的关系；其次要培养大学生的可持续发展观，让大学生们不局限于眼前利益，眼光放长远，合理使用自然资源；再次要培养学生的绿色消费观，引领学生在日常生活中践行绿色观念。生态文明法制教育：首先要提高大学生的生态保护法制意识，通过在专业课程中加强与生态相关的法律法规学习，培养大学生生态文明建设的法治思维和生态法治意识；其次，要加强大学生生态维权意识的教育，让大学生们能够保障自身的合法权益并自觉承担相应的生态义务。

（五）创新教学模式，加强网络平台建设

根据以上调查结果发现，通过互联网等创新手段建设经济学课程思政能取得较好的反馈，有79.01%的教师表示互联网等创新教学手段提高了学生的参与度。因此，为了取得更好的课程思政建设进展，还需创新教学模式，加强网络平台建设，利用网络平台促进专业课教师与思政教师的高效合作。在开展经济学课程思政教学的过程中，思政教师首先应根据专业教师对思政理念、方法以及思政知识的渗透程度、质量和效率，明确学生经济学课程思政及生态文明观教育的实际情况，确定经济学课程思政教育的新目标，进而与经济学专业课教师沟通、调整经济学课程思政教学内容与节奏。同时，利用现代化手段促进思政教育与专业教育的融合，通过网络平台开展灵活自由的线上经济学思政教育活动，要根据经济学专业的培养方案进行调整，进而使学生能够更好地、更全面地结合思政知识学习经济学专业知识，使思政教育真正地融入经济学专业学习的每个方面。

（六）建立健全课程思政建设质量评价体系

为调动经济学专业课教师和思政课教师的积极性和主观性，高校应当建立健全合理、科学的经济学课程思政评价体系，促进经济学课程思政贯穿到整个人才培养体系中，充分发挥其高质量育人作用。首先，要改革教师评价体系，把师德师风纳为第一评价标准，以立德树人为引领，对专业课教师挖掘思政元素、渗透思政理念、开展思政活动进行评价，使高校教师从评价中发现问题、完善教学、提高经济学专业课思政教育成效。其次，要完善人才培养质量考核评价，科学设

计经济学课程思政教学效果评价指标体系，把家国情怀、人格养成、专业素养等纳入评价指标体系，根据不同课程、专业要求有针对性地修订评价体系，各有侧重地开展评价活动。最后，对高校基于经济学课程思政所构建的合作机制、协同育人机制进行评价，进一步明确学生培养目标，确定育人内容，以教育成果评价为抓手，发现并调整经济学课程思政教育机制、协同机制所存在的问题，使经济学专业课程和思政内容真正地融合起来，进而提高经济学课程思政教育的质量和效率，培养学生全面发展。

第四章
生态文明思想与经济学
课程思政的融合与设计

第一节　生态文明思想与经济学课程
思政融合的机理

　　课程思政是指专业课中融入思政元素，发挥出育人作用，与思政课同向前行。习近平生态文明思想是我国在生态文明领域的最新成果，是指导我国经济发展的核心理念之一。生态文明思想作为思政元素的一部分，有必要将其纳入课程思政的思政教育内容当中。与此同时，生态文明思想与经济学具有十分密切的联系，将生态文明思想融入经济学课程具有很大的必要性，不仅能丰富课程思政的思政教育，还对经济学专业知识进行了扩展和现实应用。将生态文明思想与经济学课程融合，有利于经济学专业以马克思主义为指导，减少西方糟粕文化的负面影响，易于构建具有中国特色的经济学学科体系、经济学学术体系以及专业话语体系。经济类专业要在课程思政建设中使学生更加了解其专业或相关专业领域的国家战略、政策和法律法规，让学生更全面地了解我国在经济上的发展走势；要引导学生深入社会实践、关注现实问题，把所学知识运用到实践中解决实际问题；要培育学生良好的职业素养，有利于学生养成诚信、友善、爱国、敬业的价值观。

　　因此，必须将生态文明思想融入经济学课程当中。首先，将生态文明思想融入到经济学课程思政必须坚持课程思政的原则，在此基础上再结合专业特点将专业课程和思政元素进行融合，进而进行隐性思政教育。生态文明思想是思政元素中重要的一部分，将生态文明思想融入经济学课程思政具有重要的意义。那么，该如何将生态文明思想融入经济学课程思政呢？本章按照生态文明思想的传导路径来研究生态文明思想与经济学课程思政的融合，即生态文明思想融合经济学课程思政的机理。

　　课程思政是教师在专业课讲授中融入思政元素进行思政教育。同理，将生态文明思想融入经济学课程就是把生态文明思想作为思政元素融入到课堂当中，丰富思政的内容，把思政内容从教师传给学生。生态文明思想融入经济学课程的路径，简单来说就是生态文明思想传导到教师，教师再传导到学生。前者属于课程思政实施过程的前提准备阶段，而后者是课程思政实施过程。具体来说，首先要设计教学目标，教师要深刻学习生态文明思想，正确理解并深化认识，充分挖掘经济学课程中所蕴含的生态文明思想；其次教师要将自己所理解的生态文明思想与经济学课程中的知识点相结合，做到生态文明思想与经济学知识融合，并在课堂教学这一关键的传播知识、思想教育环节，优化教师教学方式以增强实效；最后要引导学生深入实践，将生态文明思想内化于心，既做到了生态文明思想的政治教育部分，又巩固了经济学专业课知识中的生态文明知识点。本章据此将其划分为三个环节：①课前——准备过程；②课堂——传输过程；③课后——巩固过程。从融入路径来看，应是生态文明思想→教师→学生。生态文明思想到教师这一环节就属于课前准备过程，教师把生态文明思想传输给学生的过程就属于课堂传输过程，最后还有一个过程就是课后巩固学生学习生态文明思想的成效，具体如图4-1所示。

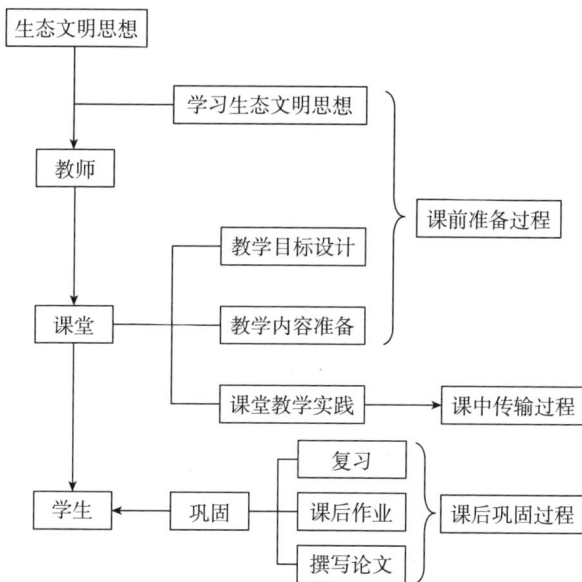

图4-1　传导路径

一、课前——准备过程

课前准备过程是将生态文明思想融入经济学课程思政的首要环节，具有引领作用，会决定课堂传输生态文明思想的整体效果，也会影响到学生课后巩固情况。课前准备过程是指在课堂上进行课程思政教育的前提准备工作，其包括教学目标设计、教师学习生态文明思想以及教师将其与专业课知识点有机结合，这将为课堂讲授打下充实的基础。

（一）教学目标设计

教学目标是指教学要使学生产生何种变化，培养什么样的学生，即期待学生在教学过程中得到什么样的学习成果。将生态文明融入经济学课程当中，就要把生态文明作为教学目标之一，让学生拥有良好的生态文明观念，能将生态文明思想与经济学专业知识有机结合，并据此来更全面地思考现实的经济问题、解决经济问题。对于每门具体的经济学专业课都要指定具体的教学大纲，在大纲内要有具体的教学目标，教学目标不仅包括专业知识目标，还包括思政教育目标，要把生态文明思想教育作为思政教育目标之一。具体的教学目标包括学生掌握专业课知识的广泛程度和深度，以及学生的思维方式和价值取向等。

要将生态文明思想融入到经济学课程中，就要确立经济学专业课程的思想政治教育教学目标，解决思政课独自为战和各门经济学课程思政彼此脱钩的问题。制定体系化的教学目标，是一项集体性工作，需要学校领导、专业课教师队伍和思政课老师一起来完成，可以从以下三个方面进行开展：第一，各门经济学课程里面包含着丰富的思政元素，其中包括生态文明思想，需要在马克思主义理论的指导下，根据专业课程特点，使专业课教师与政治课老师进行研讨，形成专业课程的思想政治教育教学目标的框架。第二，解决经济学专业课程的思想政治教育教学目标与思政课程目标的有机协同问题，对具体的经济学专业课要有细化的教学目标，从而形成经济学课程整体的目标体系。只有各门经济学课程在总目标上一致，才能最终将生态文明思想融入到经济学课程当中。第三，要构建逻辑缜密、科学严谨的教学目标体系。生态文明思想是有逻辑性和科学性的，经济学也有逻辑性和科学性。要将生态文明思想融入到经济学课程中，就要根据经济学知识与生态文明思想的内在逻辑联系设计每节课的专业知识教学目标以及思政教学目标，发挥出经济学专业课程的协同效应。

根据传统教学目标概念，从教与学的主体、内容、方法和达成四个方面出发，教学目标设计的基本范式为：

$O=S+V+W+H$

其中，O（objective）代表教学目标，S（student）代表学生，V（verb）代表程度动词，W（what）代表教学内容，H（how）代表教学方法。在传统教学目标的基础上，把思想政治教育纳入就可以作为课程思政的教学目标，基本范式如下：

$O=S+V+W+H+P$

其中，P（politic）代表思想政治教育。因为课程思政是将思想政治教育在专业课知识点的基础上融入，而不是思政课，所以专业课教学内容与思想政治教育应当结合在一起，基本范式可以改成：

$O=S+V+WIP+H$

其中，WIP 代表的是融入了思政元素的课堂教学内容。要将生态文明思想融入经济学课程，那么 P 中就要包含生态文明思想这一思政元素，W 指的就是经济学专业课知识点。

上述指的是单个课程的教学目标设计，从经济学专业整体课程的教学目标设计来看，每门课程的教学目标都要有所联系，尤其是在价值塑造这一方面要形成合力。从整体来看，经济学专业要把生态文明作为培育学生的教学目标之一，即培养学生养成良好的生态文明观念；从个体来看，每门经济学专业课程可以在专业知识讲授过程中，根据专业课特点，侧重生态文明的不同方向来进行隐性的生态文明思想教育。

（二）教师队伍深刻学习生态文明思想

教师队伍深刻学习生态文明思想是将生态文明思想融入经济学课程当中的必备环节之一。教师要在课堂传授知识点的过程中把生态文明思想一并传授给学生，首先要求自身深刻理解生态文明思想。对学生进行思政教育的前提就是对教师进行思政教育，然后通过课程再对学生进行教育。因此，教师队伍应当深刻学习习近平生态文明思想，了解生态文明思想的概念、内涵与价值等。习近平生态文明思想的内容比较丰富，包括"是什么""为什么"以及"怎么做"等内容。习近平在生态文明领域论述了很多经典语句，如"绿水青山就是金山银山"等，教师在学习、理解这些语句的阶段，需要花时间去思考、消化并融会贯通，尤其是生态文明思想与大多经济学知识点存在着密切联系，教师在学习过程中要重点学习生态文明与经济学的交叉内容，做到能从生态文明教育的角度思考经济问题，从经济学角度思考生态问题，从而思考得更全面、更完善，为教育学生能从生态文明角度思考经济问题做好理论基础。

习近平生态文明思想符合经济发展规律，从人与自然的关系出发，强调了人类不能再走"先污染后治理"的老路，需要保护好生态环境，把生态环境作为自己的家园一样呵护。习近平还提出了新时代建设生态文明的"六项原则"，这六项原则概括了生态文明的主要内涵。教师仅学习生态文明思想的内容是不够的，更重要的是要深刻理解生态文明思想的内涵，内化于心，外化于形，运用到社会、生活实践当中。如果教师都没有理解生态文明思想的内涵，那么在课堂授课的过程中，所传输的生态文明思想就不一定能给学生带来正确的引导或者深刻的引导，不能让学生深刻理解生态文明思想，更不用说把生态文明思想与经济学专业课知识点融合了。教师队伍在学习生态文明思想的时候一定要把握其理论内涵，这样在学习生态文明思想的具体内容时就不会脱钩，核心思想就不会出错，再加上自己对其的理解，就可以辩证地看待经济发展中生态文明的重要性，从而在传授经济学专业课时能够很好地将生态文明思想融入到课程知识点当中。

在学习生态文明思想的过程中，教师队伍要把握生态文明思想与社会发展的协同机制。生态文明建设并不是独立的，生态文明建设与经济建设存在着密切的联系。教师在学习生态文明思想的过程中要充分抓住这一联系，有助于其将生态文明思想与经济学知识相结合。我国在制定经济发展战略、政策时必然考虑到生态环境的保护，这是经济学教师必须要了解的内容，从而为其更全面、更深刻地讲好经济学知识点在现代社会的应用打下坚实的基础。

教师队伍可以充分利用辩证法来思考生态文明思想与现实的关系，在学习生态文明思想的过程中要重点学习生态文明思想中与经济学知识点相关的内容。关于生态文明与经济学交叉的内容包括以下三点：习近平生态文明思想体现了自然财富与人造财富的统一，生态效益与经济效益的统一，生态平衡与社会再生产的统一。在学习生态文明思想的过程当中，要时刻注意这三个统一，厘清经济学与生态文明思想的联系。经济学与生态文明思想的联系是经济学专业教师应当着重学习的，教师通过学习生态文明思想，从而对一个经济学知识点能从生态角度进行思考，想得更为全面。

教师对生态文明思想的理解对否与理解程度在很大程度上决定了把生态文明思想传授给学生的上限。如果教师不能对生态文明思想进行很好的理解，不能明白生态文明思想与经济学的联系，那么就不能将生态文明思想与经济学知识点有机结合，不能在课堂讲授中让学生感受到生态文明思想，不能进行隐性化的思政教育。因此，教师队伍应当深刻学习习近平生态文明思想，内化于心，同时要与时俱进，了解经济学领域的国家宏观走向以及热门的微观经济行为，了解宏观经济增长与生态文明发展趋势以及微观个体的生态文明与经济行为的变化，走好生态文明思想融入经济学课程的重要一步。

这一环节是将生态文明思想传导到教师头脑中、心中，内化于心、外化于行。在课堂讲授中生态文明思想是通过专业课知识点的讲授传递给学生的，那么下一步工作是生态文明思想如何融入到经济学知识点中。教师深刻学习生态文明思想为生态文明思想与经济学知识点的融合打下了坚实的基础，同时教师在课堂上的言行举止也会对学生产生潜移默化的影响。

（三）将生态文明思想与经济学知识点融合

优秀的课堂教学需要优质的教学内容，要将生态文明思想融入经济学课程并达到良好的成效，教学内容设计是一个十分关键的部分。生态文明思想与经济学知识点融合，是以经济学专业知识点为基础将生态文明思想融入到课程教学当中，随着知识点的教学而把生态文明思想融入到学生头脑中。因此，生态文明思想与经济知识点的融合是将生态文明思想融入经济学课程的关键，具有好的内容是拥有好的教学效果和思政效果的前提。

生态文明思想融入到经济学课程思政的关键点就在于要将生态文明思想与经济学知识点融合在一起。如果没有做到融合，那么就是纯粹地进行生态文明思想教育的政治课，而不是课程思政了。生态文明思想与经济学知识点具有密切的关联，生态文明思想蕴含着大量的经济学意蕴，而有许多的经济学知识点体现了生态文明思想，例如，"绿水青山就是金山银山"意味着良好的生态环境就是财富，就是生产力。

教师在深刻学习生态文明思想后需要挖掘生态文明思想中所蕴含的经济学意蕴。经济学课程教师是经济学专业的专任教师，对经济学知识点有着充分的了解，因此要从中挖掘其蕴含的生态文明思想。教师要充分挖掘经济学课程中的生态文明思想元素，如经济发展与经济增长的区别，前者就包含了生态环境的良好发展。将生态文明思想与经济学知识点融合的时候切忌生搬硬套，融合得过于生硬。在将生态文明思想与经济学知识点融合的时候要注意经济学知识点是主体，而生态文明思想是载于经济学知识点上的，否则就是思政课了。上一环节是教师深刻学习生态文明思想，而这一环节是教师把自己所理解的生态文明思想融入到经济学知识点中，再把经济学知识点作为载体将经济学与生态文明思想相结合的知识传输给学生。这一环节就是将生态文明思想以经济学知识点的内容呈现给学生，后文还会讲到如何把蕴含着生态文明思想的经济学知识点高效地传输给学生。将生态文明思想融入到经济学知识点之后，就要把学习并理解经济学中的生态文明思想作为课程的目标之一，反映在课前准备过程中就是要修订教学大纲，把生态文明思想作为教学大纲的内容之一。在教材选用方面，要选用蕴含生态文明思想的经济学教材。如果教材所蕴含的生态文明思想不够深刻，或者已经跟不上时代的发展，即生态文明思想已经有了新的发展，那么教师还需要编写教案课件，如 PPT、讲稿等。比如 2020 年全球新冠肺炎疫情蔓延，让我们意识到人与自然要和谐相处，人类所做的努力还不够，尊重自然、顺应自然和保护自然的行动还要加强。正因为人类的生态文明思想不够完善，这次新冠肺炎疫情暴发导致了全球经济有所衰退。生态文明思想与经济学知识点的融合可以以事实作为案例，讲述给学生。对于课程中生态文明思想内容的选取，需要考虑学生的认知范围、能力范围，选取学生能够接受的、与学生知识程度相匹配的生态文明思想内容与经济学知识点融合，同时，将其与国家生态文明建设的发展进行融合，并结合我国时代的新发展，引导学生运用所学经济学知识与社会相结合。教师要合理地把生态文明思想融入到经济学课程当中，需要对专业知识有着充分的理解和熟练的运用，在深刻理解生态文明思想的基础上把生态文明思想与经济学知识点融合。对此，经济学课程教师可以向马克思教师、思政课教师学习生态文明思想，相互吸取教学经验，进行课程思政建设经验的交流，加强教师之间的合作。

我们需要知道，在经济学课程中融入生态文明思想，要求课程教师在传授专业知识的同时传授生态文明思想，做好课程思政的课前准备工作。对此，经济学课程教学内容的设计就成为课程思政教学的核心之一。无论在哪门经济学课程当中，或多或少都蕴含着生态文明思想。例如，微观经济学中市场失灵的外部性之一，就是厂商的生产对环境造成破坏却没付出相应成本，这体现了良好生态环境也是财富之一，能给社会带来正效用；制度经济学对此认为可以规定产权，这样厂商需要支付牺牲良好生态环境的代价；发展经济学则认为经济发展过程中不仅要注重经济增长，而且要高质量增长，高质量就包含着生态环境的良好发展。因此，如何科学有效地发掘生态文明思想是把生态文明思想融入经济学课程思政的一个关键问题。经济学教师要在厘清经济学学科体系的基础之上明确课程所蕴含的生态文明思想，实现生态文明思想与经济学知识点的融合，并实现知识传授与育人目标的统一，这样才能让经济学课程的教学内容既有核心元素即经济学专业知识，又有丰富的思政元素，使经济学课程更有广度与深度。

将生态文明思想与经济学知识点融合在一起，为教师在课堂上进行专业知识教学和思政教育准备了讲授内容。下一环节就是教师在课堂上通过讲授已经融入生态文明思想的经济学知识点对学生进行生态文明思想教育。

二、课堂——传输过程

课堂教学是将生态文明思想传授给学生的实践环节。在课前准备过程当中进行了教学目标设计，教师学习了生态文明思想并进行了教学内容设计，为课堂教学完成了准备工作。在这一环节，教师需要按照教学目标设计讲解教学内容，实现生态文明思想从教师头脑中、教学内容当中传输到学生头脑中的过程。教师在讲授专业知识点的时候会把知识点涉及的生态文明思想一并论述到，让学生在学习知识点的时候潜移默化地吸收生态文明思想。

在课前准备过程，教师深刻学习并理解了生态文明思想，同时将生态文明思想与经济学知识点有机结合在一起，并反映在课程目标、教学大纲、教材和教案课件当中。可以说课前准备过程把所需要传输给学生的知识点、内容已经准备完毕，生态文明思想就将在经济学知识点中一同随着课堂的讲授传输给学生。那么，接下来就要看课堂如何把内容传输给学生，怎样授课能让学生在学习经济学知识点的过程中深刻理解生态文明思想。将生态文明思想融入经济学课程思政的课堂授课过程，是决定教学实效性的关键环节。因此，课堂教学十分重要的地方在于如何有效并且高效地教，让学生有效并高效地学，这是生态文明思想传递到学生头脑中最为关键的环节。

在课堂教学中要激发学生的积极性，要让学生在学习过程中有获得感。大学生与中小学不一样，单纯的知识传授课难以让学生认同。要让大学生有获得感，就要让学生知道课程的意义所在，能收获什么，对实际生活有什么改善。人都有自私的一面，如果大学生不知道在课堂学习中能有什么实际收获，那么课堂教学的效果就会大打折扣。因此，首先要让学生了解某门具体经济学课程的意义所在，对实际生活有什么作用，然后在讲到与生态文明有关的知识点时，要让学生深刻了解到生态文明对个人、社会、国家具有的重大意义。

在教学论中，教与学是最基本、最核心的一对关系。相对于教，学才是本源，这是两者关系的主要方面，也是决定教学力量的根本所在。在课堂教学中要意识到，教师的任务是教学，学生的任务是学习。教师可以改善教学氛围，把枯燥无味的课程讲得有趣，可以提高学生的学习积极性，但是学习主要还是靠学生。教师不仅需要传授专业课知识，进行隐性思政教育，而且更重要的是培养学生的能力。除此之外，教师如果能分享一些获取专业知识的平台或者渠道，那么这将有利于学生课后自主学习。以下三点可以提高学生吸收生态文明思想的效果：

第一，双向沟通。教师单纯地讲述 PPT 只是将知识点单向传输给学生，较少学生能在这种情况下有较高的吸收率。双向沟通会让学生参与进来，一起思考，增加记忆性，益于学生学习知识。在把包含着生态文明思想的知识点传授给学生时，可以采用提问来激发学生积极性和活跃大脑的作用。例如，在讲到负外部性这个知识点的时候，可以提问学生"为什么国家要对污染排放超标的企业进行罚款甚至取缔"等问题。在教师引导并启发学生的时候，学生不一定会往预期的方向思考，思考得也可能不正确或者思考得不全面，此时老师在回答问题的时候需要讲述得全面、深刻，与学生进行很好的沟通，从而引导并激励学生思考得更全面、更深刻。

第二，情感沟通。在教学过程中有四项信念原则，分别是坚信个体的可塑性、个体拥有所需的资源、个体行为的积极意义以及个体改变的能力。教师要让学生有认同感、信任感，这样学生在教师的教学当中会更加认真。在传递生态文明思想的过程中可以和学生开诚布公地讨论，不要过于严肃，就像朋友之间的谈话一样，彼此可以说出自己的想法和观点。学生勇于说出自己的想法，那么教师就知道学生哪些方面思考得不全面、不深刻，教师就可以进行补充，这样可以强化学生参与课堂的意愿。

第三，行为激发。不要以分数为导向，要以知识的运用、解决实际问题为导向。教师可以传授自己的学习经验和一些平台，分享一些学习资源和获取学习资源的渠道。教师通过自己的言行举止来激发学生主动学习知识、探索知识的兴趣，使其主动思考问题并努力解决问题。生态文明思想内容众多，与经济学结合的点也很多，教师在课堂上所能讲授的知识点有限，所能进行的隐性思政教育有限，因而学生所能理解的生态文明思想也有局限。要培养学生的自主学习能力，使其主动去增加知识量，在学习经济学知识过程中考虑加入生态文明这一视角，拓展生态文明思想在经济学上的应用，并在自己面临问题时也可以尝试运用生态文明思想进行解决。

课堂教学是将生态文明思想传递到学生头脑中、心中的关键环节。教师通过讲授蕴含生态文明思想的经济学知识点，使学生在学习专业知识的过程中隐性地学习了生态文明的内容；同时，教师的言行举止所体现的生态文明素养也会潜移默化地影响学生对生态文明思想的吸收。进行思政教育时课堂是"主战场"，但是并不足够，还需要课后的巩固学习，学生在巩固专业知识的过程中也加深了对生态文明思想的理解，进而形成良好的生态文明观念。

三、课后——巩固过程

课堂教学所能讲授的知识点受课时的局限而有限，讲的深度、广度也因课时而有所局限。在大学学习当中，更主要的是学生自己的学习，因此学生在课后学习的过程是非常重要的，是将课堂知识进行巩固、灵活运用的过程，同时也是在学习过程中加深生态文明思想教育的过程。

首先要对"课后"有一个定义，这里指的是课堂教学之外的时间。《论语》曰："温故而知新"，要对知识有进一步的理解和拓展，课后巩固是必需的。在课后巩固这一过程当中，有很多课后形式都能够加深学生对专业课知识点的理解，加深学生对生态文明思想的理解，进而使学生能更好地理解生态文明思想与经济学专业知识的联系。课后形式包括讲座、学术演讲、学术会议、课堂作业、撰写课程论文、实践调研等，不同的课后形式对学生产生的效果偏重不一样。学生去听讲座、学术会议，主要是拓展知识面，丰富视野；课堂作业、课程论文的撰写以及实践调研会培养学生的实践能力，提升学生理论联系实践的能力，把所学的知识进行实践应用。课后巩固是一个加强理论课堂和实践课堂的过程。课堂教学大多都是理论课堂，经济学专业课堂更是这样。知识的魅力在于应用，如果所学的知识并不能用于解决实际问题，那么就毫无意义了。

课后巩固过程分为理论巩固与实践应用两个部分。在理论巩固过程中，学生通过复习教师在课堂所讲授的知识点，在温故而知新的过程中不断加深对生态文明思想的理解。

首先是复习。复习是对上课知识的回忆和巩固，能够加深对知识点的印象，并加深对知识点的理解。在复习过程中，对于经济学专业知识点中所蕴含的生态文明思想也能在复习过程中得到更深刻的理解。复习时学生能够对知识点进行有序的整理，利于学生厘清经济学知识点内部的联系，也利于学生厘清生态文明思想与经济学知识点的联系，使得知识点条理化、结构化和系统化。总而言之，复习是提高学生对生态文明思想理解和加深印象的有效方式。

其次是完成课后作业。大学课程通常会有一些课堂作业，完成作业的过程也是巩固知识的过程。学生完成课后作业需要运用所学的专业知识，将知识点联系起来共同解决一个问题。在完成作业的过程中，可以与同学进行沟通交流，了解他人的认知，有利于自身对知识点形成更全面的理解。如果是经济学的思考题，那么需要思考的方向就比较广泛，例如，企业追求利益最大化与社会利益追求最大化之间的矛盾是什么，这个问题可能就涉及经济利益与自然环境保护的矛盾。许多经济学的作业都需要用生态文明思想来进行更全面的思考，不仅是从经济利益的角度，而且在完成课后作业的过程中也促使其能够从生态文明的角度来看待。

最后是撰写课程论文。撰写课程论文其实是一种学习的方式。写论文并不是展露自己所学的知识，而是在写的过程当中积累、梳理知识。学生学的知识很多，所见过的事物、经历过的事情不少，头脑中所学的知识与自己的生活经验混合在一起，但没有构建一个良好的框架，导致知识点很散乱。如果只学而不写，那么就不知道自己学到了哪种程度。在撰写课程论文的过程中，学生不断地收集信息、查阅资料、进行甄别和筛选，最后才开始动手写。学生在查阅资料的时候，就能阅读到许多与专业相关的文章、论文等。

课后巩固过程主要是通过学生自己学习或者复习知识点，在学习过程中自觉吸收生态文明思想，从而达到课堂思政教育在课后的"延续"。换言之，课后巩固过程就是干中学，在学习、应用和实践过程中实现对生态文明思想的进一步学习和理解。

第二节 生态文明思想融入经济学课程思政的基本原则和要求

生态文明思想是思政元素的内容之一，经济学课程思政意味着要结合经济学专业的特点来进行课程思政教育。首先就要在课程思政的原则下，依托经济学专业特点，形成生态文明思想融入经济学课程思政的基本原则。教师是课程思政的实施者，而学生是课程思政的实施对象，前者负责教学，后者负责学习。生态文明融入经济学课程对教师和学生都提出了一些基本要求（见图4-2）。

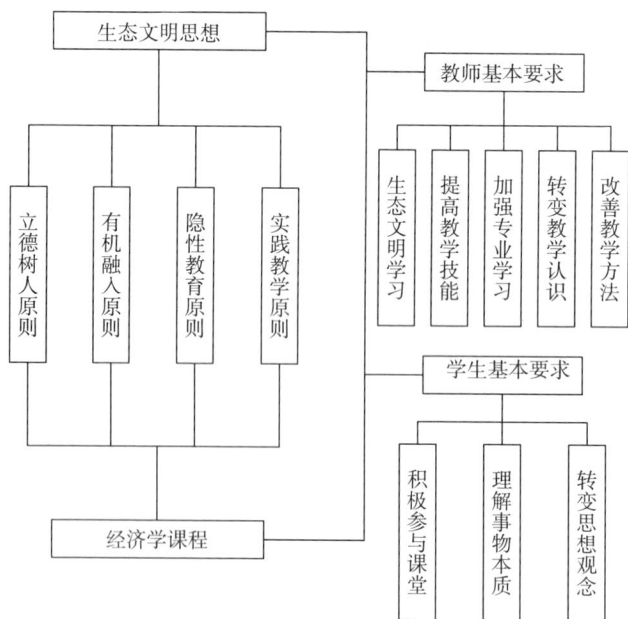

图 4-2 基本原则和要求

一、生态文明思想融入经济学课程思政的基本原则

在课程思政建设中把生态文明思想融入到经济学课程，要发挥出思政元素的

引领作用，落实各类专业课立德树人的教育任务。对于生态文明思想融入经济学课程，本部分基于课程思政建设的基本原则，结合经济学专业特点，对生态文明思想融入经济学课程的基本原则进行了总结，主要有立德树人原则、有机融入原则、隐性教育原则和实践教学原则。

（一）立德树人原则

立德树人是思想政治教育的灵魂，是新形势下国家提出的新的教育理念。在生态文明思想融入经济学课程思政的过程中，不仅要向学生传递生态文明有关的知识，而且要用新时代生态文明思想武装大学生的头脑，确立马克思主义立场，将社会主义核心价值观融入到课程思政建设当中，引导学生拥有科学正确的生态观和价值观，促进学生全面发展。立德树人要求教师具有良好的道德品格，能够作为一个道德榜样和良师对学生进行教育。同时，立德树人也是我国培养高质量、高素质人才的需要，是针对我国目前思政教育的薄弱环节而提出的。当前我国的教育出现了功利化、学术不端等现象，一些大学生为了自己的个人利益而弄虚作假，忽略了品德修养。教育部提出推进课程思政建设是落实立德树人根本任务的战略举措，体现了党对大学生素质教育的重视。

当前我国高等教育的培养与社会主义经济的发展是密不可分的。高等教育为我国经济增长提供了大量的高级人力资本，为经济增长做出了重要的贡献。人才用在好的方向，才能带来重大的效益；如果人才从事坏的工作方向，那么就会给社会带来极大的损失。人的能力越高，越要拥有更高的个人素质，防止各种诱惑阻碍其自身发展。立德树人促进人才的全面培养，体现了德大于才的思想。当前高等教育的发展必须坚持"立德树人"原则，为我国社会主义事业储备大量的人力资本，推进祖国宏大事业发展。

我国特色社会主义市场经济的发展对人才素质提出了新的要求，应当转变之前的教育理念，摒弃唯分数论。经济学专业的学生学习了西方的经济学思想，很容易被西方的思想文化所带偏，变成所谓的"理性人"，即纯粹的自私者，变为功利主义者，这与我国的民族文化和社会主义价值观相违背。因此，在经济学课程的建设中，要坚持"立德树人"这一根本任务，使学生学习、接触西方主流经济学知识的时候能够拥有辩证看待问题的能力，拥有正确的是非观和价值取向。在现实社会中常常会遇到道德困境，解决道德困境的方法之一就是提高教育质量和培养德才兼备的人才，营造良好的社会风气。

生态文明思想作为思政元素，其本质就是育人，即培养学生良好的生态文明观。生态文明思想融入经济学课程当中应坚持"立德树人"原则，在人才培养的德育方面进行完善，培养出拥有良好生态文明观的经济学专业学生，使其能够利用所学的经济学知识，并结合生态文明思想，为社会主义事业贡献一份力量。

（二）有机融入原则

课程思政发挥思想政治教育功能在于将思政元素融入到课程内容当中，在课堂中发挥出育人的作用。要发挥出生态文明思想的育人作用，必须将生态文明思想有机融入到经济学课程当中。课程思政建设需要坚持有机融入原则，把握好生态文明思想与经济学各门具体课程的联系，思政元素应该是知识点的添加剂，能够提高学生思政教育与知识点的广度，同时要明确各类课程不能代替思政课程，课程思政是实现育人目标的一个补充、巩固。

坚持有机融入原则，要将生态文明思想融入经济学课程与思政课方向保持一致。生态文明思想作为思政元素，其思政教育方向与思政课方向必须保持一致，生态文明思想在经济学课程当中的教育理念要与思政课的教学理念有效结合，要将立德树人的教育理念融入到经济学课程当中，保证经济学课程与思政课同向前行，发挥出思政教育的协同效应。生态文明思想在经济学课程中是以经济学知识点为基础融入进去的，而思政课当中生态文明思想是讲授的内容之一。将生态文明思想融入到经济学课程当中时，不能将思政课的生态文明内容融入到经济学课程中，而是将生态文明的内涵融入到经济学知识点中，挖掘经济学知识点中所蕴含的生态文明思想，从而实现生态文明思想与经济学课程的有机融合。

坚持有机融入原则，要将各门经济学课程的生态文明思想联系起来。各门经济学课程并不是毫无关联的，而是存在着十分密切的联系，很多知识点都具有交叉。首先要将生态文明思想与经济学课程的培养目标联系起来，使生态文明思想与各门经济学课程有效衔接，做到在各门经济学课程的知识内容设计上体现出生态文明思想的教育理念。要让生态文明思想与经济学课程思政在方向上保持一致，就需要将各门经济学课程的教学理念与生态文明思想的理念进行有效的结合，求同存异，使得各门经济学课程当中体现出生态文明思想的不同内容，而各门经济学课程的政治方向、育人方向等保持着同向性，进而互相之间进行补充与完善，形成各门课程共同进行思政教育的协同效应。在将生态文明思想融入经济学课程的过程中，要运用马克思主义理论，确立正确的世界观和方法论，充分体现出辩证法的思想，把生态文明思想蕴含的种种内容与各门经济学课程的知识点进行有机融合，这样才不会使得生态文明思想仅在某门经济学课程中体现，或者各门经济学课程中体现的生态文明思想产生矛盾或者无联系，进而阻碍了学生充分理解生态文明思想与经济学的联系。

坚持有机融入原则，要将生态文明思想与经济学知识点有机结合起来。具体来说，生态文明融入到经济学课程是通过一个个蕴含生态文明思想的经济学知识点来体现的。生态文明思想是通过教师讲授一个个经济学知识点逐渐一点一滴地传入到学生头脑中，进而使其形成良好的生态文明观念，这就要求在将生态文明思想融入到具体的经济学知识点时要注重结合的质量、方式。有些经济学知识点虽然蕴含着生态文明思想，但是体现得比较薄弱，不适合在这个知识点中讲述生态文明的内容。有些经济学知识点蕴含的生态文明思想较为浓重，与生态文明理念密切相关，尤其是"发展经济学"课程的知识点。因此，不能为了思政而思政，一定要坚持思政是以专业课为基础，是结合专业课特点来进行思政教育，思政元素要与专业课知识点契合。在将生态文明思想融入经济学课程中时，要善于挖掘经济学课程中的生态文明思想，结合专业课特点，选择合适的内容切入，以专业课知识为基础，达到知识传授的功能，而生态文明思想作为思政元素融入，发挥出思政的育人作用，从而实现各门经济学课程与生态文明思想的有机结合，充分发挥出生态文明思想在经济学课程中的育人作用。要挖掘经济学知识点中蕴含的生态文明思想，结合现实情况，选择合适的知识点进行生态文明教育，在思政教育过程中一定要坚持隐性教育原则，即思政教育在专业课知识点的讲授中进行。

（三）隐性教育原则

课程思政不同于思政课程，思政课程是显性教育，而专业课程是隐性思政教育。隐性教育是指以讲授专业知识点为主，将思政元素纳入知识点中，随着知识点的讲授一并传入到学生头脑中，产生潜移默化的思政教育。在将生态文明思想融入到经济学课程思政中时，不要变成讲述生态文明思想而忘记了这是专业课，专业课知识是基础，生态文明思想只是依托于专业课知识所体现的观念。在将生态文明思想融入到经济学课程中时，首先在内容上，生态文明思想与经济学知识点的结合就不能生搬硬套，生态文明思想必须要和经济学知识点有着密切的联系，然后生态文明思想要围绕着经济学知识点来体现。例如，"发展经济学"当中的经济高质量发展就包括生态环境的改善，良好的生态环境会使人心情愉悦，带来正的效用，在讲到经济发展的概念时就可以涉及生态文明思想，切忌把专业课变成思政课。

课程思政是将思政元素巧妙地融入到课程当中，实现专业课与思政课的同向前行，将隐性教育与显性教育相统一，形成协同效应，实现全方位育人格局。实践证明，隐性教育是一种潜移默化且成效显著的教育方法，它所采取的主要方法是将思想政治教育分解融入到日常的教育教学当中。将生态文明思想融入到经济学课程当中，就要充分利用隐性教育的优点。学校的文化、价值观念当中应当蕴含生态文明思想，使大学生能在这种氛围、环境中被打动，能够主动积极地在思想和感情上产生共鸣，从而细雨润无声地将生态文明思想内化到大学生的思想行为习惯之中，起到潜移默化的教育效果，使大学生在不自觉的情况下形成具有良好生态文明观念的言行举止。一般而言，大学生不能从学习中有所实际收获就会产生厌烦心理，课堂效果就会大打折扣。隐性教育并未直接向学生灌输生态文明思想，而是将生态文明思想巧妙地融入到经济学课程当中，更容易受到大学生的认可。

课程思政的理念就是通过隐性教育把价值引领融入专业课教学当中，启发学生的认同感，增强专业课思政教育的协同作用。隐性教育重点是在"隐"，讲究的是潜移默化的情况下进行思政教育。这种隐性化教育不会引起学生的厌倦，反而会引起学生的自我思考。例如，经济学专业教师在课堂教学的过程中通过案例分析来阐述专业课知识点，对于涉及思政元素的知识点，可以注重真情实感与学生进行沟通交流，使学生积极主动地参与课堂学习，促进学生进行思考，实现在思考经济知识的过程中进行思政教育。

从教师自身来看，教师需要注重自己的言行举止，避免给学生留下不好的印象。教师在课堂教学中的言行举止，包括说话的方式、用词、行为等都会对学生产生潜移默化的影响。例如，一个教师注重卫生，那么学生也不好意思乱丢垃圾。教师可以以自己的实际经历作为案例，与学生分享其蕴含的经济学原理，并升华情感。从教学手段来看，新媒体、信息技术的发展深刻改变了学生获取信息、沟通交往的方式，并日益影响着学生的生活习惯和学习习惯。基于此，可以通过借助现代化信息技术把思政元素加入课程当中，可以借助图片、视频等进行教学。信息技术特别是互联网与教育教学的融合已成必然趋势，网络教学资源有很多，比如 MOOC、哔哩哔哩等都有丰富的教学资源，可以将思政元素融入经济学知识点中，转变成可听、可看、可思考的教学片段，改变填鸭式灌输，进而提高学生的学习兴趣。

（四）实践教学原则

知识来源于实践，能力来源于实践。习近平生态文明思想的不断发展就是在社会实践过程中不断积累、思考、探索得出来的。在经济发展的早期，发达国家走了"先污染后治理、牺牲环境换取经济增长"的老路，我国面对经济发展与生态环境保护之间的联系与矛盾，采取了不断完善生态环境保护的措施。随着经济发展，人类对自然环境破坏的范围和程度也加深了，我国对自然环境的保护也应当更为全面。现在我国对水资源、空气、绿化、生物物种多样性等多个领域都加强了保护，而这些都是在实践中才能知道生态的重要性，才能够加深生态文明思想，领会习近平生态文明思想的内涵。理论是从实践中总结出来的，是为了更好地指导其他人工作，而理论具有一定的局限性。理论是由人主观来总结的，因此每个人的主观性不一，理解也会有偏差，而客观事实却是不变的。实践能让学生更客观、更全面地了解事物。

如果要提高思政教育的效果，就要理论联系实践，在教学过程中强调实践是十分有必要的。实践教学作为经济学课程的重要环节，必须要在一定的理论知识学习后进行。经济学专业课和生态文明思想都要求理论和实践相统一，旨在通过实践来验证理论知识或者用理论知识指导实践，从而深化理论的认识和拓展个人对知识点的理解，并在实践中发现自己一些错误的认知和不对的观念。经济学专业属于人文社会科学，不同于自然科学的实践过程就是动手进行实验等，经济学专业的实践通常采取实地调研、网上搜索资料和查阅大量文献等方式。在实地调研的时候，人们能够了解当地的经济状况和当地的环境状况，而环境是衡量一个地区绿色发展的一个方面。教师根据课程的讲授内容，根据实际情况，可以带学生去实地调研，考察某个地区的发展等。

要以实践教学为抓手，培养学生良好的生态文明观念，规范学生的生态文明行为与习惯。在经济学课程中融入生态文明思想，目的在于使大学生能够自觉践行，把良好的生态文明的言行举止变成一种潜意识、一种自觉。对生态文明思想的理解需要以实践来支撑，如果能够让学生自己进行社会实践，得到的效果自然是好的，如果条件不允许，那么举例其他学者的实践调研或者我国社会发展的典型事实都能够加深学生对经济中生态文明的理解。可以通过各种实践活动，督促学生从日常生活细节入手，将生态文明思想融入生活的各个方面，融入经济学知识点中，让学生在实践中潜移默化地被生态文明思想所感染，内化于心，从而外化于形，为我国生态文明建设做出力所能及的贡献。

二、生态文明思想融入经济学课程思政对教师的基本要求

教师是课程思政的实施主体，而学生是课程思政的实施对象，其目的是将思政元素通过专业课隐性化地传递给学生，实现专业课的隐性政治教育。教师作为课程思政实施主体，是课程思政的关键，任何教学过程中没有教师的积极参与和支出是很难培养出高质量的学生的，教师在专业课教育和思政教育上起着关键作用。作为经济学专业的教师，应当具备丰富的经济学素养和经济学知识，同时具备良好的教学理念和教学方式。将生态文明思想融入经济学课程当中对教师提出了基本要求。

第一，加强生态文明思想的学习。"师者，所以传道授业解惑也"，教师要在经济学课程当中对学生进行生态文明的思政教育，首先就要求其对生态文明思

想具有较深刻的理解，从而才有教学生生态文明思想的资格。对学生进行思政教育前先对教师进行思政教育，然后通过课程再对学生进行教育。因此，教师队伍应当深刻学习习近平生态文明思想，了解生态文明思想的概念、内涵与价值等。

第二，提高教学技能水平。对于教师而言，提高学生的整体能力和学习成果是教学目的，要培养高质量学生的前提之一就是教师具有较高的教学技能水平。随着信息化技术的发展，教育教学方面都有所突破，有了更为先进的现代教学手段和教学形式。例如，MOOC精品课，教师可以充分利用网上的教学资源进行课外的教学补充。同时，教学不仅仅局限于教室，现在有腾讯会议、钉钉等众多会议平台，可以进行网上授课，在特殊情况（疫情等）下非常适合。教师要充分利用线上资源，利用信息化技术及其产品，提高学生学习效率。现在大学讲课通常用PPT，纯文字的内容很难让学生记住和产生印象，教师可以根据知识点的特性，选择性地增加一些图片、短视频来增加课堂讲授的生动性。教师要充分利用信息化技术在课程思政中的应用，激发学生积极性，引导学生深入思考。

第三，加强专业知识的学习。经济学是一门社会科学，其随着社会的发展而发展，像"微观经济学"的框架基本定好，而"宏观经济学"等经济学课程的框架并没有搭建好。除此之外，经济学的知识点虽然并没有发生大的变化，比如微观经济学的知识点基本未变化，但是其在社会的具体实践中已经发生了改变。教师加强专业课的学习不能仅停留在知识层面，也要加强经济学知识与社会实践结合的学习。生态文明思想融入到经济学课程中的基础就是经济学知识点，教师要加强专业知识的学习，才能将生态文明思想与经济学知识点更好地结合。

第四，转变教学认知，正确引导课程方向。课程思政的建设要求专业课也实现政治教育，不能使思政课"孤立前行"。经济学专业教师要充分认识到课程思政的重要性，了解到经济学课程是有思想政治立场的，尤其是目前主流的经济学教材、案例多来自国外，学生很容易受到西方思想中糟粕文化的影响。教师在讲授经济学专业知识时，需要确立思政教育在课程中的方向，增强人文社会科学的育人功能。教师应当端正自己的价值理念，要在道德上严于律己，同时要不断吸收新知识，不断丰富知识点的现代应用。老师要让学生有认同感、信任感，这样学生在教师的教学当中才会更加认真。在传递生态文明思想的过程中，教师可以和学生开诚布公地讨论，就像朋友之间的谈话一样，彼此可以说出自己的想法和观点。学生勇于说出自己的想法，那么教师就知道学生哪些方面思考得不全面、不深刻，就可以进行补充，这样可以强化学生参与课堂的意愿。

第五，改善教学方法，提升教学质量。课堂的教学方法会在一定程度上影响学生的学习成效。经济学课程不同于工科有那么多实操，大多数都是理论知识讲授和案例分析，那么改进教学方式是提升教学质量的一种优质方案。其一，案例分析法：经济学的知识点比较抽象，生态文明思想也比较抽象，因此需要通过具体的例子来进行案例分析，才有助于将抽象的知识点和思政元素具体化，便于学生理解，同时才能增强学生的学习兴趣和激发学生思考，使其领悟案例背后的知识性和人文性，深入分析案例所蕴含的原理。其二，启发引导法：通过问题引导学生进行思考，从而提高学生在课堂教学的参与性。

三、生态文明思想融入经济学课程思政对学生的基本要求

学生是课程思政的实施对象，高校教育的目的就是培养出高质量的学生。课程思政建设目的是全面提高学生质量。生态文明思想融入经济学课程不仅对教师提出了基本要求，还对学生提出了基本要求。学生作为课程学习的主体，是教育的实施对象，教育的目的就是提高学生的能力、塑造学生的价值观，那么学生应当积极参与课堂，理解事物本质等。

第一，积极参与课堂。思想和知识是不同的，思想有时候是隐含着的。对于课堂上的每个学生而言，可能存在对同样一个问题具有不同的认知，也有不同思想的表现形式。学生如果能够充分地交流，容易实现思想之间的互动和思想上的交换。在看待问题的时候，不同学生往往会从不同的角度进行判断和思考，说出自己的想法，能使其他学生的思想领域得到拓展，同时也能知道自身思考的局限性所在。学会参与课堂，表达对生态文明思想和经济学的知识点的看法和理解，要学会与其他学生进行知识上、思想上的交流和互换，提升自我的学习成效，对生态文明思想在经济学知识的应用具有更深刻的认识。

第二，理解事物本质。事物的本质是抽象的，生态文明思想也是抽象的。当用具体的文字、案例，在经济学课程中传达生态文明思想，只能体现出生态文明思想的某方面应用。学生在学习经济学知识的时候，要尝试理解生态文明思想的本质，只有理解生态文明思想到底是什么，才能将其很好地运用于现实生活，解决实际问题。不少学生不爱动脑思考，上课只是获取信息、获取知识，而不是升华为思想。学生不进行深刻思考，就难以理解或者拥有生态文明思想，只能了解生态文明思想在某方面的应用，不利于学生对经济学进行更广阔的认识，也不利于学生理解并解决具有学科交叉的实际问题。从生态文明思想与经济学的结合来看，现实中很多都与我们的生活息息相关。例如，当前我国社会的主要矛盾是：人民日益增长的美好生活需要和不平衡不充分的发展之间的矛盾。美好生活需要就包括对优美的生活环境、良好的生态环境的向往。从个人层面看，抽烟、乱扔垃圾等行为都是在降低他人在优美环境获得的效用大小；从国家发展来看，污染超标的企业、污染环境的行为都是对国家整体生态环境的破坏、对居民健康的

侵蚀。

第三，思想观念的转变。学习不在于学了多少知识，而在于驾驭所学知识的能力。人的时间是有限的，精力是有限的，记忆力也可能是有限的，人不可能学完所有知识。因此，学生在学习过程中，学习知识是必要的，更重要的是培养驾驭所学知识的能力。就物理学来说，能量守恒定律告诉我们减肥应当少吃食物，减少能量摄入，增加能量消耗。学习知识，一定要去掌握它在生活中的实际运用，而不是学了就忘，或者学了不知道怎么运用它。经济学课程的知识点虽然理论化，但是很多都能够解释现实情况，同时能够指导我们进行决策。例如，我们在网上浏览商品，选择商品的时候不仅要考虑产品价格，还要注意到自己浏览所花的时间，即时间成本。社会中存在这样一种现象，即男生购买商品所花的时间远远小于女性，这是因为男生并没有在浏览商品中获得很多效用，而主要是时间成本。

第三节　生态文明思想与课程思政的融合与教学设计——以发展经济学为例

一、发展经济学学科介绍

（一）发展经济学的产生

在第二次世界大战后，随着全球经济的不断发展，在西方国家形成了发展经济学这一重要学科。"二战"结束以后，许多国家先后赢得了政治独立，百废待兴，亟须发展本国的经济，当时的西方经济学家纷纷到发展中国家进行实地考察，深入研究发展中国家的国情以及经济发展情况，在这一背景下，发展经济学得到了迅速发展。发展经济学的兴起体现了发展中国家想要尽快发展经济的愿望，20世纪五六十年代的发展经济学主要有三种主流思想，其中包括强调资本积累的重要性、强调计划的重要性以及对"工业化"的重视。这一时期的代表经济学家主要有威廉·阿瑟·刘易斯、罗格纳·纳克斯和简·丁伯根等，他们从不同视角谈论了较不发达国家的经济发展问题，并提出了深刻的理论观点。值得注意的是，1949年，我国学者张培刚的博士论文《农业与工业化》较为系统地探讨了农业国家或发展中国家如何实现工业化的问题，对于这些国家如何实现工业化创建了系统的理论，为发展经济学在中国的发展做出了很大的贡献。

（二）发展经济学在中国的发展

自改革开放以来，发展经济学在中国得到了快速发展，1985 年谭崇台教授撰写的《发展经济学》是中国第一本系统地介绍西方经济发展理论的著作。此后，1989 年，国家教育委员会将"发展经济学"列为中国高等院校财经类专业核心课程。可以看出，20 世纪八九十年代发展经济学在中国开始发展壮大，各种相关的论文、教科书相继出现，发展经济学的观念也因此深入人心，并对我国经济发展政策的制定产生了极大的影响。21 世纪以来，随着国际之间的合作愈加密切，经济全球化逐渐成为世界发展的主题，发展经济学的内涵得到了进一步的丰富，中国在发展经济学理论的指导下，经济进入繁荣发展阶段，并形成了我国特有的经济发展道路，即社会主义市场经济道路，从而进一步丰富了发展经济学的内涵。陶文达教授就曾表示，能够解决发展中国家的贫困与落后问题以及经济发展过程中各种矛盾的只有概括马克思主义立场、观点和方法建立的发展经济学。中国近些年经济发展的实践，为发展经济学的研究以及创新提供了新的机遇。2009 年，林毅夫首次提出"新结构经济学"的概念，新结构经济学主要研究的是经济结构的决定要素、内生变化以及经济结构对经济发展的影响，这可以认为是发展经济学的第三次兴起。新结构经济学其基本思想是发展中国家或地区应在考虑自身要素禀赋结构的基础上，大力发展其具有比较优势的产业，并强调了政府在市场调控中的重要性。2017 年，林毅夫教授做了题为《新结构经济学、自生能力与新的理论见解》的报告，这标志着新结构经济学在中国发展经济学界获得了认同。相信在未来，中国的发展经济学学者们会继续将我国的发展经济学研究推向一个更高的高度。

二、生态文明思想融入发展经济学课程思政的内容设计

环境保护政策的制定不仅关系到环境本身，更关系到我国资源环境的可持续发展、我国经济的可持续发展以及如何将生态文明理念深刻融入到经济、社会、文化等各个方面政策的制定中去，这是当下尤为重要的内容，因此，在人才培养的过程中，必须不断灌输生态文明思想的观念，才能实现思政教育与专业知识的有机融合，从而有利于学生的全面发展。

发展经济学作为经济学重要的分支学科，在其中融入生态文明思想是十分重要的。发展经济学关注更多的是发展中国家的经济发展、工业化等问题，而以往的经验告诉我们，一味地关注发展而不注重环境保护的经济发展政策是不可取的，是不利于可持续发展的，只有走可持续发展的道路，才能保证一个国家的经

济持续健康地发展。在制定经济政策的同时应考虑资源环境的承载能力，否则会造成资源的过度浪费。在发展经济学的教学过程中融入生态文明思想，可以让学生形成合理利用资源、经济政策与环境保护同时发展的思想。本章将以发展经济学为例，分析生态文明思想与专业经济学课程的内容设计方案。生态文明思想是当今各国发展过程中都应考虑的社会思想，其与中国特色社会主义的经济、文化、政治建设等相融合，能够促进我国经济向可持续方向发展，将生态文明融入高校经济学课程当中，可以使更多的学生自发性地加入到生态文明建设的行列中。

在发展经济学教学中，目前选用由德怀特·H.波金斯编写、中国人民大学出版社出版的《发展经济学》（第五版）作为教学用书的较多。在教学过程中从人力资本、可持续发展、农业与工业发展三个方面来融入人类生态文明思想，将生态文明思想融入发展经济学课程，不仅可以帮助学生开阔眼界、丰富知识储备，而且可以提高学生利用理论知识解决现实问题的能力，能够让学生将发展经济学知识与生态文明思想融合在一起，进而对经济的发展方式与发展路径有一个正确的看法。将人力资本与生态文明思想结合起来，可以帮助学生了解人与自然的关系以及如何处理两者之间的关系；将可持续发展与生态文明思想结合起来，可以强化学生对国家经济发展支柱产业的认知，并促使其今后在从业时，将生态友好、环境友好的思维应用到工作中去，从而为我国经济的绿色发展奉献出自己的一份力量。

（一）发展经济学人力资本知识点介绍

在发展经济学中的人力资本这一章，可以从人口增长带来的影响以及环境引起的健康问题两方面来融入生态文明思想。

首先是人口增长带来的影响。在经济发展的进程中，人不仅是经济水平提高的受益者，而且人也在为经济发展做出自己的贡献，人口的增加意味着劳动力的增加，也意味着有更多的人解决社会所面临的种种问题。以前对人口的研究大多数集中于数量方面，考虑人口的增长对经济、社会等的影响，但对质量方面的影响却没有太多研究。大多数研究为了简化模型，通常假定劳动力是同质的，这样得出来的结论虽然有一定的理论意义，但是却不能解释现实生活中的实际问题。在经济发展过程中，不仅只有人口的数量增长是重要的，而且，人口的智力、才智等方面也很重要。因此，对于人口的教育问题一定要重视，整体的教育水平提高才能更有利于经济发展。人口的迅速增长对城市化也造成了影响，城市化的进程增加了社会必须负担的费用，人口的激增可能会阻碍人均收入的增加，相较于土地、自然资源，人口的密集可能会导致收益递减现象的发生。在许多不发达国家，人口的空间分布是一个令人关注的问题。在人均收入较低的国家，绝大多数人口都生活在乡村；在中等收入和高收入国家，人口的大部分则居住在小城镇和大城市中。在收入较低的国家，农村居民会大量向城市迁移，并造成了城市的过度拥挤，引发了一系列的问题。农村居民大量向城市迁移的主要原因是城市的收入较多，教育水平相对较好，社会保障较全面。因此，阻止农村人口向城市迁移是很困难的。同时，城市的人口激增也带来了一系列的问题，例如交通拥挤、公共资源的挤占等，城市的环境也面临着很大的压力。如何正确处理人口迁移与城市环境保护之间的关系，是一个非常重要的话题。除此之外，人口迅速增长对环境的影响也应给予重视，人口的迅速增长，不仅对环境造成了很大的压力，而且也加速了对于不可再生资源的消耗。

其次是环境导致的健康问题。在发展中国家，由于环境恶化所引发的疾病、营养不良以及医疗水平的落后导致的疾病和死亡等问题，容易造成疾病的产生和人的过早死亡。在人均收入水平较低的国家，环境卫生问题主要有供水污染、粮食和土壤污染等，例如，由于污水处理系统的不完善，自来水在运输过程中被污染，居民不能享受到安全的公共饮用水。在较不发达国家，许多疾病都是由于饮水安全问题引起的，这些病对于婴幼儿有极大的危害。还有一种环境导致的健康问题是由于住房问题引起的，有些住房，尤其是农村地区的住房，存在空间小、通风差、阳光少等问题，这些住房加速了以空气作为传播媒介的疾病的传播。因此，解决废弃物处理和供水问题十分重要。在发展中国家，在疾病的治疗手段未成熟之前，环境卫生的改善与疾病的减少有着密切的联系。

正确认识到人与自然的关系以及资源的稀缺性是十分重要的，将有关人与自然关系的生态文明思想引入发展经济学课程教学中，有助于培养学生形成爱护环境、人与自然和谐相处的思想。

（二）将人与自然生态文明思想融入发展经济学课程

1. 从人与自然思想的演变谈人口增长以及带来的环境问题

全课程可以采用"现象—原因—本质—思政"层层推进的教学设计思路，培养学生从"观察现象"到"分析原因"，再到"理解本质"，最后通过课程思政的融入丰富课程的内涵，让学生在掌握相关理论知识的同时对生态文明思想形成全面的了解，从而塑造其正确的价值观与生态观。近年来的人口增长问题引起了全世界的关注，人口增长对环境所带来的一系列影响也不容忽视，通过对人口增长影响环境的过程以及结果进行分析，找出两者之间关系的本质，提出如何解决人与自然之间关系的解决方法十分重要。同时，可以融入目前国内国际的研究热点，启发学生从热点问题入手研究现实问题，在思考中寻找答案，激发学生对专业知识的学习兴趣。可以从人与自然的思想演变过程分析人类对于自然界的认识水平与认知能力的提高，以及人类对于自然界的态度，还可以从不同时期人与自然思想的演变与发展的角度解释人与自然和谐相处的必要性，因为人与自然的关系思想是在经历了很长时间的发展之后，才逐步演变成如今的生态文明思想。本书将按照黑格尔—马克思—习近平的演变思路，将生态文明思想融入发展经济学课程当中。

2. 黑格尔人与自然思想融入发展经济学课程

在对"人类如何对待自然界"这个问题的回答中，黑格尔把人类对待自然界的方式分为实践态度和理论态度。实践态度解决人如何更好地使自然界满足自身需求的问题，理论态度解决自然界的真实面貌是什么的问题。黑格尔认为，自然事物是有属于自身目的的存在物，它们的存在方式取决于其本性。黑格尔反对外在目的论、坚持内在目的论的思想分别体现了生态哲学的重要观点，即反对人类中心主义、承认自然事物具有内在价值。

可以将黑格尔对于人与自然能动性的理论融入到认识教育的重要性中去。国民教育水平的提高能够正向促进经济发展，而经济的发展与自然界是密不可分的。只有正确认识到人与自然的关系，才能在经济活动中正确处理人与自然的关系，合理使用自然界的资源。可以以人口教育问题的重要性为切入点，说明教育对经济发展的重要性，将对人与自然之间关系理解的必要性融入其中；可以教导学生辩证地看待问题，学习哲学家的批判精神，辩证性地看待事物，从而对事物有一个客观而全面的了解。

3. 马克思人与自然思想融入发展经济学课程

马克思提出了关于人与自然关系的创新思想，阐述了实践中的自然人性化概念。首先，他提出人是产生于自然界的，同时人是从属于自然界的。人的生活资料要靠自然提供，而且人的精神生活与自然也是不可分割的，这就明确指出了人的生存与发展是离不开自然环境的。其次，他提出人可以通过自己的劳动去改造自然界。最后，他强调在改造自然的过程中人类可以发挥自己主观意识的作用。人改造自然的过程具有主动性，应当发挥自己的主观能动性，并且遵守自然法则。

根据马克思的人与自然思想，可以把人口快速增长的危害融入课堂，因为人口增长所带来的城市化问题越来越明显，而过多的人口给城市带来了很大的压力。在论述城市化造成的影响时，加入马克思的人与自然关系的思想，提出城市化对自然环境造成的影响，从而说明自然界的承受限度是有限的，大批量人口的迁移意味着人口与资源的不对等。在教学过程中，将马克思关于人与自然的关系、自然资源利用的思想融入到城镇化发展所带来的压力当中，鼓励学生思考城镇化进程的利弊，从而使学生更深刻地理解人口的过度增长所带来的负面影响。

4. 习近平人与自然思想融入发展经济学课程

在我国经济快速发展的同时，人民对美好环境的需求也越来越强烈，生态环境对民生事业的重要影响不言而喻，让人民都能享有更优美的环境是当前迫切要完成的任务。为了实现可持续发展，要意识到保护自然也是保护我们自己，自然界是人类生存之本，如果自然界遭到破坏，那么对人类的生活也会造成很大的影响。习近平总书记在全国生态环境保护大会上强调，我们要"像保护眼睛一样保护生态环境"。

可以将习近平生态文明思想融入到环境所引起的健康问题这一章节，由发展中国家所面临的公共安全问题延伸到我国，对我国目前的公共用水、粮食安全问题进行简单介绍，并对环境问题对人类的身体和精神危害进行介绍。近年来我国的环境不断改善，天变蓝了，水也变清了，将习近平关于人与自然关系的理念融入课程教学中，将习近平生态文明思想融入课程中，可以使学生深刻理解近年来我国环境问题得到的改善以及所发生的变化，还可以鼓励学生畅所欲言，说出自己这些年所感受到的环境问题的改善，从而使学生能更深刻地理解保护环境的重要性。最后归纳总结思政与专业课程的结合点以升华课程，培养学生爱护自然环境的意识。

（三）将可持续发展思想融入发展经济学课程的内容设计

1. 发展经济学可持续发展内容介绍

每个国家的环境，如大气状况、水资源等也是有价值的自然资源，但是人类的经济活动所产生的废弃物等造成了严重的环境污染，环境污染对人们的身体健康有着很大的损害。正如前文所提到的，环境污染会导致严重的健康问题，例如，水资源的污染会导致疟疾等疾病的传播，空气中的粉尘、可吸入颗粒物的排放加大了人们患上肺部疾病的风险，水土流失、乱砍滥伐等现象会导致经济的实质性损失，而自然资源的匮乏、越来越多的动物灭绝等所带来的损失是不可估量的。很多人认为经济增长和环境保护是互不相容的，因为在一些情况下，保护环境需要付出很大的代价。例如，工业企业虽然能加快一国的经济发展，但是其也对环境带来了很大的破坏，后期的污染治理成本是巨大的，且环境的污染对本国居民的身体和心理健康也会造成很大的伤害。然而在更多的情况下，经济增长和环境保护是可以共存的。减少对环境的破坏可以有效降低生产成本，并直接提高经济产出和社会的福利水平。例如，减少空气和水污染可以促进旅游业的发展，同时还可以增加农业产量。

如果资源消耗的速度快于人造资本能够补充或替代它们的速度，那么发展就是不可持续的。大多数的公共资源是可再生的资源，即在一定时间内，它们能够自我再生。例如，牧场每年都能长出新草，鱼类每年都能繁殖后代，植物也可以通过传粉等途径繁殖下一代。

当一个国家在创造收入时，其也在消耗自然资本，则其未来创造收入的能力会被削弱，除非其自然资本可以用其他东西来代替。现在，对于一个人口保持不变的国家来讲，消费永久地维持在一个恒定水平（增长率）上，才能实现经济的可持续发展，这也就意味着一国的后天资本要补充该国消耗的自然资本。这样的发展意味着主要依靠有关自然资源的部门，如农业、渔业、石油业等的削弱，以及其他行业如制造业、服务业、建筑业等的兴起。事实上，这种模式也是符合大多数人预期的，当一个国家依靠自然资源发展起来后，其所赚取的净收益等便为其他不那么依靠自然资源的产业提供了资金支持，这些资金有利于第二和第三产业的发展壮大。

对于那些几乎完全依靠自然资本作为收入来源的国家，这一转变是困难的。因此，这些国家将其投资实现转移到了国际资本市场的债券和股票或者其他国家的工业中。以后天资本代替自然资本的方式虽然可以使一国达到可持续发展，但是这种方式不可能是永远有效的，第二和第三产业的发展也需要使用自然资源，如果技术没有持续进步以减轻对自然资源的依赖的话，那么自然资源还是会有耗尽的可能性。

近年来，国际间的贸易和环境质量之间的关系越来越引起人们的重视，其核心是各国经济发展水平的不同以及环境规制水平的差异。Baumol 和 Oates 在 1988 年提出"污染天堂假说"，其认为贸易的全球化会使碳排放较高的产业从环境规制强的国家转移到环境规制弱的国家，从而会使环境规制弱的国家成为"污染天堂"。发展中国家的政府担心发达国家国家利用关税和其他规定作为一种伪装，以保护发达国家产业躲避国际竞争。一些人提出建立全球统一环境标准，关键问题在于这些标准由谁来设立，以及它们怎样实施，这一问题的提出是基于以下两方面的考虑。一方面，过于严格的环境规制可能会增加企业的生产成本，从而减少收益；另一方面，企业收益的减少会削弱企业的竞争力，从而使企业在国际竞争中处于劣势。这两方面的影响可能会导致企业转移到别的国家，但是有学者提出，通过改善综合治理以及技术革新等手段，环境管制可以改善企业的生产率。因此，对发展中国家的环境规制会增加生产成本、阻止企业参与国际竞争的担心显得言过其实。此外，严格的环境规制也可能会减少某些产业的成本，例如依靠自然资源的产业可以从环境污染的改善中获利。同时，环境的改善会使本国人民的健康状况得到改善，从而提高整个国家的生产率。

环境保护存在着时间成本，即加强对环境的保护或者放弃对环境的污染都需要承担现时的成本或者现在产量的损失，但是其在将来可以获得更多的环境利益。生态环境的改善对企业来说是有外部性的，大多数的环境价值是无法度量的，并且也无法在市场中进行交易。因此，企业在生产过程中很少会自觉考虑对环境造成的影响，这也就是人均收入较低的国家没有发达国家重视环境保护的原因之一。

2. 从多维生态文明思想角度谈可持续发展

1987 年世界环境与发展委员会发表的报告《我们共同的未来》对可持续发展理念的定义是目前被广泛接受的，即"能满足当代人的需要，又不对后代人满足其需要的能力构成危害的发展"。可持续发展理念对于当今污染日益严重的地球有着十分重要的作用，因此，为了帮助学生奠定好理论基础从而在未来更好地投身于工作岗位，在可持续发展理念中融入课程思政是十分重要的。

课程开展从"现象—本质—机理—思政"的逻辑思路展开，培养学生通过现象观察本质，以揭示事物内在发展规律。通过对现象的观察，本质的分析，再到机理的揭示，使学生深刻理解可持续发展的定义以及理念，将所学知识应用于实际，做到融会贯通。同时，在课程中加入联合国等发布的可持续发展理念，加深学生对可持续发展的理解。在本章中，提倡将恩格斯的可持续发展理念、福斯特的社会变革与生态革命思想，习近平的生态全球论以及"两山论"这些生态文明思想融入发展经济学课程。

3. 恩格斯可持续发展思想融入发展经济学

首先，恩格斯认为人类不能无限制地向自然界索取资源，人类不能沉迷于征服和讨伐自然，要与自然和谐相处。其次，他认为人是自然的一部分，人要正确认识和运用自然法则。最后，恩格斯认为人类是自然界长期发展的产物，自然界对人和社会来说具有一定的基础作用。由此可知，恩格斯认为要树立人与自然环境相统一的可持续发展观。

人类与自然是互相依赖又互相制约的。一方面，人类通过自己的活动，从自然界获得各种资源，并在各种活动中改变自然、利用自然，促进了人类的进步与发展；另一方面，基于现有的科学技术水平，自然界所能利用的资源总量是有限度的，只有尊重自然界的规律，才能更好地利用自然规律为人类带来利益。

首先，可以讲解发展经济学知识部分，从可持续发展理念的演变发展入手，引导学生了解践行可持续发展理念的重要性，通过对当今世界可持续发展潮流的介绍，鼓励学生努力学习专业知识，将来为我国的可持续发展事业贡献自己的一份力量。其次，引出马克思、恩格斯可持续发展思想，在此可再增加恩格斯思想的历史性探讨，如该思想的形成思路、对当时学术界的影响等，引导学生对可持续发展思想形成的必然性与偶然性进行思考。例如，我们对未知世界的探索过程，就是与未知世界不断建立联系的过程，需要综合已知的知识，综合不同学科的应用。教师可以深化对可持续发展的定义以及定义方式的认识，增强学生的专业认同感和社会责任感，并潜移默化地使学生形成可持续发展的理念。

4. 福斯特社会变革与生态革命思想融入发展经济学

福斯特是美国著名的生态思想家，福斯特认为，一些国家为了保护本国的环境，企图将污染高的企业转移到其他国家，并用解决环境问题为借口，阻碍这些国家的发展。福斯特对该种行径进行了深刻批判，他认为资本主义国家把这些高污染但是能给本国带来高利润的企业迁到发展中国家的行为是将环境污染的后果转移给了其他国家，因此，若想摆脱生态危机，必须进行社会变革和生态革命。

首先，福斯特认为资本主义制度是导致生态环境问题的原因，资本家逐利的本性使他们大肆扩大生产规模，过度消耗自然资源，破坏了自然界的平衡，在资本主义制度下，这种矛盾是不可调和的。因此，要解决生态问题，必须首先进行社会变革，建立生态社会主义，强调人与自然和谐共处与可持续发展。

其次，福斯特认为，若自然资源成为私有资产，那么人们会为了经济价值对自然界进行无限度的开发。因此，必须要进行生态革命，使人们认识到要自觉保护生态环境，阻止生态环境的恶化。为此，要在全国范围内进行集中化管理。福斯特想表达的观点是：生态危机的解决不能靠资本主义范围内的经济与技术途径，而应进行社会变革，建立以人为本的生产方式，同时通过生态革命最终实现人与自然的和谐发展。

此时，可以讲解可持续发展所带来的第一、第二、第三产业的变革，从各个产业的发展对可持续发展的影响出发，重点突出技术变革对于环境治理的重要作用，从而引出福斯特的生态革命思想，引导学生对三次产业比重不同国家的可持续发展道路进行思考，从而培养学生主动思考问题、从问题中寻找答案的能力。通过国际间的污染转移现象，引入福斯特的社会变革思想，再加上对于社会主义制度优越性的思考引导，使学生认识到，若想实现世界范围内的可持续发展，对于资本主义国家来说，必须要进行社会变革。

5. 习近平的生态全球观、"两山论"思想融入发展经济学

保护生态环境是世界各国人民的共同目标，需要世界各国人民携手努力，习近平指出"只有共商共建共享，才能保护好地球，建设人类命运共同体"。这一论断基于过去人类治理环境的经验教训，在建设人类命运共同体的目标下，为全世界人民共享生态文明成果指明了方向。建设生态文明，仅凭某个国家的力量是不行的，生态文明建设是关乎人类未来生存的大事，只有全世界的国家携起手来，朝着保护生态环境的目标共同前进，环境问题才能得到解决。习近平总书记倡导世界各国共同努力保护地球生态环境，共建清洁美丽的世界。生态全球观在

顺应了可持续发展的同时也体现了中国的担当，而世界范围内的环境治理并非一日即可完成，还需要循序渐进、各国协作，才能实现最终目标。

生态环境与生产力发展水平是不可分割的，只有生态环境改善了，生产力才能更好地发展。我国目前对于生态环境与生产力之间关系的认识是生态环境的改善也可以促进经济发展的进步，只有保障一个优美的生态环境，才能促进经济更好、更快发展。习近平在2005年第一次提出了"两山论"的论断，他不断强调生态环境的重要性，以及生态环境在经济发展过程中所占的地位。他对这"两座山"的认识是一个逐步深化的过程。"两山论"的理念，一方面，要求尊重自然，顺应自然，遵循自然规律，建设良好的生态环境；另一方面，要求在不破坏自然环境的基础上，更好地利用自然资源，不断促进经济的发展。这一理念体现了人与自然可以和谐共生的本质，强调了生态环境与发展生产力之间密不可分的关系，同时也指出了两者和谐共生的路径。

首先，可以讲解"污染天堂"假说，并加入相应的案例分析，加深学生对理论学说的理解，让学生意识到单一国家的环境治理是不能够解决世界范围内的环境问题的，只有所有国家都担负起污染治理的责任，才能够实现全球的可持续发展，从而引出习近平的生态全球观。生态环境的治理需要全世界人民携手努力，要建立"人类命运共同体"的理念，加强国际间的合作，同时再向学生列举近些年来我国为世界的生态环境治理所做出的贡献，从而让学生领会到中国的大国担当与大国风范。

其次，通过环境保护的时间成本知识点，提出如何平衡环境治理与经济发展的问题，引导学生主动思考，引入习近平的"两山论"，并举一些我国近年来的环境与经济平衡发展的例子，从而体现各地对于"两山论"的践行，让学生认识到保护环境与发展经济是互不冲突，可以共同发展的。

（四）将生态文明思想融入工业与农业发展的内容设计

1. 发展经济学农业与工业内容简介

（1）农业部分。农业部门以规模为特征，因此它在将生产要素尤其是劳动力投入其他部门方面发挥着非常重要的作用。仅靠城市人口的增加或者输入的劳动力很难满足经济发展的需要，因此，农业部门的劳动力是十分重要的，农业部门是经济增长所需资本的主要来源。根据一个国家不同的基本情况，即该国家是地多人少还是地少人多，那么所出现的技术发展情况可能会存在明显差异。地多人少的国家需要考虑的问题是如何在农村劳动力有限的情况下获得最大的产量，地少人多的国家则需要考虑的问题是如何提高土地的生产率。根据国家基本情况的不同，国家所需要涉及的技术也就不同，这些技术可以分为机械系列的和生物系列的。机械系列指使用拖拉机、联合收割机以及主要取代离开农场到城市去的劳动力的其他形式的机械，生物系列指通过使用经过改良的作物品种提高产量。

（2）工业部分。工业化的两种功能对于任何发展计划都是很重要的。首先，高生产率是提高人均收入的关键。其次，制造业可以实现有效的进口替代，增加出口。工业化和农村发展是互利的，工业为农业提供化肥和简单的农业设备等农业投入品，以提高农业生产率。如果国内的制造业是有效率的，那么这些投入品的价格将低于进口产品的价格。农业也为制造业提供了棉花、橡胶等制造原材料。此外，农业和工业也相互提供了消费品市场。同样地，由于工业的不断发展，城市收入水平也在快速增长，人们的食品需求不断提高，从而激励农业的产量增加以及生产率的提高。

发展中国家发展工业的另一个重要目标是减少对进口商品的依附。如果一个国家希望不进口基本商品也能生存下去，那么它就必须建立工业结构完整、生产能力强的农业。如果想排除外国政治和文化的影响，就意味着一国必须生产它所需要的一切。然而，只有在商品生产种类繁多的国家足够有效率，并且某些外国商品可以在国际市场上获得时，上述做法才是有益的。尽管多方建议减少实施保护主义政策，代之以促进效率、就业和公平，但是对一个国家来说，拥有现代工业的愿望是十分强烈的。在某种程度上，现代化的制造业本身就是一个目标。

2. 马克思关于科学技术的研究融入发展经济学

首先，为了帮助学生深刻理解农业与工业的关系以及两者在国民经济发展中的重要性，可以以课本中的理论知识为基础，以不同经济水平的国家农业与工业发展为主线，将与教科书知识内容紧密相关的生态文明思想融入课程，开拓学生视野，增长见识，激发学生对发展经济学的兴趣。其次，学习不能局限于课本和课堂，课外学习也同样重要，可以介绍自中华人民共和国成立以来的农业与工业发展历史与现状，激发学生学习兴趣，并融入马克思关于科学技术的生态思想，使学生深刻体会科学技术发展对于国家的重要性，强化其科技报国理念，同时融入自然生产力与循环利用的生态思想，让学生理解循环利用的重要性，深刻感受自然生产力的作用，从而加深对农业与工业两者关系的理解。最后，在关于循环利用的知识点讲解中，可以引入习近平的生态整体观，让学生对我国目前环境的整体性治理有一定的了解，引导学生夯实发展经济学基础知识，教育学生深刻理解发展经济学的学科特点，培养其正确的生态观念。

科学技术的发展具有双重的影响效果。一方面，科学技术的不断发展，不仅会带来劳动效率的提高，还会创造更多的物质财富与精神财富；另一方面，虽然科学技术推动了经济社会的发展，人类在这一过程中挖掘了未知的自然环境资源，但是社会经济的发展让人们对自然环境资源的需求不断增加，给自然造成了一定压力。

马克思认为，在科学技术不断发展的背景下，资本主义社会的方方面面都发生了巨大的变革，最明显的是人们对自然界的利用以及支配，人类不再满足于过去对自然的崇拜与敬畏。此时，自然界成为人类社会的助力，资本主义社会重视自然环境的作用，将自然界看作社会发展必需的基础性因素。马克思在《资本论》中对科学技术的积极作用进行了说明：一方面，生产力与科技是密不可分的；另一方面，科技的使用和进步使社会资源的高效利用成为可能，从而促进社会资源实现其全部的作用和功能。科技的发展让我们高效地处理生产过程中的废弃物，实现循环利用。然而，科学技术的发展对生态环境也有负面影响。关于这一点，马克思也展开了大量的论述，即资本主义社会的不断发展，使其对生产发展的需求越来越多，在这种情况下，也加大了对自然环境的压力，资产阶级为了自身的发展，不断索取自然资源，对自然造成了很大的破坏。

可以把当今世界的科技发展现状融入马克思关于科学技术的思考当中。现如今，不管是农业还是工业，科技化程度都不断地提高，科技水平的进步在提高生产率、为我们生活带来极大便利的同时，也对环境造成了一定影响。因此，在关于产业发展所带来的科技发展方面，可以融入马克思关于科技进步带来的正面及负面影响，从而培养学生客观看待事物的能力，鼓励学生主动思考科技在生活中的应用，体会科技为我们生活带来的便利以及其所带来的负面影响，从而客观辩证地看待科技进步。同时，教育学生科学技术的发现和发展是不以人的意志为转移的，每一项科技的发展，都有国家强大的经济基础、安定的社会环境和优良的教育体系等因素作为支撑，从而培养学生的爱国意识，鼓励学生将来为国家做出贡献。

3. 马克思关于自然生产力与循环利用的研究融入发展经济学

马克思认为：一方面，自然生产力是生产力发展的条件；另一方面，自然生产力必须依靠社会生产力的作用。自然资源的总量是有限的，在人类社会活动的发展过程中，对于自然资源的需求是不断增长的，在人类对自然界无限度的需求与自然界有限度的总量的矛盾下，自然资源的丰富性与多样性就会不断减少。因此，若想让自然资源更好地为人类社会提供服务，必须要对自然资源进行循环利用。

在资本主义社会的发展中，资本主义生产对自然资源的需求是不断增加的，且其没有意识到对使用后的自然资源要进行恰当的处理，而只是将废弃物随意丢放，这些行为不仅污染了生态环境，这些废气、废水还会通过多种途径影响人们的身体健康，因此，对废弃物进行分类处理是十分必要的。

马克思认为资源的循环利用，主要是对生产的废弃物的再利用，这可以对农业与工业产生重要影响。对于农业发展来说，废弃物的循环再利用可以减少对自然环境的二次破坏，让土壤发挥其更好的作用。对于工业来说，废弃物的循环再利用可以降低同一资源生产与使用的成本，在生产成本较低的情况下，这个产品的市场竞争力与优势就会大大增加，从而实现工业的快速发展。

可以在工业与农业两者之间关系的知识点里引入马克思关于自然生产力与社会生产力的关系，从而让学生从理论与实践角度理解工业与农业的相互依托、互利共生关系。工业与农业是不可分割的，农业为工业提供了其所需要的原材料，而工业产品也为农业提供了所需的肥料以及机械设备等，农业与工业两者缺一不可，一者的发展同时可以促进另一者的发展，而当今产业的迅猛发展造成的资源浪费是不可忽视的，因此在课程中融入马克思关于资源的循环利用是很有必要的。鉴于两者之间的紧密联系，对于废气资源的处理不仅对于其中一个产业有积极影响，还会因为两者之间的联系而对另一个产业产生积极影响。对于资源循环利用的生态思想的引入，可以让学生从生活中的小事做起，减少资源的浪费。

4. 习近平关于生命共同体思想融入发展经济学

在生态环境治理工作中，习近平总书记反对"头痛医头、脚痛医脚"的治理方法。山水林田湖草是一个生命共同体，各个生态系统相互依赖，因此要将其作为一个整体，将这些独立的系统联系起来，进行整体治理。对于生态文明的建设工作，不能片面地看待问题，一定要从全局出发，如此才能对生态系统进行全面、系统的治理，从而促进良好生态系统的建成。"生命共同体"这一理念的提出，为我国生态环境治理找到了新方向。要进行生态文明建设，必须对生态系统进行系统化的修复，不仅要对山水林田湖草进行系统化、整体化建设，而且生态文明的建设也应遵循这一思想。

习近平的生态整体思想将各个生态系统看成是一个整体，由于生态系统之间是相互联系的，因此从整体的角度对各个生态系统进行治理是更有效率的，可以将习近平的这一思想融入到农业的知识点中，因为在农业的发展过程中，不可避免地会对周围的生态系统造成影响，深刻理解"山水林田湖草"是生命共同体是十分必要的。同时，可以在课程中加入我国对于各个生态系统的治理成果介绍，让学生深刻感受到生态系统是一个整体。

在大学课程中融入生态文明思想的课程思政是建设美丽中国的客观需求，发展经济学课程作为一门重点经济学科，包含着众多的生态思想知识点，同时蕴含着丰富的生态文明理论，在当今时代，正确处理经济发展与环境保护的观念也在不断完善，教师在课程中应充分发挥发展经济学课程的优势，深入挖掘和提炼课程中可融入的思政元素，同时结合目前的国际国内生态治理现状，挖掘其与学科之间的关系，引导学生从多元角度思考人与自然的关系。

三、生态文明思想融入发展经济学课程思政的教学设计

生态文明思想融入发展经济学课程思政的教学设计，要以教育部颁布的《高等学校课程思政建设指导纲要》为指导，采取"明确培养目标—构建课程体系—思政教学效果评价"的路线进行教学设计，同时在进行教学设计的过程中，要意识到高校课程思政的融入，仅靠生搬硬套是不能达到预期效果的。因此，要对课程思政的融入进行科学的设计，保证在完成专业课程教授的基础上，自然融入课程思政元素，从而达到课程思政融入专业课程的预期效果。

（一）明确制定课程思政的目标

教师在制定发展经济学课程思政融入的目标时，应努力构建专业课与思政教育之间的联系，对于生态文明思想的历史与演变，以及当代生态文明思想的内容应在课程目标中得到充分体现。因此，在发展经济学中融入课程思政是十分必要的。在课程思政融入专业课程的过程中，既要保障专业知识的教学效果，又要确保课程思政能够与专业知识高效地结合在一起，因此教学目标除了专业知识熟练掌握外，还必须根据可融入其中的思政元素确定课程思政达成指标，同时对于不同的章节，应根据章节的特点将课程思政分解到对应的教学设计中，并具体设计各章节的课程目标。

（二）构建发展经济学课程思政教学体系

1. 挖掘可融入的课程思政元素

根据发展经济学的各个章节知识点，教师应充分发掘其中所蕴含的思政元素，对发展经济学中所蕴含的思政知识进行系统梳理，充分将课程思政与专业知识结合在一起，将以人与自然思想、可持续发展思想、生态全球论与循环经济思想等为主体的生态文明思想导入发展经济学课程，再将课程思政元素充实到课程内容中，设计出课程思政自然融入专业课知识的体系，同时在教学时要注意发展经济学知识与生态文明思想两者的辩证关系，使两者在结合的过程中做到有机融合，这样才能达到课程思政的教学效果，增强学生学习的内生动力。

2. 利用案例教学提高发展经济学课程思政教学效果

在发展经济学教学过程中，加入适当的案例教学可以提高课程思政的教学效果。发展经济学主要研究的是较不发达的国家如何能实现工业化，现实中许多不发达国家的发展情况都可以从发展经济学中找到理论支撑，同时经济学理论又可以在现实生活中得到验证，两者是相辅相成的关系。因此，在将生态文明思想融

入发展经济学教学过程中，应将两者有机结合起来，通过生动的案例教学，不仅可以使学生理解专业知识在现实生活中的运用，还可以更好地将课程思政融入其中，从而实现课程思政的教学目标。

3. 多种教学方式结合使用

目前大学很多课程的教学模式都是教师教授，老师将专业课知识分界成不同的章节进行讲授，学生在课堂上与老师没有更多的互动，这样的教学是低效的，可能导致学生学习能力不足，缺少主动思考的能力，同时实践能力、团队合作能力等也得不到提升，在这种情况下，课程思政的融入也不能达到很好的效果。因此，教师在教学过程中，应认真解答学生的疑惑，采取调查研究等方式，选取合适的课程教学方式，不断提高课程思政融入的高效性，使学生主动学习。例如，在可持续发展的知识点讲解过程中，可以融入可持续发展概念提出的契机，以及联合国此后对于可持续发展的运用，从而加深学生对这一概念的理解；在农业与工业章节知识点的讲解过程中，可以采用社会实践的方式，鼓励学生到田野中进行调研，从而对生态系统的整体性有深刻的认识，可以在此过程中融入生态文明思想，采用寓教于乐的方式进行教学，可以达到更好的课程思政融入效果，同时在整个过程中，教师与学生进行互动，从而更好地引导并启发学生。

（三）建立课程思政教学评价体系

课程思政融入专业课程时如何更有效地融入需要进行深刻的研究与分析，课程思政不同于专业课程的教学体系，要衡量课程思政所达到的效果，就必须建立课程思政教学评价体系。对课程思政的衡量不能仅凭几次测试来确定学习效果，相反，课程思政对学生的影响是潜移默化的，对课程思政的评价要从学生观念与思想的改变、老师及同学的评价等方面来进行，尽量做到全面而系统地对课程思政的效果进行评估。首先，课程思政的评价标准应包括专业知识和思政教学效果两方面的内容，专业知识指课堂上学到的理论知识，而思政目标包括生态文明思想的掌握程度、学生生态观念的改变等。其次，对学生的课程思政知识运用能力进行评估，课程思政知识运用能力指的是学生将课程思政与专业课程结合起来分析问题、解决问题的能力，这种能力具有长久性，在教学过程中，要着重对学生的这种能力进行培养，对这种能力的评估有利于了解学生对课程思政的运用能力。最后，关于课程思政与政治教育的有效性可以将主体与客体结合起来进行动态评价，评估的主体为老师以及学生，老师的评价更多的是基于学生的课堂测试成绩，而其他学生主体的评价应基于被评价学生的表现，课程思政的评价应主要对学生在专业课学习过程中的思想演变等情况进行评估，这样既可以全面反映学生的发展情况，也能够评估课程思政教育对学生的影响程度。此外，学生在课堂上的表现也可以作为评价的依据，任何与课程相关的论文、调查或研究报告都可以作为评估的基础。

（四）构建思政元素与专业知识相得益彰的课程体系

在发展经济学教学中融入思政元素，需要专业课教师精心设计、周密实施。老师应该在把握不同学生思政水平的基础上，总结归纳专业课程所蕴含的思政资源，从教学设计入手，完善培养方案，并在实际教学过程中不断调整节奏。因此，根据发展经济学的相关理论知识，在遵循课程思政教学设计的基本原则下，本书对高校教材《发展经济学》（第五版）中可融入的生态文明思想进行提炼与分析，并提出相应的教学方法，具体如表 4-1 所示。表中每章节的课程思政元素均是根据具体的教学内容提炼出来的，并确立了相应课程思政的教学目标。教学方法采用理论教学与教学活动相结合的方式，在教学的过程中潜移默化地融入生态文明思想的课程思政元素，并通过教学活动如社会实践、案例分析、小组讨论等方式进行巩固与提升，从而增加学生对课程思政的理解。

表 4-1　课程思政教学设计

教学内容概述	思政融入元素	思政预期目标	教学设计
人口增长的影响以及环境带来的健康问题	人与自然思想的演变，按照黑格尔—马克思—习近平的思路说明	帮助学生树立人与自然和谐相处的理念；激发学生保护环境的使命感和责任感	理论讲述：在讲述课本知识过程中，将人与自然思想的演变融入其中 案例教学：通过相关案例为学生灌输人与自然和谐相处的核心思想，引导学生正确处理人与自然的关系
可持续发展的定义、来源、相关假说	马克思、恩格斯可持续发展思想，福斯特社会变革与生态革命思想，习近平的生态全球观、"两山论"思想	加深学生对可持续发展理念的理解；了解我国环保政策的内在含义，培养学生透过现象看本质的能力	展示联合国关于可持续发展理念的文件，介绍可持续发展这一理念的发展情况；结合"污染天堂"假说阐述当今世界的污染转移现象，融入可持续发展思想、习近平的生态全球观；通过介绍经济发展与环境保护之间的矛盾，融入习近平的"两山论"，引导学生深入了解我国的环保政策，从而树立"绿水青山就是金山银山"的意识
农业部门的发展、经济地位、发展方式分类；工业发展的重要性、工业与农业的关系	马克思关于科学技术的研究，马克思关于自然生产力与循环利用的研究，习近平生命共同体思想	加深学生对工业与农业之间关系的理解以及对于科学技术重要性的认识；培养大学生循环利用资源的意识；倡导自然界各个系统是生命共同体的思想	理论讲述：在介绍农业部门的技术进步对生产率提高时，可以融入马克思关于科学技术重要性的研究 小组讨论：分组对工业与农业两者的关系以及如何协调两者的发展进行讨论，从而融入关于自然生产力与循环利用的思想 社会实践：鼓励学生到田野中进行实地调研，从而深入了解农田与周围生态系统之间的联系，更深刻地理解习近平总书记的人类命运共同体思想

第五章
生态文明思想融入经济学课程
思政的教学实践与成效

第一节　开展生态文明思想融入课程
思政教学方法改革

2020 年 5 月 28 日教育部印发了《高等学校课程思政建设指导纲要》，该纲要以"主力军""主战场"及"主渠道"分别对应教师队伍、课程建设与课堂教学，可见课堂教学在课程思政建设过程中具有举足轻重的作用。可以通过教学方法改革创新课堂教学模式，以现代信息技术的应用为辅助，激发学生学习兴趣，引导学生深入思考课程背后的思政内涵，继而实现课堂教学的高效化与科学化。围绕纲要总体部署，将课程思政建设深度浸润到经济学课程的教学方法改革是本章节的重点内容。

生态文明思想不仅要"进教材"，更要"进课堂""进头脑"，除编写融合生态文明思想的经济学教材这一途径外，高校教师要在认识上理解和把握习近平生态文明思想的本质内涵和现实意义，在行动上也能把自己的这种"理解"和"把握"渗透、贯穿于生态文明思想"进课堂"过程，即通过多种教学方法的实施，逐步实现生态文明思想与经济学课程思政交织交融、相辅相成的任务与目标。通过高校课堂教学，将生态文明思想融入专业课课程知识传授过程，使大学生在获取专业课知识的同时，提升自身的生态实践能力、生态思维能力、生态道德品质等新时代高层次人才必备的文明素养。本节将从教学方法改革层面讨论如何高质量地将生态文明思想融入经济学课程思政。

一、教学方法简析

何谓教学方法？受文化、时代、社会背景、研究方向等因素影响，不同学者对教学方法的界定不尽相同。日本教育学家佐藤正夫认为，教学方法作为最重要的教学手段存在于引导、调节的教学过程中，是旨在完成教学目标和合理安排教学内容时师生必须遵循的原则性步骤①。我国目前关于教学方法的界定仍然未形成统一的观点，已有观点对教学方法的界定主要从教学方法是手段、活动、方式、途径等角度对教学方法进行解析。有的学者认为教学方法是手段，是"为了完成一定的教学任务，师生在共同活动中采用的手段，既包括教师教的方法，也包括学生学的方法"②；有的观点认为教学方法是活动，是"为达到教学目的，实现教学内容，运用教学手段而进行的，由教学原则指导的，一整套方式组成的，师生相互作用的活动"③；也有学者指出教学方法是方式、途径和手段，是"师生为完成一定教学任务在共同活动中所采用的教学方式、途径和手段"④。总之，在不同界定之间教学方法仍然具有下列共性：第一，教学方法服务于教学目的与教学任务；第二，教学方法依赖于师生合作完成教学活动内容；第三，教学方法作为师生双方行为的体系存在于教学活动中。在教学过程中教师如何指引学生选择正确的学习方法，使教法与学法相结合，达到预期的育人效果，显得格外重要。陶行知先生曾言："教师之为教，不在全盘授予，而在相机诱导。"教师起着引导学生选择正确学习方法的作用，将学生学习的难点、知识信息面等因素囊括在内，以增强学生对教法的适应性。

何谓高校教学方法？高校教学方法一般有广义和狭义之分。广义教学方法包含所有为达到教学目的和完成教学任务所采用的途径和方法，不局限于具体手段。狭义教学方法则是指在教学活动中，教师对学生施加影响，把科学知识传授给学生并达到预期德育和智育效果。高等学校的教学方法是教师和学生为达到教学目的而共同进行认识和实践活动的途径和手段，大学教学方法就是在教学中为完成一定的教学目的、任务所采取的教学途径或教学程序，是以解决教学任务为目的的师生间共同进行认识和实践的方法体系。高校教学法既包括一般教学方法的普适性，又融合高校教学的个性化设计，本书讨论的教学方法默认为高校教学方法。需要注意的是，教学有法，教无定法，贵在得法。课程思政教学过程中本没有固定的模式，教学方法的选择也要视具体情况而定，因事而化，因时而进，因势而新。基于此，以下为高校常用的七种教学方法简介。

---

① ［日］佐藤正夫．教学论原理［M］．钟启泉，译．北京：人民教育出版社，1996.

②④ 中国大百科全书总编辑委员会．中国大百科全书（教育）［M］．北京：中国大百科全书出版社，1985.

③ 王策三．教学论稿［M］．北京：人民教育出版社，1985.

（一）课堂讲授法

课堂讲授法是指教师以口头描述的方式分解、展示教学内容，并将内容教授给学生。教学方法改革不是对过去广泛使用的课堂讲授法的一味批判，而是要在继承中发展。课堂讲授法作为教学方法创新的基础，本书仍将其列举出来。在教学方法改革的实施策略上，避免将课堂讲授法当成反面教法和改革对象。课程思政教学方法改革有边界、讲章法，改革不是否定过去，而是在传承的基础上进行创新，在不断实践中进行发展。课堂讲授法由于其针对性较强，往往无法适应多样化教学要求，需要与其他教学方法结合应用于教学过程。

（二）案例教学法

关于案例教学法的定义学术界尚无统一定论，《教育大辞典》指出，案例教学法是高等学校社会科学某些科类专业教学中的一种教学方法。通过组织学生讨论一系列案例，提出解决问题的方案，使学生掌握有关的专业技能、知识和理论。案例教学法的特点或优势如下：第一，案例教学法有助于促进理论知识由"虚"向"实"的转变。由于案例教学法中大量的案例都来源于社会实践，其显著的特征是具有真实性和具体性，教师将"实"的案例中蕴藏的"虚"的理论展现给学生，引导学生分析、讨论案例，将抽象的理论通过具体的案例展现给学生。"虚"与"实"结合使理论知识更容易被接受和理解。第二，案例教学法有助于实现学习内容由"死"向"活"的转变。案例源于真实的人类生活，来自鲜活的人类实践，"活"是案例的最大特点和灵魂。案例教学法实现了"死"的知识与"活"的现实的深度融合。

（三）研讨式教学法

研讨式教学法打破了传统单向授课教学模式走向，遵循以教师为主导、学生为主体的教学原则，从多方面对学生能力进行考察，包括独立思考、语言组织、科研创新、发散思维等方面。研讨式教学可以看作是讨论式教学与研究式教学两者的结合。研讨式教学法有以下特点：一是科研与教学有机结合；二是"一言堂"转变为"多言堂"，突出师生互动；三是强调以学生为主体；四是以学生能力培养和综合素质提升为目标。

（四）实践教学法

相较于理论教学，实践教学法应用相对薄弱。实践教学法有以下特征：一是教学活动展开趋向于自主化；二是实践形式趋向于多样化；三是能力培养趋向于综合化；四是考核方法趋向于多维化。为巩固课堂传授的理论知识，加深对课堂知识的理解，实践教学法与课堂讲授法有机结合可达到理论联系实际的效果，培养学生对科学有效方法的把握以及提高动手能力。融入实践元素的教学方法包括课堂实践、社会实践、校园实践等形式，多种多样的实践教学有益于培养学生德智体美劳全面发展。实践教学育人功能效果显著，得益于实践教学具有针对性、互动性、启发性等优势。

（五）启发式教学法

启发式教学法"不是一种具体的教学方法，它是体现在各种教学方法之中的根本的教学方法，换句话说，各种教学方法，都是启发式教学方法的具体体现"①。启发式教学法注重教学过程中启发、引导学生学习，不限制学生的发散思维，属于民主式教学，即"授人以渔"，注重培养学生自主学习的能力；重视学生自觉性、主动性能力的培养，最终达到触类旁通、举一反三的效果，减负增效，达到预期教学目标。

（六）项目式教学法

项目式教学法对课堂基本知识的讲授很少，教师通过让学生自主设计、制作实践项目，锻炼学生自主设计项目、合作参与项目的能力。项目教学法要求学生在项目设计之前查阅大量文献资料，进行项目设计和理论梳理。在项目进行过程中，通过组间比赛激发组员学习兴趣和竞争意识。项目式教学也存在弊端，例如，由于项目式教学具有针对性这一特质，因而其往往不能涵盖所有知识点，学生对项目中涉及的教学内容印象深刻，对项目式教学法未涉及的学科知识把握不够充分，不能形成完整的知识体系。使用项目式教学法对习惯被动式学习的学生而言是一种挑战。

（七）网络教学法

在信息化教学的大趋势下，课程思政教学也要与网络平台接轨，积极探索运用新媒体技术进行教学方法改革。例如，新冠肺炎疫情期间，无论人们是否喜欢、是否了解在线教学，都被迫从班级授课制和面对面教学的习惯状态转向"非主流"的在线教学，疫情是教学的"危"，也是改革的"机"。"基于学而设计教"的教学方法体系是构建在现代化网络教学的基础之上的，信息技术的发展，

---

① 阎治才. 我国高校马克思主义理论教育的历史发展和基本问题研究 [M]. 长春：吉林人民出版社，1995.

尤其是移动互联网的普及和应用，为教学方法体系打开了创造性的空间。这种方法体系要求对各种教学平台抱有一种开放的态度，除各种专业化的教学平台以外，也要积极探索潜在的教学平台如微信、微博、微课等。

二、生态文明思想融入课程思政教学方法创新路径

随着生态文明思想融入经济学课程思政教学方法改革逐渐进入深水区，许多新式教学方法不断涌现。首先在教法改革方面，一改"满堂灌""注入式"教学方式，在教授过程中采取了除课堂讲授法以外促进学生获取知识的多样化教学方法，诸如案例教学法、启发式教学法、实践教学法、自学指导法、合作教学法、参与式教学法、文献阅读法等，越来越注重在教学过程中与学生互动，双向交流，提高学生独立思考的能力；其次在学法改革方面，一改学生被动听、被动学模式，教师通过引导学生课前预习、查阅资料、课上讲课、研讨辩论、热点评说、社会调研、实地实践等方式调动学生的认知兴趣；再次是新媒体、新技术与教学方法改革相结合，打破了传统课堂教学的时空局限，拓展了教育教学载体，资源共享课、在线公开课、微电影、微平台大量出现在课堂教学中，一些专业教学软件受到广泛青睐而被作为最具新理念的新媒体教学方式。以下为教学方法具体创新路径：

（一）开展线上线下混合式教学模式

线上线下混合式教学模式是贯彻落实"四个相统一"[①]，即坚持知识传授和价值引领相统一、显性教育和隐性教育相统一、统筹协调和分类指导相统一、总结传承和创新探索相统一工作思路的重要方式。将生态文明思想的基本理论通过网络教学平台如 MOOC 等进行线上授课，以课堂提问或在线小测试方式检验学习效果。将与课程相关的生态文明思想放在线下，以课堂讲授法和研讨式教学法为主要方法，以经济学专业课为承载主体，将生态文明思想移入课堂教学。此部分内容可深入学习，一方面，充分认识生态文明思想的时代价值、实践意义；另一方面，巩固经济学专业课程学科根本，在价值引领的同时不忽视知识传授。混合式教学模式下生态文明思想融入经济学课程思政工作思路如图 5-1 所示。

（二）注重学生主体地位

在强调以学生为中心、教师起主导作用的同时，要发挥学生的主体作用，体

---

① 此处是 2020 年 6 月 1 日教育部印发《高等学校课程思政建设指导纲要》后教育部高等教育司负责人就该纲要中关于全面推进课程思政建设的主要工作思路是什么时答记者问的内容之一。

现对学生的主体关怀。经济学专业教师负责挖掘思政资源，以培养学生探索未知、追求真理的意识，提高学生学习主动性，进而提升育人效果。教学成效评价不仅是对教师的评价，更是对师生合作结果的评价，目的是形成以学生为本、共同参与的教学实践，改变"一言堂""满堂灌"的教学方式。此处适用研讨式教学、项目式教学、启发式教学等方法，寓生态文明思想于其中，满足学生参与感，尊重学生主体性，调动学生积极性，注重学生能力培养，使其学以致用，进而提高生态文明思想融入经济学课程思政教学实践效果。

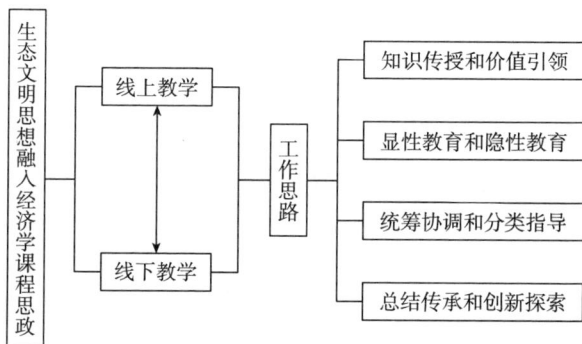

图 5-1 混合式教学模式工作思路

（三）提倡课堂、校园、社会体验式教学方法构建

将生态文明思想融入课程思政教学过程分为三部分：内容讲授、课内实践、课外实践。此项教学方法改革目的在于弥补单一教学方法的不足，具有实现多种教学方法优势互补的功能。首先，以课堂讲授法、案例教学法、网络教学法为基础，对含有生态文明思想的经济学课程进行讲授。采用启发式教学法，营造评价性的课堂环境，让学生对模糊、具有争议的问题进行探讨，使学生慎思明辨。其次，开展课内实践，采用项目式教学法、研讨式教学法引入教学内容。一方面，培养学生对融入生态文明思想的经济学专业课主动学习的意识；另一方面，创新能力的培训，通过生态文明思想融入课程思政教学过程的开展，培养学生利用校内学术资源对教学内容展开深入学习、合作探讨、学术钻研，从而提升学生的科研能力、项目撰写能力、合作能力。以上为传统的课堂学习，体现为"坐着学"，课外实践则体现为"走着学"和"看着学"，目的在于拓展社会视野，主要教学方法为实践教学法。通过对生态产业园、生态文明建设示范村等地区开展实地调研，培养学生生态文明意识。此类方法越来越成为生态文明思想融入课程

思政教学方法的必要环节。体验式教学方法路径如图 5-2 所示。

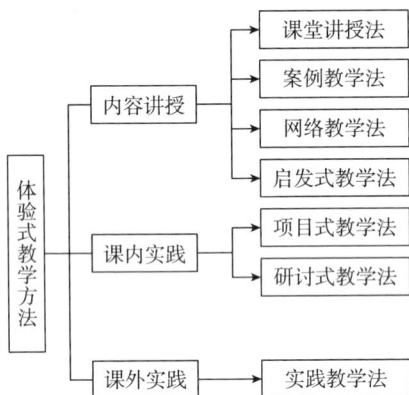

图 5-2　体验式教学方法

三、生态文明思想融入课程思政教学方法改革——以土地经济学为例

　　教学方法改革不是简单停留在教学形式的改革，而是教学内容与教学方法改革的有机统一与结合，只有依托教学内容对教学方法进行改革，才能达成理想的教学目标。不能脱离教学内容谈教学方法，也不能脱离教学方法谈教学内容，本部分以一门特定的学科——土地经济学为例，从教学方法角度探讨生态文明思想融入经济学课程思政的改革路径。通过对教学方法的改革，实现生态文明理论知识传授、实践能力培养、价值塑造养成，以期达到"三全育人"的教学目标。具体路径如图 5-3 所示。

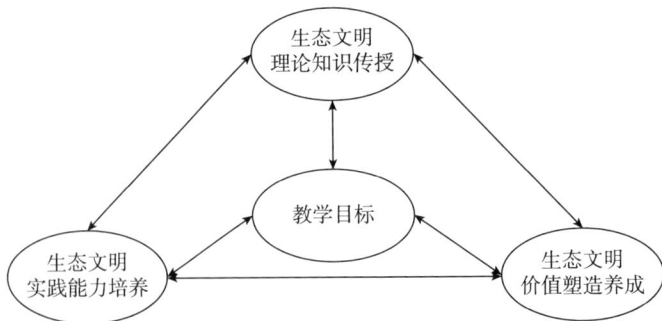

图 5-3　生态文明思想融入课程思政教学目标

（一）土地经济学课程基本信息

1. 土地经济学学科介绍

土地经济学于 20 世纪 20 年代正式发展成为一门独立的学科。其实早从 17 世纪开始，就有许多经济学家对土地问题进行研究，如西方古典经济学家威廉·配第的级差地租概念及对土地价格的讨论、法国经济学家杜尔哥通过"纯产品"对地租的本质和根源的研究、亚当·斯密指出土地是商品价值来源之一、阿弗里德·马歇尔认为包括地租在内的生产要素价格决定等。马克思、恩格斯创立的人口理论、土地肥力理论、地租地价理论，后来列宁的土地国有化理论，都为土地经济学体系构建提供了理论依据。1924 年，美国经济学家伊利与莫尔豪斯合著出版了《土地经济学原理》，该著作标志着土地经济学成为一门独立的学科。此后，土地经济学在理论与实践过程中不断发展和完善，相关学术研究也在日益细化和深化。近年来土地经济学开始进入大学经济学课程中。

2. 土地经济学在中国的本土化发展

1930 年章植出版的《土地经济学》成为中国学者第一部关于土地经济学的著作。中华人民共和国成立后，土地经济学在中国的发展大致可分为五个阶段：第一阶段，1949~1980 年，土地经济学相关研究基本停滞不前，社会主义土地公有制使得在地租、地税、土地制度等方面的研究基本中断了；第二阶段，1980~1993 年，伴随着改革开放，关于土地使用权、地价、城市土地所有权、农村土地制度的研究迎来上升期；第三阶段，1993~2000 年，伴随着土地市场体系逐步创立、土地制度框架构建基本形成，这一阶段对土地价格的研究依然占据主要地位，例如标志性的土地二元论，即土地构成包括土地物质和土地资本，土地构成二元性决定土地价值二元性以及地租地价二元性，同时此阶段学者也将关注点放在地价指数如何编制的问题上；第四阶段，2001~2010 年，土地市场发展日益完善，此阶段的研究主要集中在土地制度改革效率与公平两者之间的权衡上；第五阶段，2011 年至今，此阶段研究重点为土地财政，同时更加注重微观个体的福利效应研究。

值得一提的是，经济社会的发展一方面使闲置的土地资源得到利用，另一方面伴随着工业化、城镇化进程加快，土地需求不断扩大，随之而来的是土地经济问题层出不穷。土地资源利用和经济社会发展的不平衡不充分之间的矛盾，使得土地资源可持续利用、土地集约利用、土地规模经济、土地资源规划与计划、耕地保护制度以及粮食安全生产等都成为严峻挑战。因此，将生态文明思想融入土地经济学学科教育过程中，是符合新时代中国国情以及经济高质量、绿色发展方向的。

3. 土地经济学中蕴含的生态文明思想

土地经济学经典著作众多，为便于对具体章节具体分析，本书选取毕宝德教授主编中国人民大学出版的《土地经济学》（第八版）[①] 为参考。该书目前已成为百余所高校的教学用书。全书分为三篇 19 章，图 5-4 为该书的层次结构。

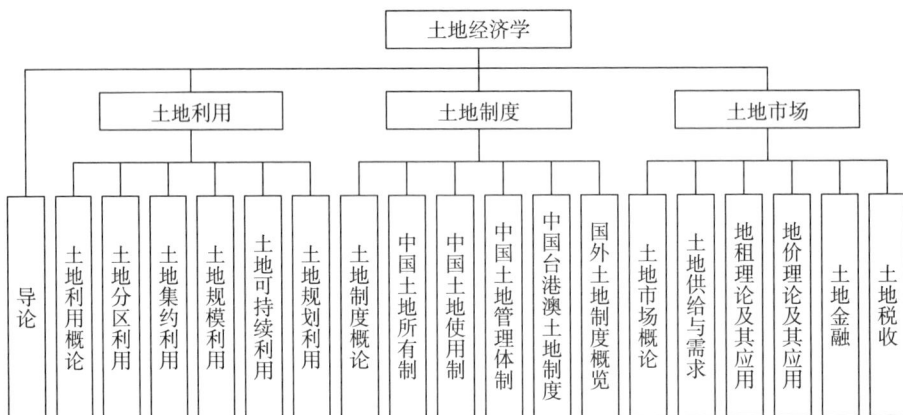

图 5-4 《土地经济学》一书的层次结构

（1）土地利用与生态文明思想。《土地经济学》（第八版）涉及该思想的章节包括：

第二章为土地利用部分。中国土地利用方面存在如土地粗放经营与过度利用并存、土地供不应求与土地浪费兼有以及土地利用率与利用效益有待提高等问题，因此可以将土地利用的生态目标即保护土地的良好生态系统与习近平生态文明思想中的生态全球观相结合。土地利用基本原则包括以下四个方面：一是农业优先与统筹安排用地结构相结合；二是坚持集约利用与保持适量耕地相结合；三是大力发展土地集约经营，同时必须保持适量的耕地面积；四是合理开发利用与科学保护相结合：开发利用土地时不能"投入较少、获取太多，适应太少"，要在提高土地利用经济效益的同时，提高社会效益和生态效益。人类获取过多，加上不合理的生产行为，自然界将报复人类，例如产生洪灾、干旱、水土流失、土地沙漠化、盐碱化、板结化等土地不经济问题。因此，可以将土地基本利用原则与习近平生态文明思想中的生态安全观、绿色发展观相结合。

第三章为土地分区利用部分。相关内容由土地区位配置原则、地域原则、区位利用原则、生态系统平衡原则、系统综合原则五部分组成，这部分可以与生态

---

① 毕宝德. 土地经济学（第八版）[M]. 北京：中国人民大学出版社，2020.

文明思想产生的时代背景相结合。在讲授中国西部地区土地开发与利用这一章节时，西部地区"富民、减贫、绿色"的全面可持续发展目标与马克思生态文明思想中人与自然可持续的发展观相契合，因而可以结合起来讲解。

第六章为土地可持续利用部分。讲授内容包括可持续发展理论、土地人口承载力、可持续发展实践阶段、可持续发展的理论依据即绿色发展论时，可以将其与生态文明思想理论依据相结合进行对比分析。讲授中国土地的可持续利用部分时，引入中国土地可持续利用面临的挑战如人口总量、劳动适龄人口、老龄人口三大高峰重叠出现给中国资源、环境、经济带来压力的实例，并结合耕地资源不足、水资源受限、森林资源缺口很大、矿产资源对国民发展保证率下降、工业污染、农业生态环境恶化、水土流失和土地沙漠化日益严重等现象，将其与生态马克思主义的生态危机理论相结合。

第七章为土地规划利用部分。其中第二节是关于中国土地规划编制部分内容的介绍。新时期规划编制理念包括树立生态文明观、树立自然资源观、树立以人为本观、树立实事求是观四个方面。第三节是中国土地规划的国土综合治理与生态修复遵循原则：一是要遵循系统治理原则，拓展综合整治与生态修复对象；二是要遵循人与自然和谐共生原则，深化综合整治与生态修复目标；三是要遵循因地制宜原则，实施差异化的综合整治与生态修复；四是要遵循生态经济规律，建立综合整治与生态修复实施机制。以上体现了人与自然、社会、自身三位一体和谐的生态价值观。

（2）土地制度与生态文明思想。《土地经济学》（第八版）涉及该思想的章节包括：

第八章为土地制度概论。其中第四节构建土地国家管理制度的客观必要性（土地的特殊重要性、土地供给的稀缺性、土地利用的社会性）与生态社会主义通过构建生态治理制度体系缓和生态问题思想相契合。

第九章为中国土地所有制。中国土地所有制的完善、国有土地所有权行使都要充分体现全民的意志，体现了良好的生态环境就是最普惠的民生福祉的生态民生观。

第十章为中国土地使用制、第十一章为中国土地管理体制。涉及征地制度、土地利用与农民利益保护、中国农村土地管理体制的改革与创新，其中完善农村土地管理职能（以市场手段保护耕地、全面推进农村"三块地"改革）等内容蕴含丰富的生态法治观、生态民生观思想。

（3）土地市场与生态文明思想。《土地经济学》（第八版）涉及该思想的章节包括：

第十四章为土地市场概论部分。其中涉及中国土地市场管理的原则，以实现土地资源的最佳配置、提高土地资源的综合利用效率为最高目标。第十五章为土地供给与需求。其中，第三节土地供求平衡中包括利用地价杠杆调控供求关系，如地价下降时，减少土地供应量，同时政府做好市场调查与预测，合理确定土地出让数量，且政府出让的宗地面积不宜过大，对旧城改造项目可以实行优惠政策，即以较低价格出让旧城改造项目中的土地。

第十九章为土地税收。其中第三节中国土地税制及其改革部分中包括中国现行土地税制的改革与完善，如"十分珍惜、合理利用土地和切实保护耕地"等。

以上体现了习近平生态文明思想的生态法制观、绿色发展观。

（二）课程思政教学方法改革——以土地经济学为例

以下为高校常用教学方法中土地经济学学科融入生态文明思想的内容设计，以土地经济学学科为例，专业课教师可根据教学需要对教学方法进行有机组合，如采取线上线下、课内课外、校内校外等多场景结合。

1. 课堂讲授法

土地经济学作为一门学科基础课，学术交叉性很强，课程学习过程中有大量涉及多领域的土地范畴内容，没有专业课教师的带头引导作用，学生很难在理解的基础上学好这门课程。例如，涉及土地集约利用、土地分区利用、土地可持续发展部分内容。授课教师要基于学生立场，考虑学生理解接受范围的基础之上，做好课前备课，将生态文明思想与土地经济学专业课知识点有机结合。通过课堂讲授法，有针对性地使学生掌握土地经济学相关理论基础。

2. 案例教学法

教师要善于用经济理论讲好生态文明思想，更好发挥案例背后的思想政治教育作用。在讲授土地可持续发展章节时，为使学生能切实体会到土地资源过度利用将会使土地失去生态功能，教师可选择具有典型性和启发性的具体案例，如环境破坏带来的灾难以及环境保护后带来的生态变化等案例，这些案例与生态文明思想中的人与自然和谐发展相契合。教师可在全面梳理基础知识后，在课堂上使用案例以充分吸引学生的注意力。以时政新闻为载体的案例教学还能让学生及时了解国家在生态环境治理方面新出台的政策，了解国内外生态文明实践动态。

3. 研讨式教学法

研讨式教学除了激发学习兴趣之外，还可以培养学生团结合作的意识。学生在讨论的同时也能激发教师教学的灵感，让授课内容"活"起来。研讨式教学方法可分为小组讨论和全班集体讨论。小组讨论相对容易开展，班级分成若干小组，每组5人左右，根据被分配或自主选择的议题开展讨论，最后由小组长总结讨论结果并和各位同学分享；全班集体讨论的要求较高，因为涉及的内容争议性强、参与的人员众多，开展起来难度相对较大。讨论式教学法也对老师提出了一定的要求，教师选取符合专业热点的议题，对课堂教学的顺利进行至关重要。

4. 实践教学法

实践是推动土地经济学学科发展的动力源泉，可结合土地经济学学科内容安排实习环节，如安排学生进行相关领域学科竞赛和实地调研等。一方面，在实地调研过程中可以培养学生数据搜索、分析评价、实习报告撰写等技能；另一方面，专业课教师可结合自身相关项目，带领学生去往国土规划试点、生态文明体制改革试点区等典型地区进行实地调研和走访。

5. 启发式教学法

土地经济学作为一门综合性的应用经济学学科，涉及多领域、多方位的知识点。由于课堂教学时间的限制，教师不可能将书本中涉及的所有知识点全部传授给学生，若课堂上讲授过多，难免会出现学生无法对海量的知识点及时消化吸收，从而降低课堂教学质量。启发式教学法应运而生，适应了高校教学的新要求。教师在完成课堂主要内容讲授之后要适当布置学习任务，适当引导学生把课堂上讲述的内容加以巩固理解，同时启发学生对具有挑战性的问题进行思考和查阅资料，继而推动学生对除上课知识点外的相关知识的理解与把握。

6. 项目式教学法

土地经济学中包含许多实际应用性强的土地范畴内容，如土地价格评估、土地所有权、土地开发政策等内容，在运用课堂讲授法基础之上，教师可安排学生查阅大量有关土地经济学的文献，以了解当前土地经济学学科发展前沿理论，同时筛选具体的土地评估项目让学生以小组为单位进行组队，在课后完成土地评估项目，最终让学生在掌握理论知识的基础之上也掌握具有操作性的实际技能。

7. 网络教学法

除课堂讲授教学内容时的 PPT 展示外，授课教师也可采用网络教学法，例如建立土地经济学课程群，分享土地经济学学科前沿研究热点及时政新闻，引导学生使用 MOOC 等专业化的网络教学平台，建议学生利用课余时间学习优质土地经济学相关公开课，推荐学生进入学校中外文数据库阅读土地经济学学科建设前沿领域的文献等，从而提高土地经济学教学质量。

第二节　开设生态文明思想融入经济学课程思政的线上"第二课堂"

何为"第二课堂"？"第二课堂"是基于"第一课堂"即传统的课堂教学所

提出的概念，是指在课堂教学以外开展的与教学大纲、课堂教学内容相关的教学活动。线上"第二课堂"则是在课堂教学时间以外，充分运用互联网资源鼓励学生在线上进行拓展学习的教学活动。线上"第二课堂"具有灵活性强、内容生动活泼、形式丰富多样等特点，打破了传统课堂教学的时间和空间障碍，拓展了教学内容，丰富了教学形式，有助于拓宽学生的知识面、激发学生的学习兴趣、提高学生的素质，是信息时代教学工作中独具特色的一环，不仅是传统教学的辅助手段，而且是对教学方式的一种颠覆。开设生态文明思想融入经济学课程思政的线上"第二课堂"能有效地推动经济学课程思政建设，线上"第二课堂"的形式十分丰富，本节主要提出以下三种方式，以促进生态文明思想融入经济学课程思政。

一、搭建经济学生态文明课程思政网络教学平台

传统课堂教学具有时空限制，在有限的时间内既要完成学科教学任务又要引入生态文明思想的元素教学，是对任课教师的一大挑战。生态文明思想融入经济学教学中会不会挤占专业课知识教授的时间？会不会产生副作用？怎样设计安排课程思政的占比是科学的？在生态文明思想融入经济学课程思政的过程中会催生一系列的问题，这些问题并不代表课程思政融入经济学教学非明智之举；相反，建设经济学课程思政对于培养中国特色社会主义经济学人才具有重要意义。在课堂教学之外搭建起经济学生态文明课程思政网络教学平台，可以有效解决上述问题，网络教学平台既是第一课堂的辅助教学途径，又是对原有传统教学方式的辅助。

网络教学平台是指以互联网为基础，为线上教学提供支持的硬软件系统。在新冠肺炎疫情期间，这种依托各种网络教学平台开展授课的方式显现出其优越性，加速了网络教学平台的传播和推广运用。其中，MOOC等是公众认可度较高、使用范围较广的网络教学平台，生态文明思想融入经济学课程思政可以借助类似的网络教学平台搭建起线上"第二课堂"。

以超星学习通为例，以实体班级为单位或者以课程为单位在超星平台注册线上班级，究竟以何种方式注册视班级人数而定。为了方便管理，实体班级人数多则按班级划分，若班级规模较小则可以将所有选修该门经济学课程的同学与教授该课程的教师划分为一个大的线上班级，这样更有利于资源的共享。线上班级组建后，教师便可以通过超星学习通网络教学平台上传富含生态文明思想的经济学文字资料、视频资料、电子图书资源等一系列相关的互联网资源，引导学生在传统课堂外密切关注并学习专业课和生态文明思想的内容。

第一，在超星学习通网络教学平台上传体现生态文明思想的经济学文献，引导学生进行文献研读和探索。无论是本科生还是研究生阶段，科研能力都是非常重要的，特别是对于研究生，科研是研究生生活的主旋律，文献研读则是做科研必不可少的一步，是科学研究的首要步骤。通过该途径，不仅可以引导学生学习经济学专业知识、学习领会生态文明思想，而且可以借此让学生学习论文写作的范式与技巧，从而全面提高学生的专业课水平、思想素质和科研能力。生态文明思想在经济学中的一个重要体现就是经济绿色发展、高质量发展，文献选择中可以倾向于这两大方面，也可以选择一些对生态文明思想进行梳理的文献。任务可以一周安排一篇，并根据学生阅读反馈进行任务量的调节，遵循适量的原则，过犹不及，反而会挫伤学生积极性，影响学习效果。为了避免学生"划水"偷懒现象，加强线上线下教学的联动，可采取"线下+线上"的混合教学模式，如课堂前十分钟随机抽取学生分享文献研读后的收获或者分析文献中蕴含的生态文明思想，进而形成一种考核激励机制，督促学生进行线上"第二课堂"的学习。教师在学生分享后也要进行一定的讲解，若课堂时间有限，也可以在互动专区上传电子版讲解资料，帮助学生更加深入地学习经济学专业知识和生态文明思想。

第二，在超星学习通网络学习平台上传有关生态文明思想的官方文件和电子图书资源。文献研读可以很好地帮助学生了解领会部分生态文明思想的内涵，但因为其字数有限，加之学者在进行研究时大都选择生态文明思想的一个方面进行研究，不可能面面俱到，因此仅仅进行文献分享与研读具有一定的局限性。生态文明思想自成体系，需要系统地学习，从全局把握。因此，除了相关文献外，在网络教学平台上传习近平总书记关于生态文明思想的系列讲话，以及全国生态文明大会的系列文件等也很必要，也可以分享一些有关生态文明思想的电子图书资源，例如中国社会科学出版社出版的《中国特色社会主义生态文明思想研究》等。由于电子图书所蕴含的知识内容较多，且非常系统，在发布任务时不能像文献一样要求精读，可以作为参考、拓展读物，或者让学生节选一部分摘抄、撰写读后感以督促其阅读学习。

第三，分享有关于生态文明思想融入经济学课程思政的讲课视频，或国家领导人、资深学者讲解关于生态文明思想的视频资源。单纯的文献、书籍阅读往往不能达到理想的学习效果，学生在独立阅读过程中存在理解不到位的现象，甚至会出现理解错误的现象，总而言之，会出现理解偏差；再者，单纯的文字资料学习较为枯燥乏味，会降低学生的学习兴趣，影响学习效果。因此，采用"文字+视频"的形式，可以丰富学习方式，提高效率。MOOC等平台上有非常多高质量的课程视频资料，由各大高校资深教师录制讲授，通过MOOC课程学习可以跨越校园的界限，真正实现全国各大高校之间的名师资源共享。教师可以在超星学习通平台上分享 MOOC 中有关生态文明思想融入经济学课程思政的相关课程链接或者视频，例如，南昌大学四名教授主讲的"生态经济学"、华中农业大学开设的"生态经济与绿色发展"、东南大学的"习近平生态文明思想与大学生生态价值观培育"、北京师范大学的"产业生态学"等一系列课程。MOOC 平台上的课程不仅可以拓展学生的知识面，还能为教师在课程设计中如何将生态文明思想的思政元素融入到经济学教学中提供思路。除了 MOOC 以外，教师也可以搜集分享国家领导人、资深学者讲解关于生态文明思想的视频资源，帮助学生从更高层次去领悟生态文明思想的内涵。

二、开展生态经济专题师生网络互动专区

高等教育不同于初等、中等教育，各大高校中任课教师可能没有固定的授课地点，且一周课时有限，在这种情况下，师生之间的交流机会较少，可能仅仅局限于传统课堂上有限的时间。由于缺乏沟通，学生与教师的距离感会越来越大。教与学本应该是对立与统一的关系，师生缺乏互动交流则可能会导致课堂"供需不平衡"，严重影响教学效果，不利于师生关系。通信技术、互联网的发展为师生更好的交流提供了技术支持，随着微信等社交平台的普遍运用，师生在课下也有了沟通交流的平台，教师可以线上布置任务、发布通知，学生在课后有疑问也可以及时得到教师的解答，大大提高了教学效率，也增进了师生之间的感情。同样地，在建设经济学课程思政的过程中，搭建师生互动平台也是至关重要的一环。习近平总书记在全国高校思想政治会议中曾着重强调："要运用新媒体新技术使工作活起来，推动思想政治工作传统优势同信息技术高度融合，增强时代感和吸引力。"[①]

网络互动专区是指依托于互联网技术，以微信等社交平台以及一些具备交流功能的网络教学平台为载体，师生可以进行互动交流的网络线上社区。生态经济专题师生网络互动专区则是为了更好地推动生态文明思想融入经济学课程思政所建立的师生互动专区，可以更有效地提高师生沟通效率，有助于达成全方位育人的目标。网络互动专区具有交互性、易共享性等明显特征，能够使师生沟通难的问题得到有效解决。打造生态经济专题的师生网络互动专区可以采取以下两方面措施。

第一，建立生态经济专题师生交流群。建立微信、QQ 交流群等加强师生沟

---

① 张烁. 习近平在全国高校思想政治会议上强调：把思想政治工作贯穿教育教学全过程 开创我国高等教育事业发展新局面［N］. 人民日报，2016-12-09（001）.

·146·

通，教师可以通过交流群发布通知、布置教学任务，也可以随时督促并提醒学生完成学习任务。学生在学习专业课和生态文明思想过程中遇到困难和不懂的问题时，可以通过交流群随时向老师和同学寻求帮助，老师和其他同学也可以较快速地进行解答。交流群不仅加强了师生的互动交流，而且加强了学生之间的互动交流。生态经济专题师生交流群相较于网络教学平台而言，它虽然不是专门用于线上教学的平台，但是它的交互性更强，交流起来更方便，信息更畅通，群成员可以在第一时间收到消息提醒，在这方面比线上教学平台更具有优越性。微信、QQ 群等除了具有强大的社交功能之外，还具备文件共享、资源共享的功能，师生可以随时在群里快速共享有关经济学专业和生态文明思想的互联网资源。QQ相对于微信具有更强大的文件共享功能，可以上传较大的文件，并且其群公告功能更方便发布通知。部分高校使用易班网络互动平台，相对于微信、QQ，它更为纯粹，没有空间、朋友圈、小视频等娱乐性的专区，而且可以自动过滤垃圾信息和广告，从这一点来讲易班网络互动平台似乎更适合作为师生互动平台。超星学习通网络教学平台在每个课程模块都有相对应的课程群，同样可以进行交流互动和文件共享，但由于它不是专业的社交软件，学生可能会因为手机不能及时提醒而错过消息，从而影响学习进度。

第二，鼓励学校研发网络教学系统，开发线上讨论专区。由授课教师在生态经济专题讨论专区发布蕴含生态文明思想的经济学案例，引导学生进行案例分析。学生只有提交案例分析作业后才能完成讨论的任务，系统会自动评定是否完成该模块任务。教师端在学生提交作业后可以在系统中立即收到并进行阅览，对于优秀作业在讨论区予以公布，既可以正向激励学生认真进行案例分析，又可以把优秀的观点与所有同学分享。案例可以选择中国生态文明建设、中国经济绿色发展和高质量发展的典型案例，促使学生结合案例分析其中蕴含的生态文明思想和反映的经济学原理。通过该方法，既可以加深学生对生态文明思想和经济学专业知识的理解，又可以启发学生思考如何将生态文明思想和经济学原理应用于实践。更重要的是，通过对我国的案例进行分析，让学生对我国经济发展和生态环境治理的成果有更加深刻的认识。为了提升案例教学的效果，可采用"线上+线下"的教学方式，在第一课堂安排一次案例分析专题的课程，采用翻转课堂的形式，以学生分析发言为主、教师补充总结为辅，在提高学生对生态文明思想和经济学专业课知识掌握度的同时，锻炼其表达能力，有利于实现全面育人、全方位育人的目标。除了案例分析以外，任课教师也可以组织有关生态经济学专题的线上研讨，鼓励学生在师生网络互动专区进行讨论发言，以多样的形式开展线上互动交流，拉近师生间的距离，对第一课堂进行充分的拓展和延伸。

三、创建融合生态文明思想的经济学课程思政公众号

随着信息技术不断发展，微信的普及率越来越高，微信公众号也越来越受到公众的欢迎，成为线上线下交流互动的主流平台，也成为各大高校、各大部门对外交流的主要媒体平台。通过微信公众号进行多媒体教学能够有效推动经济学课程思政建设，促使生态文明思想与经济学更好地融合。微信公众号具有很强的交互性，作者跟读者之间可以通过评论回复的方式进行交流，也可以直接进行聊天。微信公众号的文章还具有很强的共享性、传播性，可以在微信好友、微信群聊、微信朋友圈中无障碍转载。

生态文明思想经济学课程思政公众号的设计可分为六大模块：走进人物模块、时政热点模块、章节知识梳理模块、科学研究模块、学生服务模块、课程思政建设经验分享模块。

第一，走进人物模块。走进人物模块可以推送爱国经济学家或者生态经济领域的名人故事，介绍他们的先进事迹和主要观点，充分发挥经济学大家的榜样作用，发扬他们的精神和思想，激发学生的学习、科学研究热情，启发学生树立更高的学习目标，为成为祖国经济发展、生态保护建设方面的高素质人才而努力。

第二，时政热点模块。时政热点模块可以聚焦于祖国经济发展、生态文明建设以及生态经济建设的热点问题，并分析其中蕴含的生态文明思想，用经济学专业知识解释其中蕴含的经济学原理。这一模块是公众号非常重要的一部分，旨在让学生多了解祖国的发展现状，多关注国家的经济发展、生态建设大事，树立起心系祖国发展的主人翁意识。运用经济学专业知识对现行经济状况进行分析，可以帮助学生回顾所学知识，使其更加深刻地理解经济学专业知识，打牢基本功，同时有助于提高学生分析问题、解决问题的能力。

第三，章节知识梳理模块。章节知识梳理模块按照课程进度定期进行更新，对每个章节或者每个专题的知识进行梳理总结，以思维导图的形式呈现每章的知识点，帮助学生厘清知识脉络，构建起知识体系，从整体上把握知识。学习过程中也要牵住"牛鼻子"，抓住主要矛盾的主要方面，定期梳理经济学专业课和生态文明思想学习过程中的重点难点，将晦涩难懂的知识点揉碎，以碎片化的形式向学生娓娓道来，以生动活泼的形式帮助学生攻克重点难点。由于学生对知识点的掌握和理解程度大不相同，在传统课堂上教师不可能无限制地讲解强调重点难点，让所有同学都掌握。然而在公众号中将知识模块脉络、重点难点呈现出来，学生可以随时进行阅览回顾，充分发挥学生学习的主动性，使学生根据自身情况

进行自主学习。

第四，科学研究模块。科学研究模块重在分享经济学研究方法和时政分析方法，也可以分享一些视频资源以供学生自学，帮助学生了解科学研究的方法和范式，提高学生的科学研究能力。科学研究能力对每个大学生而言都至关重要，特别是对于研究生而言，科学研究模块以培养学生的科学思维为目标，以方法论教授为重点，激发学生对科学研究的热情，全面提高学生的科研水平。

第五，学生服务模块。学生服务模块面向修读经济学课程的学生，学生可以通过关注公众号获取学习资源，同时可以通过学生服务模块与老师进行互动，进行答疑，也可以进行成绩查询和文件下载。课堂以外学生在学习中遇到问题都可以通过学生服务模块的答疑区与名师进行互动，在线教师会在第一时间进行答疑，帮助学生解决学习上的困难。学生也可以通过该渠道向公众号提意见和建议，反馈自己在学习过程中遇到的问题，帮助公众号不断进行完善，或者自己希望看到公众号推送哪方面的学习内容，都可以通过该渠道进行反馈。

第六，课程思政建设经验分享模块。课程思政建设经验分享模块是面向所有读者的，其他学科、高校都可以进行参考借鉴。在该模块主要分享生态文明思想融入经济学课程思政的建设经验、建设效果等，分享该课程是如何将生态文明思想、思政元素融入到经济学教学中，又是如何实现全面育人、全方位育人的。课程思政建设不应该是闭门造车，而应该是经验共享、共同建设的。虽然不同学科、不同高校不尽相同，但是可以从其他学科、高校的建设经验中寻找灵感，并结合自身实际进行试点建设。经验共享是加强学科间、高校间合作的有效途径，更有利于课程思政的建设。

在公众号建设过程中，必须把推送文章的质量和时效性放在首位，同时也要鼓励学生积极投入到公众号建设当中，积极投稿，在写稿的过程中加深对经济学专业知识和生态文明思想的理解。

四、线上"第二课堂"的优势、不足及改进措施

线上"第二课堂"是互联网技术发展基础上的教学与多媒体相结合的产物，相较于传统"第一课堂"具有一定的优越性。第一，线上"第二课堂"不受时空限制，具有灵活机动的特征。传统"第一课堂"往往是固定时间和地点，学生只能在固定的教室、实验室上课，并且每堂课的时长也是有限的，而线上"第二课堂"则打破了时空限制，充分发挥了学生的主动性，学生可以根据自身知识掌握情况进行自主学习，线上"第二课堂"为课后巩固拓展专业知识提供了高质量的平台。第二，线上"第二课堂"具有丰富的互联网教学资源，颠覆了传

统的书本式教学。传统的"第一课堂"大多围绕专业基础知识和核心知识点展开,而线上"第二课堂"的学习资源是传统"第一课堂"不可比拟的,极大拓宽了学生的知识面。第三,线上"第二课堂"还具有形式多样性的特点,可以通过网络教学平台、师生互动专区、多媒体公众号等进行课外教学,能有效激发学生的学习兴趣。线上"第二课堂"教学内容多样性、教学形式多样性的特点符合全面育人的教学目标,"第二课堂"逐渐成为培养学生专业能力、塑造学生个人价值的重要途径。

线上"第二课堂"教学在被广泛运用的同时也存在一定的问题。第一,线上"第二课堂"与"第一课堂"相比,缺乏完善的育人体系。虽然各大高校纷纷建设起了线上"第二课堂",但是大部分学校都缺乏完善的育人体系,没有明确的教育目标和考核机制做支撑,线上"第二课堂"的效应就大打折扣,甚至出现凌乱无序的状况。这样不仅不能达到预期的教学效果,还会造成教学资源的浪费。第二,线上学习使得知识学习碎片化,不利于形成完整的知识体系。学生由于缺乏监督和激励而不能保质保量地完成老师线上发布的任务,最终导致线上"第二课堂"的教学效果与预期相差甚远。第三,传统"第一课堂"与线上"第二课堂"缺乏联动机制。传统"第一课堂"已经构建起健全完善的考核机制,但线上"第二课堂"还缺乏相应的机制,导致无论是教师主体还是学生主体都没有参与到线上"第二课堂"的激励,两大课堂的关联度自然不大,这种弱关联性又会更加弱化线上"第二课堂"的作用。

针对线上"第二课堂"存在的一些问题,我们可以采取以下两方面措施予以改进。第一,建立健全线上"第二课堂"育人体系。针对线上"第二课堂"建立起完善的考核督促机制,将线上"第二课堂"教学成效纳入考核体系中,加强师生对线上"第二课堂"的重视程度。第二,加强线上线下联动。线上的任务要在线下进行汇报检查,在这种监督机制下可以有效避免学生课下"划水"。传统"第一课堂"和线上"第二课堂"各有优势,传统课堂具有完善的育人体系、强大的专业理论教学优势,线上"第二课堂"具有资源优势,两大课堂互通有无、取长补短,可以最大化地实现经济学课程思政的育人目标。

只有充分地认识到线上"第二课堂"存在的弊端,采取积极的应对措施,并最大化地发挥线上"第二课堂"的优势,才能不断推动生态文明思想融入经济学课程思政建设。

第三节　开展与经济学相关的生态文明校园实践活动

传统的"第一课堂"教学与线上"第二课堂"教学各具特点，各有优劣，线上"第二课堂"是"第一课堂"的拓展和辅助。虽然两者在教学方式上有较大的差异，但是两者有一个共同特点，即都主要侧重于理论知识的教学，缺乏实践教学，因此学生对知识的掌握仅局限在理论层面。然而学习理论不是为了学习而学习，理论是为了解释世界、改造世界才产生的，没有应用价值的理论也就失去了其现实意义。因此，实践教学是教学中必不可少的一环，鼓励学生参加校园实践活动是实践教学的有效途径，校园实践活动有助于帮助学生在实践中巩固理论知识，在实践中提高发现问题、应对问题、解决问题的实践能力。校园实践活动的形式是多种多样的，学生可以自主选择参加，相较于线上"第二课堂"教学，校园实践教学更具有灵活性，学生的自主选择性也更大。开展与经济学相关的生态文明校园实践活动，能够有效地促进生态文明思想融入经济学课程思政，帮助学生在实践中学习、巩固生态文明思想和经济学的相关知识。

一、开展"生态文明，绿色经济"专题讲座

为了推进生态文明思想融入经济学课程思政建设，经济学课程教学应积极开展"生态文明，绿色经济"专题讲座。校园学术讲座是由教师、名家以报告的形式向学生、教师群体宣讲学科专业领域的知识、技巧、前沿问题、发展问题等的教学方式，可以拓展学生和教师的知识面，开阔参与人的眼界。讲座是一种特殊的教学方式，相较于传统的教学课堂，它更具有公开性，面向更多的群体，而且具有不确定性，即时间和地点都不是绝对确定的。

为什么要开展"生态文明，绿色经济"专题讲座？从主体角度出发，开展"生态文明，绿色经济"专题讲座有两大原因：一是开展讲座是拓展学生知识面和视野，提高学生对生态文明思想和经济学知识掌握程度的有效途径；二是开展讲座是提高教师思政素养，提高教师将生态文明思想融入经济学课程思政教学水平的有效途径。一方面，学生在课堂上学的知识是有限的，线上"第二课堂"虽然能对"第一课堂"进行拓展，但是学生通过自学对知识的理解程度往往是不够的。开展"生态文明，绿色经济"专题讲座，听众可以直接与研究生态文明思想、绿色经济发展的专家面对面，学习资深学者的学术思想，加深听众对生态文明思想和经济学专业知识的理解，激发听众对经济发展中所蕴含的生态文明

思想的思考。另一方面，生态文明思想融入经济学课程思政的建设仅仅依靠某个学校的专业课教师是远远不够的，且并不是所有教师对于生态文明思想都能够精准把握，大部分经济学专业课老师只精通自己的专业，而对于生态文明思想并不了解，在这一领域也是"门外汉"。教师是生态文明思想融入经济学课程思政建设的主力军，在经济学课程思政建设中发挥着重要的作用，因此学院、学校应该加大对经济学专业一线教师的思政培训，提高教师群体的思想政治素养，通过培训使教师群体精通生态文明思想，只有这样才能担负起建设经济学课程思政的重任。由此可见，聘请校外有关生态文明思想研究的专家、校内擅长生态经济教学的老师开展"生态文明，绿色经济"专题讲座是必要的，不仅能拓宽学生的视野，而且对经济学专业的教师群体也是难得的培训机会，同时可以从经济学课程思政的"主力军"——教师和"主体"——学生两方面提高经济学课程思政建设的质量。

为了更好地开展"生态文明，绿色经济"专题讲座，我们应该做好以下三点：第一，设置合理的督促激励机制，提高学生听讲座的效用。讲座与传统课堂不同，属于"大班教学"，同时面向几百人，再加之讲座的氛围相对轻松，这会使一部分学生借机"浑水摸鱼"，不认真听讲，错过学习的宝贵机会。因此，学校应该设置合理的督促激励机制。大多数学校以行政班级为单位统一组织参加讲座，虽然也要求提交感受与心得，但是缺乏激励机制，部分学生会随便上网搜索一些相关文章，东拼西凑来应付了事，讲座自然也不会认真听讲。针对此点，可以改为以课程班级为单位组织学生参加讲座，参与后撰写感受与心得，作为平时作业计入课程平时分，这可以有效提高学生听讲座的效率。或者，修改学分修读制度，强制规定一定的学术讲座学分，只有现场签到与提交高质量的心得体会才能修得相应的学分，并且不能由其他学分替代，修够一定的学分才能取得学位证。只有学校提高对讲座的重视程度，学生才能够从观念上改变对讲座的认知，提高讲座的效用和价值。

第二，定期开展系列讲座。生态文明思想是一个完整的体系，经济学更是一门庞大的学科，一场讲座短短几个小时的时间所讲有限，呈现出来的仅仅是冰山一角，并不能达到理想的教育效果。"生态文明，绿色经济"专题讲座可以建设成为系列讲座，每学期定期安排几场专题讲座，聘请专家系统地进行有关生态文明思想和经济学发展的报告，也可以开展学术周，让学生和教师能够系统地、全面地从更高层次去了解和掌握生态文明思想以及生态文明思想是如何指导经济建设的。进一步地，可以把"生态文明，绿色经济"系列专题讲座建设成学科特色，发展成经济学课程思政建设的关键一极。

第三，讲座结束后开展以"生态文明，绿色经济"为主题的交流讨论会。

讲座是单向的思想、观点输出，而交流讨论会是双向的互动，人文社科类的学科只有通过人与人之间的交流才能够发展进步，一人埋头苦思很难擦出思想的火花，因此开展以"生态文明，绿色经济"为主题的交流讨论会是十分必要的。专家交流讨论会可以为教职工和学生提供与专家交流互动的宝贵机会，针对讲座中存在的疑惑、日常学习生态文明思想及经济学的过程中存在的问题都可以向专家请教。交流讨论可以使讲座的效用达到最大化，也有机会解决师生在学习、研究中存在的短期或者长期疑惑，更重要的是，有助于在校园内形成学术自由、讨论开放的良好校园风气，激励师生投身于学术研究中去。

二、组织生态文明主题的经济学实践竞赛与活动

开展"生态文明，绿色经济"专题讲座更多的是在理论层面上进行拓展，学生并未真正投身于实践当中。校园竞赛与活动作为校园实践的重要组成部分，在提高学生的实践能力方面发挥着重大作用。校园实践活动在经济学课程思政的建设中发挥着不可替代的作用，校园实践相较于社会实践来讲更具可控性，且实践成本低，能够在校园内开展并达到提高学生实践能力的目的，也更具安全性。组织生态文明主题的经济学实践竞赛与活动，能够有效地将生态文明思想融入到经济学课程思政中，又能够激励学生投身校园实践中，在实践中接受生态文明思想和经济学教育。党和国家也高度重视全国高校大学生的实践活动，并主张将实践活动纳入教学规划和教学大纲，强制规定一定的学分和学时，以提高各大高校对实践活动的重视程度，以提高学生对实践活动的参与程度。

然而在各大高校中，高校课程思政的校园实践开展还存在很多障碍和不足。首先，课程教学与校园实践严重脱节。以全日制本科为例，大部分高校将课程学习集中安排在前两年，学生课业压力较大，很少有时间、精力抽身去参加校园实践活动。这就导致了课程学习与校园实践在时间上的分离，出现断层，在学习专业知识、生态文明思想的同时不能及时地在实践中巩固与应用。根据"艾宾浩斯遗忘曲线"可知，人的记忆在短期内是遗忘最快的，短期内经过一个快速递减，至长期遗忘速度将会大大减慢，因此保证课程教学与校内实践的连续性才能更好地在实践中掌握与应用所学知识。造成课程教学与校园实践严重脱节的另一个原因就是任课教师很少参与到校园实践当中，且校园实践活动内容与课程教学关联度不大，因而不能达到将生态文明思想融入经济学课程思政的育人目标。其次，经济学课程思政建设中口头上高度重视校园实践的作用，行动上却有所松懈。喊口号的实践只是花架子，缺乏实践意义。

为了更好地推动生态文明思想融入经济学课程思政建设，各大高校应该提高

对校园实践与竞赛的重视程度，加大对其的资源投入，并在制度方面做出相应的改革。第一，将校园实践纳入经济学课程思政建设中，组织生态文明主题的经济学实践竞赛与活动。由经济学专业课题组负责主办，学院学生组织承办，申请生态文明主题的经济学实践竞赛与活动。比赛分为初赛、复赛与决赛三大部分，初赛以提交一篇有关绿色发展、中国区域绿色发展等与"生态文明，绿色经济"主题相关的学术论文的形式展开，由课程组老师组成专家评审团进行打分筛选，选取一部分团队进入复赛。复赛则采取现场比赛的形式，对绿色经济发展的前沿理论进行辨析或者对中国区域绿色发展方式进行比较，由评委现场打分，高分者进入决赛。决赛则进一步对团队研究结果进行汇报，并接受评委老师的提问，获胜的队伍可以获得奖品、现金奖励等，且参赛队伍根据比赛成绩划分等级获得相应的学分。由经济学课程组负责举办专题比赛，可以有效解决课程与校园实践脱节的问题，通过学分、奖品的激励机制也可以大大激发学生参加的积极性。更重要的是，学生在比赛的过程中，自然而然地加深了对生态经济的理解，提高了用理论知识解决实际问题的能力，同时以团队形式参赛，也培养了学生的合作意识。

第二，充分利用社团、学生会、学校团委等各部门举办的校园活动开展校园实践。学校各大社团、学生组织会定期开展各类比赛等校园实践活动，校园实践活动形式往往是丰富多彩的，比如有学术论文竞赛、案例分析大赛、演讲比赛、志愿服务活动等。经济学课程的校园实践可以充分利用这些现有的活动，例如由任课教师指导、班级内组成队伍参加比赛，撰写生态经济主题的论文，进行绿色经济发展的案例分析，参加建设绿色校园的志愿服务活动并撰写实践报告。任课教师应鼓励学生积极参加该类活动，所有比赛成果可以对课程论文或课程作业进行替代，在比赛中取得优异成绩的学生可以增加其平时成绩，并按照获奖等级进行奖励，充分激发学生参与校园竞赛、校园活动的热情。

第三，拓宽校园实践的含义，课堂实践与校内实践相结合。校园实践不应该仅仅拘泥于课堂外、校园内的实践活动，课堂内也可以开展实践活动，这同样属于校园实践活动。传统课堂常拘泥于理论教学，教师"满堂灌"的教学方式早已不适应当今的育人目标，经济学课堂可以采取反转课堂、师生互动课堂、开展课堂讨论、进行课堂研讨的方式开展课堂实践，培养学生的辩证思维，提高学生的思考能力和语言表达能力。这种将实践活动课堂内部化的校园实践活动可行性和效率更高，是经济学课程思政改革的重点方向。

第四，学校要进行制度变革，修改学分制度和学时规定，课程与实践应同样重视，在行动上加大对校园实践的重视力度，在制度和资金上给予校园实践活动支持，全面推动生态文明思想融入经济学课程思政建设。

三、加强高校联动，举办校校合作的生态文明实践活动

合作共赢理念在高校建设中也是同样适配的，各大高校通过校校合作可以实现教学理念、教学资源、师资力量、课程设置的共享，高校间互通有无，能够促进双方共同发展，实现共同育人的目标，并创造"1+1>2"的合作效应。在经济学课程思政建设中可以加强与各大高校的合作，共同推动经济学课程思政建设，实现共同育人。各大高校可以选择自身周围的高校进行合作，地理距离的优势更有利于双方进行教学资源的共享，也大大降低了校校合作互动的成本；也可以加强与985、211高校的合作，实现一对一帮扶，带动普通高校快速发展，从而提高我国高等教育的质量。高校之间通过共享经济学课程思政建设的经验可以加快推动课程思政的建设，也可以举办校校联合的生态文明实践活动，促进生态文明思想融入经济学课程思政建设。加强高校联动、举办校校合作的生态文明实践活动，可以采取以下三种措施：

第一，共同建设经济学课程思政教师培训平台。教师是课程思政的"主力军"，师资水平对经济学课程思政建设起到至关重要的作用。经济学课程思政对任课教师和学校的学科建设都提出了新的要求，为了满足经济学课程思政的建设要求，必须加大对教师的培训力度。加强高校间的联合，共同建设经济学课程思政教师培训平台，既可以降低教师培训的成本，又可以促进高校间教师的交流，加快双方的经济学课程思政建设，实现共建共进。生态文明思想是经济学中蕴含的思政元素，生态文明思想融入经济学课程思政是经济学课程思政建设的重要方向。通过共建培训平台，既可以提高高校教师对生态文明思想的掌握程度，又提供了一个共商如何将生态文明思想融入经济学课程思政建设的平台。共同建设经济学课程思政教师培训平台是在教师主体中开展校校合作的生态文明实践活动，下面是针对学生群体的校校合作的生态文明实践活动。

第二，开设校际合作的生态文明思想经济学课程思政的公开课、系列讲座。前文已经提到在校内举办"生态文明，绿色经济"专题讲座，并对其重要性和必要性进行了论述，无疑其对经济学课程思政的建设有正向促进作用。校校联合开展生态文明思想经济学课程思政的公开课、系列讲座会放大这种促进效果。聘请专家到校讲学、开展讲座具有一定的成本，除了支付一定的费用外，还要花费大量的时间与精力去协商。同地高校之间联合可以大大降低这种成本，实现讲学和讲座效果的最大化，而异地高校之间可以通过腾讯视频会议实现异地共享。还有比较重要的一点就是，对于综合类的大学，学科间存在较大差异，一场讲座的受众面比较窄，讲座的人均成本就比较大了，校校联合则能最小化这种人均成

本。若把专家和学者视为学校的人才资源，校校联合则能实现这种资源的共享，使得合作的高校师生都能够学习资深学者的学术思想，加深对生态文明思想和经济学专业知识的理解，进而提高经济学课程思政建设的质量。

第三，联合开展生态文明主题的经济学实践竞赛与活动、假期调研。实践竞赛与活动不应仅仅局限于自己的校园内，应该打破校园边界，校校间共同创办具有实践意义的竞赛与活动。校校联合举办的实践活动可以为学生提供一个与其他高校交流的平台，在活动中通过竞争与合作的形式相互学习、共同进步，从合作高校的学生身上找差距，并不断提高自己。除了开展校园合作活动外，高校还应鼓励学生利用假期时间与合作高校的同学共同进行调研活动。由于各大高校的人才培养规划不尽相同，各高校的学生各有自己的优势所在，学生在合作调研中可以充分发挥自身优势，形成优势互补。高校间合作调研也可以充分利用各大高校的师资力量，基于教师高质量的指导意见，让学生在实践调研中强化生态文明思想和经济学知识的同时，不断提高自己的调查研究能力和实践能力。

四、鼓励学生在毕业、学期论文设计中选择与生态文明相关的选题

提到实践，大部分人都会想到社区服务、社会实践等方面，往往忽视了毕业、学期论文的实践作用。实践活动包括研究性学习、劳动技术教育、社区服务、社会实践等内容，论文撰写属于实践活动中研究性学习的一种，论文的撰写过程是一个学习、实践的过程，在生态文明思想融入经济学课程思政的建设过程中，要正视论文写作作为一种实践活动的实践作用，并充分发挥其实践作用。

论文撰写是一个系统的过程，前期是积累、学习的过程，学生可以对涉及的生态文明思想和经济学原理进行系统的梳理和学习，可以达到巩固、拓展理论知识的作用。在撰写论文的过程中，生态文明思想和经济学原理的学习是被激励的，否则将无法完成论文写作，甚至造成无法毕业的严重后果。总的来说，在完成生态文明选题相关的课程论文、毕业论文的过程中，学生会潜移默化地学习到更多的生态文明思想和经济学知识，进而实现经济学课程思政的教学目标。因此，结合实际和学生的专业方向，可以鼓励学生在毕业、学期论文设计中选择与生态文明相关的选题。

实地调研也是论文撰写过程中非常重要的一个环节，通过实地调研能够让学生亲自到现场进行考察，去探求和考察事物的性质和发展规律，让学生真正地了解现实中事物是如何发展的，而不是仅仅通过前人的研究来探求事物发展的规律。通过实地调研可以了解当地的生态发展理念和政策，考察当地的生态状况和

经济发展状况，可以面对面地了解当地是如何做到生态和经济平衡发展的，进而能够有效地避免理论与现实脱节，保证后续的研究是具有实践指导意义的。实践调研的过程也是一个发现问题、学以致用的过程，对于发现的问题如何用所学知识来进行解释，更重要的是怎么解决问题，这些仅仅通过研读文献是发现不了的。实地调研可以在学习之余提高学生的社会实践能力，提高其发现、分析和解决问题的能力，并增强团队成员之间的团队合作精神，进而培养建设社会主义现代化需要的高素质人才。

论文是对所学知识的一种全面考核方式，也是对学生科研能力的考察方式。论文撰写是训练学生独立进行科学研究的过程，在这一过程中，可以锻炼他们搜集信息、整理信息、处理信息的能力，以及归纳总结、语言表达的能力，更重要的是可以培养学生善于思考的习惯，培养他们的逻辑思维，提高其创新能力。由此可见，论文撰写过程具有很强的实践性，这是一个系统的过程，可以全方面地提高学生的综合能力。在推动生态文明思想融入经济学课程思政的建设过程中，不能够忽视论文写作的实践意义，应该鼓励学生在毕业、学期论文设计中选择与生态文明相关的选题，在论文写作的过程中去学习、体会经济学中的生态文明思想。

第四节　组织生态文明主题的经济学社会实践活动

社会实践活动有广义和狭义之分，广义的社会实践活动是从哲学的角度、从整个人类的层面定义的，是指人类认识世界、改造世界的活动总和。我们在此部分讲的社会实践活动是狭义的社会实践活动，是指大学生面向社会的实践活动。大学生走出校园，面向社会，投身社会实践活动可以增加其对社会的了解、对国家现状的了解，可以开阔眼界、锻炼毅力、培养品格，全面提高社会实践能力，做到理论与实践相结合，在实践中检验理论，用理论指导实践。经济学课程思政建设将生态文明思想融入经济学课程思政中，在理论层面较为抽象，而组织生态文明主题的经济学社会实践活动可以让学生亲身感受到现实社会中生态文明思想是怎样融入经济建设的、怎样指导实践的，从而更加深刻地理解、掌握课堂所学的理论知识，更为重要的是在整个过程中学会不断地思考，不断提高自身的实践能力。

一、在寒暑假社会实践活动中开设生态文明模块

大学的寒暑假时间较为充裕，学生在假期可以自主进行安排，有的选择学习以精进学业，有的选择实习来积累工作经验或补贴家用，也不乏贪图享乐者不思

进取。学校应该鼓励学生，充分利用假期时间去充实提高自己，鼓励学生在课业之余积极地参加寒暑假社会实践活动来提高自己的实践能力。经济学课程思政建设可以充分利用学校提供的寒暑假社会实践活动平台，由经济学课程思政的一线教师指导带队，鼓励学生积极投身到社会实践中，在活动中实践整个学期所学的理论知识，通过文献研读、实地调查、资料整合等最终撰写出一篇高质量的实践报告。需要注意的是，生态文明模块不能够偏离经济学去实践，背离了经济学学科也就背离了经济学课程思政的建设目标，因此学校在制定相关文件时应该更加细化寒暑假社会实践的生态文明模块要求。

经济学课程思政建设不仅仅是某个学科点、某个学院的事情，学校应该充分重视每一门学科的课程思政建设，实现全面育人的目标，为国家发展建设源源不断地输送高素质人才。为了推动生态文明思想融入经济学课程思政建设，学校应该在寒暑假社会实践活动中开设生态文明模块，鼓励经济学专业的学生积极申报参与，并不断建立健全寒暑假社会实践活动的驱动和奖评机制，提高学生参与的积极性。

学校应积极为学生提供资金和智库支持，学生在社会实践活动中产生的材料费、交通费可以凭票据报销，并安排经验丰富的指导老师对学生进行指导。学生可以以个人或者团队的形式开展寒暑假社会活动，为了更好地实现经济学课程思政的育人目标，课程思政教师应主动组织班级学生组队参加，并由经济学课程思政教师进行指导。这可以有效地避免社会实践与经济学课程思政课堂脱节，防止在寒暑假社会实践活动中开设生态文明模块这一措施的效果缩水。课程思政教师带队还可以大大缩减实践团队的组织、磨合成本，提高行动效率。

学校应不断建立健全寒暑假社会实践活动的驱动和奖评机制，来激发教师和学生的积极性，鼓励大家积极参与进寒暑假社会实践的生态文明模块。在教师方面，可以从绩效考核和津贴补助两方面进行激励。关于绩效考核方面，每名经济学课程思政教师在每学期都要设定参与社会实践指导的指标，为了保证指导质量，每名教师还应设置带队数目的限制。学校应设置一个合理且富有弹性的绩效区间，既保证教师可以积极参与其中，同时又能保障指导的质量。关于津贴补助方面，对于参与社会实践指导的教师给予一定的补贴，可以将指导时长按照一定的比例折合成课时，以课时费的形式发放，指导队伍的获奖教师也可以获得相应的精神和物质奖励。在学生方面，可以从学分制度和奖评制度去激励。关于学分制度方面，对于经济学专业的学生，学校可以对寒暑假社会实践活动中生态文明模块硬性规定一定的学分。关于奖评制度方面，社会实践结束后，学校要对实践成果进行评优活动，获奖者给予一定的学分和奖金奖励，并公开表彰，从精神和物质上激励学生参与社会实践。

二、带领学生进农村、进社区、进企业进行"区域绿色发展"调研

除了进行寒暑假社会实践以外，还可以在课程中期开展一次校外调研活动，走进学校周边的农村、社区、企业或者生态经济建设示范区，开展"区域绿色发展"调研活动，让学生关注现实生活中生态经济发展状况，并通过调研发现周边农村、社区、企业等在生态经济发展过程中存在的问题，找寻"问题区域"与"示范区域"的差距，结合自身所学为学校周边发展建言献策。带领学生进农村、进社区、进企业进行"区域绿色发展"调研，不仅能够提高学生的实践能力和对知识的掌握程度，还能促进生态文明思想融入经济学课程思政建设。更为重要的是，基于当地实情所得的研究结果对当地区域绿色发展具有一定的实践指导意义。

实地调研过程中可以采用多种调研方式，如问卷调查法、实地考察法、走访交流法和文献研究法。通过调研，学生可以在经济学课程思政教师的指导下熟悉调研的流程，掌握调研所需的基本方法，为后续从事科学研究打下坚实的基础。参与调查问卷的设计可以提高思维的逻辑性和严密性，在对调查问卷的结果进行分析的过程中可以提高学生的数据整理、数据分析能力；实地考察可以提高学生发现问题的能力，激发科研创新的灵感；走访交流中可以不断提高语言表达和交流能力，甚至在与基层群众和领导干部的交流中可以寻求研究"区域绿色发展"问题的全新视角。

开展实地调研是耗时耗力的，没有学校的支持很难实施。为了促进经济学课程思政的建设，保障进农村、进社区、进企业的"区域绿色发展"调研活动顺利进行，学校应该为其提供必要的资金支持，每年向各专业课程思政学科组提供一定的建设、调研经费。除了解决资金问题以外，学校还应该为学生开展调研争取充分的时间，避免因日常课程安排不能外出调研的情况出现。因此，学校应在学期中设置实践周，在保障安全的前提下，学生可以在老师带队下去校外开展调研活动。

将生态文明思想融入经济学课程思政，不能仅仅是课堂上的融入、理论上的融入，更为重要的是要将经济学课程思政进行时空上的延伸，将其延伸向农村、社区和企业，积极引导学生在调研中自己去发现问题，并培养其形成独立思考、勤于思考的良好习惯，力所能及地去解决经济建设中存在的生态破坏问题，增强对国家和社会的责任感。带领学生进农村、进社区、进企业进行"区域绿色发展"调研的最高目标，就是在推动生态文明思想融入经济学课程思政建设的同时，为社会提供服务。

三、与当地政府、企业合作建立地方生态经济发展实践基地

高校是一个地区的人才集聚地，源源不断地为社会和国家培养着高素质人才。高校的建设与当地的发展有着密不可分的关系，两者合作可以相互成就。全国高等职业教育改革与发展工作会议明确指出："高校办学模式要创新，大力推进合作办学、合作育人、合作就业、合作发展。"高校可以选择与当地政府、企业进行合作，在促进自身发展的同时，为当地发展服务。

高校与政府合作办学可以实现双赢，政府可以为高校的发展提供资金、建设用地，高校在政府的支持下可以建设更好的校内基础设施，吸引更多优秀的、高质量的师资和生源，实现更好的发展。高校也可以充分发挥其社会服务作用，为政府和当地发展服务，高校发展如若形成自身的比较优势，也可以为当地吸引人才。生态文明思想融入经济学课程思政建设与当地的生态经济发展具有很强的关联性，与当地政府合作建立地方生态经济发展实践基地既可以充分利用政府资源为学生提供实践平台，也可以服务当地经济的发展和生态环境的建设，促进产业生态化和生态产业化，最终校政双方实现双赢。

高校与企业合作办学同样是双向获利的，实力雄厚的企业同样可以为高校建设带来丰厚的资本，并且校企合作可以提高高校的就业率。企业可以充分利用高校的人才资源，帮助其完成转型升级；高校的科研成果可以为企业所用，并为企业带来巨大的收益。

地方生态经济发展实践基地要实现双方共建，既要满足高校教学育人的目标，又要满足政府发展当地生态经济的需要、企业发展自身的需要。创建校政企联合的地方生态经济发展实践基地可以采取以下系列措施：第一，政府、企业出资在校内、校外创建其设备齐全的地方生态经济发展实践基地。政府、企业应该学会充分运用当地高校的人力资源，加大对高校实践基地建设的投资，提升高校的服务能力。第二，校政企合作建立数据、资料库。由政府、企业提供数据和资料，高校提供技术手段，建立数据资源库，既可以降低高校在进行科学研究时搜寻数据、查找资料的成本，又可以使高校基于数据库的研究成果为政府生态经济建设、企业绿色发展提供科学的实证支撑。第三，校政企合作成立地方生态经济发展协会。地方生态经济发展协会由高校教师与政府相关人员、企业负责人共同参与成立，致力于探究当地经济发展的生态之路。地方生态经济发展实践基地作为协会的实践平台，有利于进一步规范实践基地的建设，也有利于促进实践基地研究成果的转化，为当地发展提供参考建议。

与当地政府、企业合作建立地方生态经济发展实践基地，在为高校提供实践基地的同时，也可以为当地政府发展绿色生态经济、企业进行绿色生产提供服务。地方生态经济发展实践基地能够为学生创造较为完备的实践空间，在校园内营造更浓厚的科研、实践氛围，推动生态文明思想融入经济课程思政的进一步发展。

第五节　生态文明思想融入课程思政的教学成效

《高等学校课程思政建设指导纲要》指出，要建立健全多维度的课程思政建设成效考核评价体系和监督检查机制。如何在各类考核评估评价工作和深化高校教育教学改革中落细落实是各高校课程思政建设的重点，这要求各高校结合本校课程思政教学实际设计具有学科特色的教学成效评价体系。本节关注的主要内容包括生态文明思想融入课程思政的教学成效评价原则与特征、生态文明思想融入课程思政的教学成效评价体系构建与评价方法、生态文明思想融入课程思政的教学成效提升路径三方面内容。

一、生态文明思想融入课程思政的教学成效评价原则与特征

融入生态文明思想的课程思政教学成效评价既要保留思想政治教育评价基本原则，也要保留专业课教学评价基本原则。生态文明思想融入课程思政教学成效评价既要囊括课程、教学、德育、智育、学业评价等正向指标，也要统筹课程思政教学过程在存在、实施、表达等方面的独特性。以下将从生态文明思想融入课程思政的教学成效评价原则以及评价特征两方面进行探讨。

（一）生态文明思想融入课程思政的教学成效评价原则

与课程思政教学成效评价相同，生态文明思想融入课程思政的教学成效评价要以学生为主体，以学生思想政治素养的提升为基础，以人才培养效果为课程思政建设首要标准。大学生与生态文明思想有何关联？"绿水青山就是金山银山"，建设生态文明是实现中华民族伟大复兴中国梦的重要内容，青年是国家的未来、民族的希望，青年肩负着构建美丽家园的历史使命和重任。大学生是生态文明建设的重要参与者，大学生是生态文明思想的传播者，大学生也是国家的未来，他们的思想代表国家未来的思想。

第一，立足于促进学生生态文明思想政治素养提升。课程思政是"三全育人"总布局下的重要组成部分，在大学教学中发挥"一段渠"和"责任田"的重要作用。生态文明思想融入课程思政评价应聚焦于：课程设计和实施过程更贴近学情，课程教学更激发兴趣，教学方法和管理等更紧靠学习习惯、反映学生需求，最终实现生态文明思想入脑入心。第二，立足于传授以学生为中心的生态文明思想。《高等学校课程思政建设指导纲要》规定，课程思政内容要"紧紧围绕坚定学生理想信念"这一中心。因而，生态文明思想融入课程思政的教学成效评价也要紧跟这一中心，从学生生态文明思想政治素养发展多维度、立体化展开评价，例如，学生对生态文明思想的认知与把握情况、学生基于专业角度的理想信念发展情况、学生基于专业角度对生态文明思想的运用能力发展等。

（二）生态文明思想融入课程思政的教学成效评价特征

生态文明思想融入课程思政的存在形式、实施方式和成果表达与单纯的专业课教学成效评价之间具有特殊性，对其进行教学成效评价时也要兼顾其特征。

第一，生态文明思想融入课程思政要兼顾课程评价与教学评价的合二为一。生态文明思想融入课程思政教育属于隐性教育，以潜移默化的形式参与到专业课教学过程中，课堂教学实现了生态文明思想由隐性向显性的转变，这就决定了以课程为单元的课程思政评价立足于教学评价。换言之，生态文明思想融入课程思政要兼顾课程评价与教学评价的合二为一。第二，生态文明思想融入课程思政要兼顾思想政治教育评价与专业课程评价的有机融合。从形成路线来看，融入生态文明思想的专业课程是基于"挖掘—提炼（对经济学专业课生态文明思想的挖掘与提炼）—融入（经济学课程）"的路径而形成的，在知识传授和能力培养之中应融入价值引领。因此，生态文明思想融入课程思政的教学评价应与专业课程评价、专业课程教学评价、学生专业素养发展评价以及思政课评价结合起来。

二、生态文明思想融入课程思政的教学成效评价体系构建与评价方法

生态文明思想融入课程思政的教学成效评价体系构建必须始终坚持以学生中心，以人才培养效果为首要标准，解决好评价活动组织、评价标准研制和评价方法体系构建三方面的问题。

（一）生态文明思想融入课程思政评价活动组织

将生态文明融入课程思想政治评价体系建设，应从学生视角、教学视角和课

程视角三个维度进行综合评价。

　　第一，学生是生态文明思想建设的对象，是思想政治素养发展评价和评价活动的组织。评价主体包括教师、学生（包括学生本人）、思想政治课教师、导师（包括学术导师）、辅导员等，主要评价形式为常态性评价、阶段性评价和总结性评价。常态性评价主要是根据每一课堂的教学效果进行日常评价。常态性评价被广泛用于向学生提供学习反馈和向教师提供教学反思。阶段性评价和总结性评价主要集中在期中检查和期末检查。为了真正体现生态文明思想，学生可以在期中或期末进行自我评价或相互评价，并通过问卷调查形式，观察学生对生态文明思想融入课程思政启蒙和价值导向的程度。本课程的思想政治教师、辅导员和导师（学术导师）的评估可在学期末进行，这样的总结性评价更适合观察学生的言行。第二，将生态文明思想融入课程思政教学评价主体和评价活动的组织。课程思政教学评价主体应包括教师、课程思政首席教师、首席专业教师、思想政治教育教师、教学管理人员和学生。课程与教学、课程思政教育、思想政治课程和教学管理领域的专家组也可应邀参加。此外，还可以包括第三方评估。第三方评价可以是教师的自我评估，也可以是由特定课程的首席专家、思想政治专业（学科）负责人、教学管理部门、协会或研究协会组织的评估。从评价形式来看，教师的教学评价可以是基于每一次教学（反思）或基于整个课程教学过程的自我评价。由其他主体发起的教学评价往往不存在于常态性评价中，可以每学期评估一次，也可以通过教学观察进行评估。第三，将生态文明思想融入课程思政评价和组织评价活动——以课程为单位。以课程为单位的评价主体与教学评价主体基本一致，但在评价活动的形式上我们可以采取集体评价的形式，以对课程和教学过程中教材的评价为基础，结合教学视频和学生评价结果，形成综合评价结果和优化建议。该评估可由具体课程的首席专家、课程思政专业（学科）负责人、教学管理部门、学会或研究协会或由思想政治课程专家等组成的第三方进行，其中课程思政、课程及教学专家由上述机构邀请。

（二）生态文明思想融入课程思政评价标准研制

　　第一，突出生态文明思想融入课程思政教学形成性评价标准。其评价标准应包括教学目标、生态文明思想内容、教学模式与方法、教学管理与评价、教学效果、教材（资源）、教师教学行为和素养，重点揭示当前教学现状与理想目标的差距，找出存在的问题，分析原因。因此，生态文明思想融入课程思政教学标准应注重对教学的考察，具体观察点是离理想目标有多远以及如何提高理想目标。第二，突出发展性的学生生态文明思想政治素养发展评价标准。学生生态文明思想素养发展评价应基于专业角度，从两个层面、两个维度设立双评价维度标准。

所谓两个层面，是指生态文明思想融入课程思政课堂教学的实时评价和基于生态文明思想融入课程思政课程的阶段性评价两个层面。所谓两个维度，是指评价标准要涵盖学生对思想政治教育元素即生态文明思想的认知、基于专业角度对生态文明思想政治教育知识的实际应用能力。双评价维度标准的发展要采取分级描述，以便于评价者明确学生生态文明思想政治素养多维度、复合式发展情况，并基于教学复盘等手段改进课程与教学，优化学生的学习体验和提高学生的学习效果。

（三）生态文明思想融入课程思政评价方法体系构建

生态文明思想融入课程思政评价方法体系构建与生态文明思想融入课程思政评价对象一一对应，主要包括学生生态文明思想政治素养发展评价方法、生态文明思想融入课程思政教学评价方法和以课程为单元的生态文明思想融入课程思政评价方法。

第一，学生生态文明思想政治素养发展评价方法。评价方法应着重从诊断性、过程性、综合性三方面入手。其中，诊断性评价可以帮助教师明确当下学生生态文明思想政治素养具体情况，方法主要有课堂测试、问卷调查和课下交流等。过程性评价对看清学生对生态文明思想发展状况变化轨迹有利，代表性方法为学生生态文明思想发展档案袋评价法以及与融入生态文明思想的课程思政有关的小论文、调研报告、交流记录、教学日志等。综合性评价以综合考察学生生态文明思想融入课程思政在德智体美劳方面全面发展的能力为主，主要方法有专题考核、综合素养发展测评、第三方综合评价等。第二，生态文明思想融入课程思政教学评价方法。教学评价一般分为学生自我评价和他人评价两方面：自我评价由于开展较便利，可在单次教学之后进行，也可在期中或学期末开展；他人评价是基于组织层面、第三方评价、同行评价或同学评价来展开的，具体方法有问卷调查法、座谈会、教学观察法等。第三，以课程为单元开展生态文明思想融入课程思政评价方法。与生态文明思想融入课程思政的教学评价类似，基于课程的评价可以采用课程档案查阅法、问卷调查法、座谈会等方法。

三、生态文明思想融入课程思政的教学成效提升路径

（一）调节师生关系，回归主体本位

第一，摒弃灌输式教学模式，推动以双向沟通为特征的互动式教学。促使师生关系双向和谐发展，建立师生人格互相平等尊重、对话平等愉快、思想文化交

流激烈碰撞的和谐教学模式，把生态文明思想融入学校课程教学的思政、德育教学活动具体场域。以求同存异的社会包容性，助推学生主体差异与学生个体差异共同发展，尊重学生人格发展中的自然性。第二，激发学生的主观能动性。教师以引导者角色主动引导生态文明思想融入课程思政教学活动，学生以提问人角色主动参与相关教学活动，营造一种知识化、人本化教学活动氛围，形成"教而不倦、学而不厌、教学相长"的学习共同体。

（二）丰富课程种类群，增强课程结构有机性

生态文明思想融入课程思政教学过程要不断探索优化课程整体教学内容结构，设计一个具有科学逻辑性的教学课程内容组合，形成一个供需均衡的教学课程体系，增强课程核心性和课程之间有机性联动。第一，在学科教学活动中，要特别注重学科间教学内容上的衔接、逻辑安排和各个知识点的融合，避免只过于追求一门学科的课程内容完整性而完全忽视了整个课程体系的整体应用功能。要以政治性、学术性、知识性为逻辑理论起点，以研究阐释科学理论、现实问题、学生困惑问题为理论出发点，在研究解决知识理论基础、学科理论逻辑与实际社会实践需要间的协调上不断取得广泛共识。第二，要因时因势不断增设新的课程。随着社会经济发展日新月异，新情况、新问题、新现象层出不穷，生态文明思想融入经济学基础课程后，在教学过程中要不断与新时代教学接轨，适时增加一些体现时代感的新教学课程，增强与新时代的联系。第三，要多元协同量身定制课程。要充分发挥高校特色课程教学资源优势，注重师生协同效应，围绕高校学生密切关注的教育热点、难点、疑点，结合高校学生相关专业知识背景，联合其他高校相关专业学科共同开发、设计、讲授特色课程，使高校生态文明思想核心价值教育引领与社会经济学相关专业教育有机结合，增强学生凝聚力、感染力。

（三）促进多种场域融合发展，优化教学环境

生态文明思想融入课程思政可以以一种社会活动的形式存在，与社会、经济、文化等外部要素协同发展。第一，优化生态文明思想融入课程思政的授课教师资源。可以整合校内教学资源，开发校外教师资源，聘请校外生态文明思想研究方面知名专家学者、领导干部、先进人物、行业技术精英等任职高校兼任教师；努力构建多元化培育生态文明思想融入课程思政理论教学的创新共同体，开创理论教师系统讲、专职教师专业讲、先进人物客串讲的新教学局面。第二，优化生态文明思想融入课程思政发展环境。高校教师要不断增强有关生态文明思想理论融入专业课程教学思政在专业人才培养教学方案中的整体比重；在积极鼓励

相关专业学科教师开展有关生态文明思想融入教学研究和思想理论教育研究的方面，要给予专项资金和科学技术支持，促进思想教学与教育科研的良性协调互动，活跃学术研究氛围，增强专业教师在高等学校思想教育领域的学术领导地位；积极强化大学生社会理论性质的社团组织建设，依托各类社团组织开展丰富多彩、形式多样的有关生态文明思想的校园文化教育活动，寓优秀教学研究成果于教育活动之中，提升学生对生态文明思想融入课程思政的获得感。第三，拓展与优化教学空间环境。加强学校网络空间建设，充分运用互联网技术开展生态文明思想融入课程思政网上教学、理论探讨、解疑释惑等活动，形成线上线下互动融合的教学环境；加强实践基地建设，联合专业实践，结合社会实践，融合创业就业实践，形成立体化实践环境体系。

第六章
生态文明思想融入经济学
课程思政的制度保障

为实现生态文明思想融入经济学课程思政这一目标，还需要相应的制度保障。制度不仅是存在于人与人之间和人与社会之间的体制机制、法律法规等的总和，而且随着人类对自然探索的发展，制度的思想也广泛运用于人与自然的交互活动中。在现代社会中，制度的作用往往是指能够通过预先设定的一系列规则来限制人们的活动并为人们的活动提供方向，为社会中的分工合作分清职责，其规范性和稳定性起着调整与协同各方面主体关系、调节各种矛盾冲突的功能，成为经济发展、社会安定的重要保障。随着人类生态文明意识的普遍觉醒，制度也被应用于规范人类发展和自然环境这两者的关系，并且由于各国生态环境问题越发显著，其丰富度也在不断提高。目前全国诸多高校已经对课程思政进行了一定的摸索，在取得一些成就的同时也暴露出许多问题。生态文明思想揭示了人与自然、社会发展与自然的关系，其核心理念走在时代前沿的同时又暗合"天人合一""仁民爱物""道法自然"等中华传统思想，与课程思政"立德树人"的本质相吻合，因此将生态文明思想融入经济学课程思政是历史的必然。

分析已有的文献发现，国内学者对课程思政展开了大量的研究，但主要集中在课程思政的理论含义、开展意义、实现路径、案例分析、现状优化或专门研究某一门专业课的课程思政应该如何进行等方面，有关将生态文明思想融入经济学课程思政的研究较少，其中能够构建出全面制度保障的研究更少。综合前人的研究，本书认为高校将生态文明思想融入经济学课程思政的制度保障最重要的是制度的系统性，制度保障的设计要从高校课程思政建设的源头入手。首先，要保证高校管理层对课程思政的重视程度并做好顶层设计，为生态文明融入经济学课程思政的实施营造出良好的环境。其次，要提高各方主体的责任担当意识，解决经济学专业课教师缺乏思政教育能力的现实问题。再次，要督促全校各部门协同合作，保证课程思政建设中问题的及时反馈与解决，提高本专业课程思政的效率。同时，要加大高校对生态文明思想融入经济学课程思政的资源挖掘力度，为将来的教育工作提供支撑。最后，要在每一阶段教学结束后做好评价工作，总结优点与不足，并在下一阶段进行改进。因此，本章将建立思想认知、责任落实、协同配合、资源整合、教学评估五大制度体系，并分别论述其必要性和实现路径，构建支撑生态文明思想融入高校经济学课程思政的系统制度保障。

第一节　完善思想认知制度，强化高校的重视程度

高校管理层对生态文明思想融入经济学课程思政的思想认知与责任意识是一切工作建设的前提和保障。反思过去全国高校课程思政建设的先进经验不难发现，高校管理层的态度在很大程度上决定了本校课程思政建设的质量。此外，高校关于开展课程思政的顶层设计、监督手段、学习气氛等也是十分重要的因素。因此，高校将生态文明思想融入经济学课程思政的制度保障首先要明确高校管理层在课程思政开始前的准备工作。

一、树立高校管理者主体责任意识，建立督学制度

高校管理者是将生态文明思想融入本校经济学课程思政大方向的设计者，因此在正式开展两者的结合工作前，有必要在高校管理层内开展有关知识的学习活动，在提高管理者主体责任意识的同时建立明确的督学制度，为生态文明思想融入经济学课程思政提供保障。生态文明思想内涵丰富，并且仍处在不断发展完善的阶段，而课程思政注重授课与育人同行，讲究方法和内容形成协同效应，两者都具有鲜明的特点和深刻的内涵，高校管理者想要实现生态文明思想和经济学课程思政的高质量融合，首先要深化自身对这两方面的理解。高校应先在管理层内部实施生态文明思想和课程思政教学的学习活动，采取集中学习的方式实现知识的全面扫盲，之后对融合途径展开初次讨论，加深对两者的理解。与此同时，还需树立起高校管理者的主体责任意识。从生态文明思想融入经济学课程思政的实践过程来看，高校管理者和任课教师各司其职，两者都是实践的主体，其不同点在于教师是具体教学实践的主体，而管理者的职能更多的是在课堂外为课程思政的开展提供条件、扫清障碍。

在现实中，受高校内部管理体制的影响，课程思政任务的制定与具体实施路径可能由相关专业院校专门设计，如马克思主义学院，而其他专业院系只需简单交流对接后执行。这一模式虽然保证了各教学院系间职责划分明确化、专业化，但是同时也容易使高校管理主体形成刻板印象，即将高校思想政治教育仅仅视为

相关院校或老师的独立责任，造成高校课程思政效果流于表面。此外，专业课教师可能对课程思政建设存在困惑。例如，部分教师对自身职责范围界定不清，具体表现为在课堂上只局限于专业课知识，以课时不足、内容超纲等理由忽视思政内容。高校管理层作为高校的领导者，必须要表现出对课程思政的重视，在给全体教师做出表率的同时也可以打消某些教师消极应对的心态，因此生态文明思想融入课程思政首先要树立高校管理者的主体意识，强调发挥管理层总揽全局的作用，通过建立督学制度来宏观调控课程思政的进程。

由于将生态文明思想融入经济学课程思政尚处于摸索阶段，并没有太多可以借鉴的案例，在实践中根据现实问题及时调整教学内容的重要性越发明显，因此必须要建立行之有效的督学制度。课堂是进行课程思政教育的主舞台，也是问题频发的主阵地，同时更是督学制度的主战场，督学制度的实施将立足于课堂展开。具体来说，督学制度在初期的目的是明确课程思政确实有效地在课堂中进行，所以可以通过采取专人巡查听课的方式在课堂中进行，例如设置诸如经济学课程思政教材中涵盖生态文明思想的深度与广度、学生在课堂上的活跃程度、专业课教师在授课中对思政内容的重视程度等考核指标，总结出当前阶段需要修改的内容并及时更正。在中期和后期，督学制度的重点应该有所转移。从已有的经验来看，在将生态文明思想融入经济学课程思政的整个教学过程中的诸多制度设计、教学创新、评价体系都可以依赖督学制度实现，因此在保证本校课程思政初步走向正轨后，督学制度就应该减少花费在课堂上巡查听课的时间，将更多的资源转移到对其他工作的支撑上。另外，在高校结束这一阶段的教学任务开始总结成果时，督学制度还应该加强对优秀经验、成果的解析，以此来保证已探索出的正确经验的再实现，同时还可以尝试创新已有内容和加入新内容，保持高校课程思政的生命力。

二、培养专业课教师将生态文明思想融入经济学课程思政的引导制度

专业课教师普遍存在熟悉专业课知识而对生态文明思想和思政内容陌生的情况，作为生态文明思想和思政内容在经济学专业课教学体系中的扩展，三者的融合能否有效推进，根本上还是取决于专业课教师的素质和能力。因此，教师有责任在课程前学习相关思想和知识，高校在向教师提供学习条件的同时也应顺势而为，培养专业课教师将生态文明思想等思政内容融入经济学专业课教学能力的引导制度。该制度大体可以分为两部分，第一部分侧重于教师自身的学习教育。高校可以组织专业课教师学习生态文明思想和其他高校课程思政教学案例，同时对

专业课教师开展思想政治教育，培养教师的责任心和使命感，这是保证课程思政顺利进行的先决条件和思想根基。具体实施形式有集中学习、外校专家公开课、校内教师交流讨论等。这一部分的难点在于提高教师的思政水平。大部分专业课教师受制于专业背景，并没有接受过系统、专业的思想政治教育理论训练，存在思政理论不足的劣势，又因为专业课授课的现实条件，在原本就有限的课时中加入看似与教学无关的思政内容越显困难，由此就产生了普遍的敷衍、刻板、浅显的课程思政教学现状。因此，推进生态文明思想和经济学课程思政的融合必须高度重视教师自身思政水平的提高，确保其对课程思政的价值认同。第二部分侧重于发掘生态文明思想融入经济学课程思政的融合途径。在经过第一部分的学习后，如何将理论用于实践成为下一阶段的重点，由于各专业内容不同，各教师也难免存在思政水平参差不齐的情况，因此，融合途径的制定应先重视确定原则性的大方向、大框架，然后再划分出各专业的具体路径。高校应先在大范围内组织集中讨论，通过集思广益的方式寻找出融合途径的共同点，然后再以院系为单位展开讨论，具体情况具体分析，确保以本专业实际出发确定具体融合途径。

2019 年 3 月 18 日，习近平总书记在北京主持召开学校思想政治理论课教师座谈会并发表重要讲话。习近平指出，推动思想政治理论课改革创新，要不断增强思政课的思想性、理论性和亲和力、针对性，要坚持"八个统一"。[①] 对"八个统一"最直观的理解即要在课程思政的教学过程中脱离专业课僵硬的知识传授模式，加入创新的教学手段和政治性内容，在将理论和实际相结合的情况下塑造出学生的优良价值观并启发学生探索世界的主动性。高校在将生态文明思想融入经济学课程思政的探索中，需要深度挖掘"八个统一"的科学内涵和内在联系。引导制度的目标是最终制定经济学各专业授课既有丰富的专业课知识，又有鲜活的思政元素；既能使学生掌握专业课知识，又能鼓励学生践行生态文明理念；既能体现教师和高校的主导性，又能培养学生的能动性；既实现专业课知识和技能的传授，又实现对学生人生困惑的解答，最终达到立德树人、对学生全方位培养的效果。

高校在培养教师将生态文明思想融入经济学课程思政能力的同时，还需要明确融合过程的性质。将生态文明思想融入经济学课程思政不是简单的"加法"，而是要在生态文明思想融入教材、讲义、授课方法三个方面进行有机的探索。一是要在教材中有效植入生态文明思想的知识，注重融入的有效性。教材是体现教学内容和教学方法的物理载体，使用什么样的专业课教材体现了知识的价值导

---

① 人民日报评论员着力推动思政课改革创新——论学习贯彻习近平总书记在学校思政课教师座谈会上重要讲话［N］．人民日报，2019-03-21（002）．

向。将生态文明思想创新地融入经济学课程思政要用教材创新做先行军，注重课程思政中的生态文明思想基因。高校要组织有课程思政教学经验的教师和对生态文明思想有研究的专家进行深度交流，把生态文明思想的精神写在教材中。二是讲义中要形成生态文明思想和专业知识、思政元素的和谐生态，把握融入的"温度"。讲义是教学的路线图和时间表，专业课教师要平衡好专业知识、思政元素、生态文明思想三者的关系，即要达到把基本原理变成生动道理，既不能一味地强调思想政治教育，降低课程的专业性，也不能对思想政治教育浅尝辄止，减少课程思政的范围。三是授课方式要创新，提升课堂的有效性。将生态文明思想融入经济学课程思政不是一件简单的小事，而是一个复杂精细的过程，需要达到一定的教学高度后才能充分体现课程思政的优越性。高校授课方式要把握节奏、讲究策略、创新方式，才能将思政元素转化为学生的人生认知。

三、高校管理层带头营造课程思政氛围，提高全体师生的重视程度

生态文明思想融入经济学课程思政的主舞台是课堂，但仅仅依靠专业课教师的讲授必然不够全面。从课程思政的内涵出发不难发现，课程思政的结构是立体多元的，即要求知识传授、价值塑造、能力培养的统一，而传统的课堂教学方式受制于授课时间往往不能做到面面俱到，因此将生态文明思想融入经济学课程思政必须要改变传统的教学方式，将整个校园作为课堂，以多种方式的结合来实现课程思政的目标。高校管理层作为教学方式创新的主体可以通过多种途径提升全校的课程思政氛围。首先是课前的宣传工作。针对学生的概念扫盲和知识普及明显有益于提高学生对生态文明思想和课程思政的接受程度，因此高校可以用海报宣传、校内广播等方式进行初步教育，还可以用比赛的形式鼓励学生积极投稿论文，表达自己对生态文明思想融入经济学课程思政的看法，激发学生自行了解生态文明思想和课程思政的动力。其次是以多彩的教学形式辅助专业课课堂教学，如专家公开课、举办践行生态文明思想主题活动等，加深学生的理解，使思想理念跳出书本，完成对传统教学方式的升华。最后要关注学生的日常生活。基于现实情况，课程思政树德育人和对学生的国家观、民族观、历史观、文化观等方面的教育也可以在课堂外进行，高校可以通过高校辅导员、心理健康教师等对学生个人日常生活予以关怀并将课程思政进行扩展，目的是解答学生人生困惑并有意识地回应学生在学习、生活、社会交往和实践中的真实问题，从而对其人生起到

积极的作用①。高校管理层诸多创新措施的最终目的是营造全校对课程思政的积极态度，引起师生的重视，为之后本校探索将生态文明思想融入课程思政提供动力，达到事半功倍的效果。

为全校营造热烈的思政氛围，把握不同专业教师间的交流是一个关键点。将生态文明思想融入经济学课程思政不能把视角仅仅局限于经济学专业课，高校在全校的各方面工作一方面可以起到扩大受众群体、激发全校学生对生态文明思想和课程思政关注的作用；另一方面又可以借这个机会打开经济学专业教师与其他专业教师交流的大门，使各方面的先进经验得以互通，提高本校生态文明思想融入经济学课程思政的质量。高校可以通过对经济学各专业开展创新公开课的方式，以思想政治教育为主题，邀请除经济学相关教师外的其他专业课程思政建设优秀的教师上台讲课，打开经济学各专业教师和学生的视野。对学生而言，这种形式的公开课可以拓展自己的知识面，同时也可以作为学习生活的一种调节方式。对教师而言，这种形式的公开课是一次很好的学习机会，了解其他专业优秀教师的思政教育经验有利于本专业的课程思政建设。对高校而言，这种形式的公开课首先有利于带动校内的课程思政建设气氛，调动起全校师生的学习兴趣。其次，这又可以作为一种隐性教育方式来深化对学生的思政教育。最后，这还可以为本校教师将生态文明思想融入经济学课程思政提供借鉴，提升经济学各专业教师课程思政的建设能力。

四、做好顶层设计，明确本校生态文明思想融入课程思政的发展方向

培养什么样的学生，如何培养学生，为谁培养学生是课程思政隐含的问题。课程思政着眼于为中国共产党治国理政、社会主义现代化建设、中华民族伟大复兴培养学生，聚焦培养担当民族复兴大任的时代新人、德智体美劳全面发展的社会主义建设者和接班人的育人目标，正确的生态文明观、认知价值观是新时代的接班人必须具备的条件。而如何将生态文明思想融入经济学课程思政的问题没有现成的、先进的成功经验可以借鉴，需要高校和教师对本校经济学专业课程进行统筹安排和科学布局。高校管理层要认识到自己统领本校将生态文明思想融入经济学课程思政的责任，一是要切实担负起主体责任，与教师集体学习、备课、听课，亲自参与到建设中去。二是要督促建立、健全各项制度。三是要组织本校资源挖掘、整合工作。四是要制定相应的评价机制，同时保证对教师的激励，解决

① 刘承功.高校深入推进"课程思政"的若干思考［J］.思想理论教育，2018（6）：62-67.

教师课程思政建设的后顾之忧。综上所述，本书认为将生态文明思想融入经济学课程思政的顶层设计要从统筹性、科学性、创新性三个角度进行思考。

从统筹性的层面讲，一是统筹将生态文明思想融入经济学课程思政的高度。高校应该从构建"人类命运共同体""民族复兴"等伟大目标出发明确其战略价值，把经济学课程思政建设放在关乎国家前途命运的高度，努力提升本校思政建设的境界和质量。二是统筹经济学各专业课程思政建设的思想共识。各专业需要明确课程思政不是一门崭新课程，而是一种贯穿于专业课全过程的教育理念；不是专业课程的闲暇放松，而是课程的指导精神；不是专业课的思政化，而是专业课的内涵式发展；不是简单地在课程思政中加入生态文明思想，而是为课程思政开创出一种新境界，以此加强对学生生态观的教育。三是统筹经济学课程思政的基本路径。高校要处理好将生态文明思想融入经济学课程思政教学路径的普遍性和专业的差异性，以及教育教学的规范性和学生需求的多样性之间的关系，依据课程和教师的特质，灵活、有针对性地开展课程思政建设。

从科学性的层面讲，一是要做好学科思政资源挖掘工作。科研创新是支撑高校将生态文明思想融入经济学课程思政走下去的动力，高校应该鼓励各专业教师依据学科特色积极挖掘高质量的思政资源，厚植学科专业基础的思想政治教育意涵，反哺课程思政教学实践，丰富经济学课程思政教学资源。二是要做好对教师的评价工作。专业课教师在将生态文明思想融入经济学课程思政的过程中扮演着至关重要的角色，高校应该重视对教师工作的考察评价，时刻把握本校课程思政建设的大方向，起到保证课程思政方向不偏移的效果。

从创新性的层面讲，高校顶层设计要更新思想观念。学校应该形成将生态文明思想融入经济学课程思政建设工程的统一认识，尤其是经济学专业课教师要更新教育思想，更新教育观念，加强思政知识学习，进一步解放思想。习近平强调："思想政治工作从根本上说是做人的工作，必须围绕学生、关照学生、服务学生。"因此，高校如果想要彻底改变在过去一段时间中专业课教师和思想政治课教师表现出来的各自为政、互不联系的情况，就必须确保经济学各类课程与思想政治理论课同向同行，形成协同效应，这是当前高校课程教育教学改革的迫切要求和发展趋势①。同时，也要创新教学手段。经济学课程思政建设的过程中要注意结合专业特点、学生特点，在实施路径、评价奖励等方面改革传统模式中不合理的部分，还要借助多方讨论大胆进行创新并及时总结提炼成功的经验和做法，推出适合学生特点、学校特点的课程思政授课方式。高校要充分利用当今成

---

① 王德炎，谢今. 立德树人背景下高校从"思政课程"走向"课程思政"的思考［J］. 绵阳师范学院学报，2019，38（12）：11-15+21.

熟的网络技术，参考如钉钉、腾讯会议等的成功经验来探索出网络信息平台的课外教学功能，实现传统课堂教学形式与新媒体教学的有机结合，最大程度上合理利用学生的碎片化学习时间。

第二节　构建责任落实制度，提升教学主体开展课程思政的能力

教师是将生态文明思想融入经济学课程思政的教学主体，也是能否达到思政课程立德树人目标的关键，发掘经济学专业课中的思政元素和融入生态文明思想，切实提高高校人才培养质量，首先要开展针对教师的教育工作，发挥好教师队伍的主力军作用。本节大致可以划分为两个方面，一方面内容可以简单概括为对教师自身生态文明思想了解程度和思政水平的提升，另一方面则是有关教师责任方面的制度构建。

一、明确教师责任培养制度

面对全国各高校课程思政中容易出现的教学流于表面、学生重视程度不足等问题，经济学课程思政应提高警惕，以任课教师为切入点，通过对教师进行思想政治教育工作，树立教师对本专业课的责任和担当意识。从全国范围课程思政暴露出的问题来看，以传统方式敦促教师重视课程思政最终大概率沦为形式主义，要想赢得全体专业课教师的认可，树立起责任和担当意识，就应首先实现理性上的思维认同，然后转化为感性上的责任感召。

要达到教师对本专业课课程思政理性上的认同，首先是要重视课程教学的科学性，课程内容和形式的创新应符合学生的学习习惯和教师的教学规律，生态文明思想融入经济学课程思政具体细节的设定要在高校的教学基础上实行，既不能只是粗略地概括思政内容，应付了事，也不能花费大量精力在课外知识的探讨上引起师生的抵触。想要得到教师的认同，首先应该注重思政内容核心理念的阐释，把思政教育贯穿在经济学知识中，经济学固有知识传授为显，结合生态文明思想的思政内容教育为隐，实现显性和隐性教育的有机结合。其次是恪守公正性。具体融合路径的制定无论是自上而下的高校管理层统筹式还是自下而上的教师讨论征集式，其最终建立必然要经过公开、固定的程序实现，目的是使所有的教学主体参与进来，获得其对整个体系最基本的理性认同感。最后是关注伦理性。高校要关注教师间的性格、研究方向、创新能力、教育方式的差异，尊重其

人性和劳动，对教师进行全方面的了解，关注可能会产生的正当诉求。教师的思想政治教育要从达成的理性认同角度出发，注重解释为什么要将生态文明思想融入经济学课程思政这个问题，即要突出育人先育德的教学理念，明确高校应引导当代大学生树立正确的国家观、民族观、历史观、文化观、人生观和价值观，传承和创新中华优秀传统文化[①]，使教师和课程思政实现情感共振，实现对教师的责任感召。

二、明确教师懈怠追责制度

树立专业课教师责任与担当意识的目的是确保生态文明思想融入经济学课程思政的高质量完成，在相关院系、教师确定具体教学细节后应严格按照计划进行，对未执行课前校内制定的教学方式和教学内容，消极应对的教师应有责任追究制度。需要强调的是，追责制度的目的是找出课程思政教育能力不足的教师，了解实际情况后应当使其正视问题并加以学习教育，最后达到学校的要求。追责制度的实施要依托于督学制度，督学制度也正是为追责制度服务的，两者应产生联动效应。具体而言，针对某些教师懈怠思政知识学习、不愿创新教学方式、消极应对课程思政等现象，高校管理层可以通过设立督学委员会、课程思政监督办公室等机构的形式来解决。这类机构的作用大体相同，以督学委员会举例，在制定好经济学相关专业课程思政融入生态文明思想的计划后，可以将融入计划作为章程，根据高校校规相关内容并参考其他学校类似机构设置的细节设立本校的督学委员会，设立会长、副会长、会员、评定委员等职位，并明确选拔、换届、职能等细节，借由督学委员会考察本校的经济学课程思政状况。督学委员会考察的主要内容是课程思政的学风建设，依靠课堂巡查的方式，查找是否有思政内容教学敷衍的教师。对教师的追责主要体现在两方面，一方面是查看教师自己制定的具体教学内容中思政内容是否达到了学校制定的标准，若内容中思政元素缺乏，学校须督促其修改；另一方面是教师的态度是否端正，若其态度消极懈怠，学校应加强思想政治教育。追责制度还应有具体的惩罚机制，课程思政必须加入教师教学考核流程，和教师绩效、评职相挂钩，倒逼教师认真对待。

教师懈怠追责制度除了起督促作用外，关键目的在于转变教师教学思维。当前，高校教学课堂上的主要问题在于重理论而轻德育、单向灌输、教师育人意识有待加强等，即"表层教学思维"。表层教学思维仅仅将知识视为符号性或确定

---

① 王学俭，石岩．新时代课程思政的内涵、特点、难点及应对策略［J］．新疆师范大学学报（哲学社会科学版），2020，41（2）：50-58.

性的结果，将教学简化为程序化的训练，即目的只是训练学生将学习知识固化为记忆、背诵等机械训练①。然而，若不在乎知识的文化内涵，教学便只传递了冰冷的记忆，将生态文明思想融入经济学课程思政建设也便成了喊口号、搞形式，课程思政构建大学生精神世界的使命也便成为空中楼阁。对生态文明思想和课程思政进行剖析不难发现，两者都拥有自己的文化内核。生态文明思想的提出立足于中华民族伟大复兴的历史使命，致力于回答人与自然如何相处这一难题，为中国的发展指明道路，即要学习和践行马克思主义关于人与自然关系的思想，坚持人与自然和谐共生，动员全社会力量推进生态文明建设，共建美丽中国，走一条生存发展、生活富裕、生态良好的文明发展道路②。而课程思政的目的就是实现各类课程与思想政治理论课的同向同行，实现协同育人。育人先育德，注重传道授业解惑、育人育才的有机统一，一直是我国教育的优良传统。结构上讲究知识传授、价值塑造、能力培养的多元统一，方法上讲究以知识教育为显，思政教育为隐，实现显性教育和隐性教育的有机结合，促进学生的自由全面发展，为中华民族伟大复兴的中国梦凝聚人才、培育人才、输送人才。因此，将生态文明思想融入经济学课程思政建设呼吁"深度教学"，强调揭示经济学课程中蕴含的文化属性和文化精神，挖掘学生精神成长的文化价值，首要的就是要求教师改变以往的教学思维，不仅注重知识传授，而且注重树德育人。

三、明确教师获得感培养制度

使高校原有的教学激励机制得到完善，从而激励教师进行课程思政教学改革的长效机制，对将生态文明思想融入经济学课程思政的长期有效性而言至关重要③。具体而言，要形成专业课教师长期积极参与课程思政建设的景象，就必须构建起以激励体系为主、提升教师积极性和主动性为目的的良性生态机制。高校可以从奖励的角度入手，在科研项目支持倾斜、绩效考核评价侧重、评奖评优优先、职称职务晋升优先等方面建立一套切实可行的奖励制度体系，激发出专业课教师参与课程思政工作的内生动力和创造力。在科研项目支持上，要鼓励并积极支持经济学相关课程教师申报将生态文明思想融入课程思政的各类项目。在评奖评优中，在其他项目处于同等条件下要对积极参与课程思政建设工作的任课教师

---

① 伍醒，顾建民．"课程思政"理念的历史逻辑、制度诉求与行动路向［J］．大学教育科学，2019（3）：54-60.

② 习近平．在纪念马克思诞辰200周年大会上的讲话［J］．社会主义论坛，2018（6）：4-8.

③ 齐砚奎．全课程育人背景下高校课程思政建设的理论思考［J］．黑龙江高教研究，2020，38（1）：124-127.

予以适当倾斜。在职称职务晋升中，要在经济学有关课程教师职称晋升条件中加入将生态文明思想融入课程思政工作优劣程度的要求，同时对课程思政建设有突出贡献、具体教学中成果明显、参加课程思政建设态度积极的教师在同等条件下优先考虑等。通过这些以人为本的制度激励体系，增强经济学相关专业教师参与课程思政工作的获得感和成就感。

除了物质和名誉上的获得感外，更重要的是使教师得到精神上的获得感。高校应在对教师的思想教育上加大力度，促使教师增加对生态文明思想融入经济学课程思政建设的重视程度，并树立教师对树德育人这一理念的认同感。第一，要消除专业课教师的思想误区。从以往的经验上看，专业课教师并不涉及对学生的思想政治教育，这一方面的工作更多的是由专门的思政教师进行。在实施课程思政后，抱有这种思想的教师就走进了思维误区，没有真正地审视清楚自身应当担负的责任。在中国的传统文化中，原本就强调教师应当使教书与育人同行，不仅要在学问上授业解惑，而且要教导学生做人的道理。因此，高校应该以教师责任为主线，在对教师的思想教育中强调职业道德，使教师认识到建设本专业课程思政所获得的满足感。第二，要强调专业课教师的自身获得。专业课教师将生态文明思想融入经济学课程思政的过程对教师而言也是一种学习的过程，其中各方面的实践也使得教师自身获益良多。

四、明确教师考核评价制度

从全国高校课程思政的建设经验来看，大多数高校都认为加强对教师的考核评价可以作为推动高校课程思政建设的一项内容，并且把考核评价的结果作为高校教师评优等方面的重要依据，然而在实际的考核评价中，教师的教学、科研成果、育人成效三者从客观上讲具有不对等性，其中教学和科研的评价相对更容易，更具有可操作性①。无论从教师年度考核，还是目标完成情况考核，或者是在职称评选、评奖评优等考核上，教学工作量、教学成果奖项、科研项目、科研获奖以及课程思政相关领域论文发表数量、等级都是可以进行量化考核的内容。然而教师在课程中是否做到了树德育人，或者这方面工作的深度如何，则很难找到一个量化的指标去衡量，这就导致了课程思政强调的育人工作在现实中往往成为一个"软任务"，考核上的"软指标"，使得最终评价结果中考察人员的主观性较强。在这种考核机制下，教师一方面有繁重的教学、科研任务，另一方面在工作中对考核担忧，很难做到"不忘初心"，课程思政强调的教书育人相融合面

---

① 刘清生．新时代高校教师"课程思政"能力的理性审视［J］．江苏高教，2018（12）：91-93.

临巨大挑战①。同时，高校教师也是受情绪影响的自然人，不合理的考核机制难免会引起教师在道德情操、学术修养、理想信念等方面的偏移，表现出教师自身在教学上敷衍、学术上失德、心理上浮躁等现象。因此，高校管理层必须明确对教师的考核评价制度，确保制度必须是包含了客观性、科学性并富有人文主义色彩的评价制度，尤其是面对评价育人成果不好量化的问题时，要通过建立考核指标来避免考察人员的主观性问题。

五、成立教师能力培训制度

为解决高校普遍存在的专业课课程思政元素缺乏的问题，还需提出更加细致的制度保障。为解决这个问题，首先要明白产生这种现状的原因。大致可以分为以下两点：一是专业课教师没有意识到将两者融合的必要性。高校中还有一定数量的教师并不重视对学生的道德观念、价值取向的培养，认为专业知识和思政教育两者间并不存在实质性的联系。二是教师自身缺乏思政教育的学习意识和能力。如果教师自身都不重视对思想政治教育的学习，那么教师就很难真正地投入到课程思政的建设中，也就很难培养出具有综合素质的人才。虽然前文已经从四个角度提出了改进教师思政教育认知方面的制度建议，但是有关教师素质和能力的提升还需要进行细致的制度设计。

一是要设置课程思政培训班。高校管理层、教务处、高校党委办公室可以联合起来组建生态文明思想融入经济学课程思政培训班领导小组，通过邀请校外思政专家做系列报告的方式开设经济学课程思政培训班②。培训班应在每学期开学前举行，涉及经济学相关专业的教师必须接受培训，并和高校教学引导制度结合起来，要求每期学员需要结合本专业特点，写出培训心得和本学期课程开展方案。另外，针对年轻教师有必要开展特定培训。全国各高校中都有一大批年轻教师，随着社会不断发展，一些年轻教师的价值观难免呈现出多元化的趋势，其对思想政治教育不够重视，因此有必要开展针对性的培训学习。二是要做大做强教师交流制度。高校可以通过专设生态文明思想融入经济学课程思政交流会的方式加深经济学教师间的交流，使每个教师都有机会上台展示自己对在经济学课程思政中融入生态文明思想的经验。学院或交流会会务组也可以将得到的经验分类整

① 曹玉凤，李向云，马姝."课程思政"视域下的护理专业课程教学改革探讨［J］. 中国医药科学，2021，11（3）：79-82.

② 林爽. 我国高校推进课程思政的管理机制探究——以财经类专业课程为视角［J］. 河南教育学院学报（哲学社会科学版），2019，38（6）：115-118.

理、汇集成册，在全校内推广。

第三节 完善协同配合制度，促进全校课程思政良性互动

生态文明思想融入课程思政的主阵地是课堂，全校其他部门应该对教学端提供支持。生态文明思想融入经济学课程思政的有效实施绝不只是由相关高校管理层和任课教师进行顶层设计、教师课堂授课的简单二元结构，而是要求全校各部门通力协作的复杂网络，如教务处要加强对经济学专业课的培养方案、教学大纲、教材选用、授课方式等教学环节的管理，辅导员要起到辅助教学的作用。此外，还要求人事部、组织部、宣传部等职能部门的积极配合，形成有效的管理制度①。从其他高校的经验来看，多部门协调合作涉及许多内容。一方面，专业课教师可能不能及时了解生态文明思想的最新政策、指导方针，这就要和学校其他老师相互沟通，保证本校课程思政紧跟政策前沿；另一方面，教学中可能会出现一系列的问题也要有相应的制度进行处理。

一、要在任课教师间和行政部门间形成意见、问题反馈制度

目前许多高校在课程思政建设中只能看到任课教师的责任，忽略了高校行政部门穿插在整个过程中的重要作用。生态文明思想融入经济学课程思政的制定，全校思政建设气氛的营造，教师生态文明思想理论学习和自身思政水平培养的条件供给，教学创新的资源支撑等，都需要全校行政部门的通力协作。因此，高校行政部门可以被视为课程思政建设中的"后勤部"，为了更好地提升课程思政的效果，就应该在经济学任课教师和行政部门间形成意见、问题反馈制度。一是人人协同。生态文明思想融入经济学课程思政并不只是在某一节课中进行，而是多门课程共同开展，由此课程协同、教师协同就显得十分重要。经济学专业课任课教师各有所长，对课程思政也会有不同的理解，此时教师间的意见、问题交流就十分必要。经济学专业课教师间可以在充分交流意见后，通过协同备课、教学联动的形式提升教学质量。高校也可以顺势把教师间的意见、问题反馈制度确定下

---

① 尚利强，王智庆．高校专业课教学中的"课程思政"——以"管理学"课程为例［J］．西部素质教育，2019，5（21）：29-30+36.

来，并通过优秀案例推广的方式扩大其影响范围。二是课课协同。经济学专业课虽然加入了思政元素和生态文明思想，但是毕竟无法避免课程的绝大多数时间必须进行专业知识讲授，然而在思政课上，教师有充分的时间进行思政教育，因此，有必要将经济学专业课和思政课协同起来，在思政课程中加入生态文明思想专题。一方面，可以以此作为打破传统思政课程学生积极度不高困境的手段；另一方面，又可以把思政课程作为专业课的延伸，通过对专业课思政内容的深化与升华，实现将生态文明思想高质量地融入经济学课程思政。三是部部协同。高校课程思政建设涉及全校，高校各部门要统筹各方思政资源，建立全校课程思政意识、问题反馈制度。高校可以利用创新信息平台的优势，充分利用现代信息技术联合开发建立集线上、线下意见、问题为一体的集合平台，并鼓励全校各部门在信息平台上交流信息，将经济学各专业课、各教师、各部门间的"信息孤岛"相连，形成"生态群岛"。

二、要在学生和教师间形成意见、问题反馈制度

学生是课程思政的接受主体，因此也是最容易发现问题的群体。在将生态文明思想融入经济学课程思政的教学过程中，随着专业课程的开展，教师群体容易陷入"当局者迷"的境遇，特别是在整个教学具体过程的设定并没有学生参与的情况下，教师不可能有效地站在学生群体的角度来审视本学科教学计划的合理性，因此还需要形成学生和教师间的意见、问题反馈制度。为体现制度的有效性，可以将制度的载体划分为课中和课后两个部分。课中部分也就是让学生在课堂上进行专业课意见、问题的及时反馈。高校应鼓励学生寻找问题、提出问题、辩证思考问题，支持学生课外对生态文明思想和思政知识进行探索，并在课堂上进行讨论，让学生脱离机械的知识接受者角色，加入到全校的思政建设中来。课后部分将通过学校的信息化平台实现。教师可以以话题讨论的方式在平台上发布专题板块，以本专业课上的某一话题为议题，对专业课课程思政进行升华。考虑到每个学生性格或爱好等方面的差异和上课时间的限制，教师往往无法在课堂上就学生提出的意见、问题进行全面的回答或者干脆就没有时间留给学生提问，此时，课外交流平台的重要性就得到了充分凸显。另外，信息平台还可以作为教师创新学生课后作业形式的载体，即考虑到传统的布置思政小论文或其他作业时常会引起学生的消极对待，最后流于形式主义的结果，在将生态文明思想融入经济学课程思政的过程中，高校可以鼓励专业课教师在信息化平台上借助发布专题讨论的方式，要求每个学生畅所欲言，激发学生参与课程思政的积极性。

三、要在学生和学校间形成意见、问题反馈制度

长久以来，高校中普遍缺乏针对某一专业课学生反馈意见、问题的机制，绝大多数情况都是由专业课教师和辅导员作为传递中介，但这一情况常常会造成学生的意见在一次次的传递中偏离本意或不能得到及时的解决。因此，为推进高校课程思政建设，有必要建立学生和学校间及时的意见、问题反馈机制。高校课程思政建设资源的一大来源就是学生的建议，特别是在高校教学创新中，因此学校理应重视学生的反馈。具体而言，高校学生来自五湖四海，而我国生态文明思想在各地都有不同的实践方式，即各地政府往往会根据当地条件，具体问题具体分析，给出各具特色的解决方式。因此学校可以鼓励学生在信息化平台上对本校将生态文明思想融入经济学课程思政的方式提出建议，也可以对专业课教学提出自己感兴趣的教学创新方式。更重要的是，高校制定的思政内容往往由于教师和学生的不同思维而造成学生学习兴趣不高，此时高校就可以借助信息平台发放问卷或者投票来确定学生感兴趣的方向，使学校的思政建设事半功倍。另外，当教师在教学中出现前文讨论过的一系列问题时，可能表明学校的督察制度已不能及时地发现这些问题，这时就可以由学生借助本制度向学校反映，避免出现无人监管的局面。

四、要在教学端和行政端间形成问题解决和改进制度

在学生、教师、高校行政部门三者间的意见、问题反馈制度形成后，如何解决发现的问题并进行改进成为下一阶段的当务之急。高校管理层应当重视在教学端和行政端间建立起有效的问题解决和改进制度。实践中可以以高校建立的信息化平台为主战场，通过大数据技术统计、分析平台上出现的问题。首先需要强调的是问题解决机制的时效性。因此，该制度首要就是速度，即要求行政端快速、及时地解决教学中反映出来的一些问题，为生态文明思想融入经济学课程思政建设提供速度保障。其次是强调质量，行政端面对问题时绝不能抱有消极懈怠的思想，对现实问题敷衍了事，而是要将对待这些问题的态度拔高到和处理日常工作相同的重视度，为生态文明思想融入经济学课程思政提供质量保障。最后是强调做好问题的统计和分析工作。将生态文明思想融入经济学课程思政在全国高校中尚无可以借鉴的经验，因此高校探索的成果经验很重要，探索过程中发现的问题也很重要。为推广先进经验，本校的成功案例不能只是"特例"而应该是能被其他高校借鉴学习的优秀范例。因此，行政端还需重视对问题的统计、分析工

作，从反方向来思考、总结本校将生态文明思想融入经济学课程思政建设的得失，并从中提取出可供其他高校借鉴学习的典型案例，为全国高校课程思政建设提供资源。

构建典型问题的收集和分析制度有显著的必要性。将生态文明思想融入经济学课程思政是高校课程思政创新性的进步，这一进步将为其他专业在考虑将生态文明思想融入本专业课程思政时用以参考。因此，高校在实践具体的融入方案时需要注意典型问题，将其收集和分析，然后做出经验性的总结，为其他专业将生态文明思想融入课程思政做出贡献。

五、要构建起高校各单位协同育人制度

将生态文明思想融入经济学课程思政是一项巨大的工程，不能仅将责任和工作划分给专业课教师，寄希望于教师去完成这项工程，科学的做法是要在全校各单位间形成和谐的分工合作，创造协同效应。从理论上看，这个全校协同的境界不仅需要在经济学专业院系内部凝聚共识，还需要高校管理层和其他具有课程思政建设经验的专业教师参与和引导，更需要高校行政部门的支持和配合。也就是说，只有在高校内部形成各部门、各院系普遍参与和协同工作的整体格局，将生态文明思想融入经济学课程思政的构建才能在一种良好的氛围中开展，对学生的教育质量也才能得到提升①。从实际上看，在过去的探索中，许多高校已经产生了相关意识，就如何形成这种整体协同的境界进行了一定的摸索，也取得了一些成就，然而，现实中要形成这种全校协同育人的局面仍然面临诸多挑战。比如就高校管理层而言，一些高校只是在校内成立了负责管理课程思政工作的领导小组，成员自身既没有去学习相关知识，也没有实际参与到管理中，硬件上缺乏有效的实施计划，也没有提出客观的考核评价制度，精神上没有起到带头作用，行为上没有起到示范作用，这就使全校课程思政建设缺少探索精神。又比如有些高校不在乎各单位的协同效应，认为课程思政工作就只是专业课教师的责任和任务，缺乏对行政部门积极配合工作的要求，这就导致了在实际的教学中发现的一些问题很难及时解决，学生的意见也不能得到充分的反馈，同时教师背负了太多的任务，也无意在提升教学质量上下功夫。因此，将生态文明思想融入经济学课程思政必须要解决现有的这些问题，坚守构建学校各单位协同育人信念。

考虑到现实中的各种问题，高校的协同育人制度需要把制度的全面性作为基本点。具体而言，一是要在专业课教师和高校行政部门间形成定期协同备课制

① 胡洪彬.课程思政：从理论基础到制度构建［J］.重庆高教研究，2019，7（1）：112-120.

度。核心要务就是要在专业课教师和行政教师间将收集到的学生意见反馈进行交流讨论，以便于教师调整自己的教学计划，提升将生态文明思想融入本专业课程思政的质量。二是要在高校管理层和专业课教师间形成定期交流制度。高校管理层确定本校课程思政的大方向、制定本校课程思政的大战略，在将生态文明思想融入经济学课程思政中发挥着顶层设计的作用，而教师在建设本专业课程思政时必须要把握住方向性问题，不能盲目地探索，因此，高校要在专业课教师和高校管理层之间形成定期交流制度。三是要在经济学专业课教师和其他专业教师间形成定期经验互鉴制度。其他专业教师，特别是思想政治理论课教师有着优秀的思政素养，在思想政治教育问题上耕耘多年后必然有自己独特的见解，高校应该利用好这方面的资源。与此同时，经济学专业课教师在摸索将生态文明思想融入经济学课程思政的具体路径时，急需各方面的资源支持，这就需要通过各专业教师间的经验互鉴来实现，因此，高校需要在经济学专业课教师和其他专业教师间形成定期经验互鉴制度。四是要在专业课教师和辅导员间形成及时有效的交流制度。对于学生而言，在课堂上接受到的思政教育可能并不"接地气"，并且即使教师用讲解案例的方式来进行思政教育也会在客观上受到时间、兴趣、专业性的限制，而辅导员对于学生是一种更接近于朋友的角色，通过辅导员来进行课程思政的补充或者单独将一部分思政教育的责任交付到辅导员的手中可以有效提高经济学课程思政的质量。因此，学校应该在专业课教师和辅导员之间形成信息交流制度，及时有效地通过与辅导员的沟通形成课内课外协同。

需要特别指出的是，在经济学专业教师和其他专业教师的经验互鉴制度中，需要特别突出在思想政治教育视角下的经济学专业课教师与思想政治理论课教师的经验互鉴。在高校将生态文明思想融入经济学课程思政的建设中，本校的思想政治理论课教师应该积极扮演支持者的角色，全力参与到经济学专业课程思政的规划、设计以及教材编写的讨论中，并密切关注整个课程思想政治教育的状态，对其中的偏离及时做出调整，帮助专业课教师进行教学反思，并为其提供理论支持以及实践层面的答疑解惑[1]。经济学专业课教师则需要立足于自身的专业背景，对获取到的思想政治教育资源进行深化，找出和本专业课程思政相符合的内容，把本专业课程思政讲深讲透。从具体的细节上看，经济学专业教师和思想政治课教师的互动模式构建需要注意以下三点：一是要由高校管理层制定专门的规定来促成这一互动。尽管从理论上看，经济学专业课教师和思想政治课教师的互动有着诸多的优点，但是从实际情况上看，高校教师必然各有各的任务，依靠双方

---

① 方胜，罗芳芳.《中国传统文化概论》课程思政的实践与反思［J］.安徽理工大学学报（社会科学版），2018，20（5）：1-5.

自发地进行交流并不现实。因此，这项制度的首要前提就是必须要高校进行组织，强制教师参与。二是要将重点放在经济学课程思政效果的提升上。经济学专业教师和思想政治课教师的合作应以教学材料设计、教学活动设计、教学活动实施（过程重点、实施方法、效果评价）等为基本点，重视双方合作结果在课堂上开展的现实效果，并根据教学效果和学生反馈及时进行调整。三是要形成教师间的相互学习效应。经济学专业教师和思想政治课教师的互鉴合作对两者而言都是一个可以相互学习的机会。对于经济学专业教师而言，互鉴合作有益于自己工作的开展，将对本专业课程思政融入生态文明思想提供极大的帮助，也可以借这个机会提高自己的思想政治教育能力。而对思想政治课教师而言，加入到全校的协同育人系统中能够有机会在很大程度上丰富自己的科学文化知识、打开自己的知识视野并有利于完善思想政治教育的知识逻辑，对自己后续教学活动的开展起到很大的推动作用①。

另外，高校辅导员是学校教师队伍和管理部门的重要组成部分，在高校将生态文明思想融入经济学课程思政的建设中发挥着不小的作用。从辅导员的工作来看，他们是大学生日常思想政治教育和管理工作的组织者、实施者。从辅导员的作用来看，课程思政强调的是对学生的全方位培养要依靠辅导员在学生校园生活中的工作实现。课程思政的要求就是要围绕学生、关照学生、服务学生，不仅在课堂上教育学生，而且要在学生的生活中培养学生。因此，高校辅导员必须要重视自己的本职工作，做到以下三点：首先是要构建起自己与每一位学生的"关系链"，这是工作开展的基础。辅导员必须重视搞好和学生间的关系，不能因为某些原因就忽视学生，特别是高校对辅导员性质的定位应是更偏向朋友而不是老师的角色，以拉近辅导员和学生间的距离。其次是要主动成为学生和导师、专业课教师、家长等角色间的联系者，构建起学校的全员育人"关系网络"，并全面把握学生动态，事先了解可能会对学生产生影响的各种情况，保证学生的健康心理状况②。最后就是要发挥各"关系链""关系网络"的作用，对学生进行思想政治教育，尤其是要重点关注可能会影响学生价值取向的社会事件，把正确的价值观、生态观蕴含在对学生困惑的解答中，发挥高校辅导员制度的优越性。此外，高校辅导员也可以通过和专业课教师的积极沟通，成为课堂教学的延伸者，起到辅助教学的作用。

---

① 陆道坤. 课程思政推行中若干核心问题及解决思路——基于专业课程思政的探讨［J］. 思想理论教育，2018（3）：64-69.

② 杨涵. 从"思政课程"到"课程思政"——论上海高校思想政治理论课改革的切入点［J］. 扬州大学学报（高教研究版），2018，22（2）：98-104.

第四节 形成资源整合制度，加大思政资源的挖掘力度

高校将生态文明思想融入经济学课程思政的路径问题需要解决，如何找到更好的教学内容也需要解决，脱离内容谈方法必然会陷入形式主义。为此，经济学专业课教师首先需要对生态文明思想和课程思政深入学习，了解两者核心内容和把握住重难点，然后从课程思政的角度出发审视本专业课教学内容，可以用挖掘、提炼、整合的方式将生态文明思想融入经济学课程思政的内容。同时，高校管理层和行政部门也应提供支持，形成相应的资源整合制度，将全校经济学专业课教师的劳动成果集合起来，整合成可以推而广之的课程思政资源，并鼓励专业课教师对已有资源进行进一步反思和挖掘，不断推陈出新。

一、明确挖掘经济学专业课中思政资源的重大意义

经济学专业课教师挖掘课程中思想政治教育资源具有诸多重要意义。首先，这是高校教育课程内在价值追求的应有之义。高校经济学课程应该和中国特色社会主义建设的现实目标和未来方向保持一致，即高校经济学课堂中应当蕴含社会主流意识形态价值追求。经济学专业课虽然不如思想政治教育课程具有丰富的思想政治内容，但是教育的主体和对象都是活生生的具有价值取向的人，教师可以发挥自身的思想政治素养和充分利用高校思政资源，通过分析梳理相关资源进行知识体系的加工改造，在教学过程中将经济学隐含的育人功能体现出来。因此，实践中教师要以合适的手段和方式进行社会主义主流意识形态传播和价值引领，实现高校教育中知识传播和价值引领的双重目的。

其次，这是课程思政追求实现学生自由全面发展的内在要求。随着经济全球化、社会信息化和社会变迁的推进，学生的精神文化与价值理念正面临发展不平衡和发展不充分的问题。一方面，体现为发展不平衡。中国教育长期以来的一个普遍现象便是更重视应试成绩而忽视道德教育，重视讲究追求高效高占比的"主课"教育而不愿意真正投入师资力量在学生道德情操的"副课"培养上，重视书本上的理论基础而轻视现实中的实践探索等情况，这些现象的普遍性导致了中国高校教育模式的千篇一律，也因此使得此类弊端难以根除，进而使得学生各方面素质发展不平衡。另一方面，体现为发展不充分。改革开放以来中国的综合实力不断提高，社会对人才的要求标准也不再是能进行机械劳动的工人。随着高等

教育的普及，社会的人才素质在过去几十年中有了明显的提升，学生关于自我实现的思考也日益频繁，因此对高校教育有了更高的诉求。例如，高校教学内容需兼具学术性和实用性，学生在学习过程中想要追求更高的效率。学科之间的交流互通需要更加频繁和深入，借此起到打破学科壁垒和思维禁锢以及开阔学术视野的效果；学生从高校中获取的知识更加全面，最好能培养出个人的独特能力素质进而在求职中获得先机等。总之，新一代高校学生的发展诉求是全面的、综合的。

挖掘课程中的思想政治教育资源，将其与原有课程体系进行融合以期发生化学反应，进而转化为本专业课教学体系的有益组成部分，正是彰显课程育人价值，满足学生多方面发展的需求，促使学生德智体美劳全面发展，使其成长为可以担当民族复兴大任的时代新人的必要准备。

最后，这是实现树德立人根本任务的客观需要。随着现代社会的发展，我国经济领域发生深刻变革，社会利益格局发生变动，对人们道德观念产生了一定冲击。因此，挖掘经济学课程中的思想政治教育资源以及与生态文明思想相符合的知识点，加强道德教育，引导大学生坚守正确的道德原则，养成对自然正确的生态观，把握其心理成长发展的方向，使其成为德才兼备的社会主义建设者和接班人具有客观必然性。同时，在百年未有之大变局之下，多变的思想意识、多种价值取向、多样意识形态错综复杂、激烈博弈，对大学生产生深刻影响。高校作为意识形态教育的前沿阵地，对大学生进行思想引领和主流价值观教育，提升其意识形态辨别力，增强其意识形态战斗力，需要高校各部门、各学科紧密联合、通力合作。在保证传统经济学知识讲授的同时，挖掘经济学各专业中的育人资源，形成育人合力，是当前将生态文明思想融入经济学课程思政的重要任务和使命担当。

二、形成激励性的资源挖掘制度

专业课教师熟悉专业课程的知识体系，但对课程体系内的思想政治教育内容和如何在专业课课程思政中融入生态文明思想缺乏经验，容易形成专业课课程思政无法抓住重点的情况。因此，高校急需加大经济学专业课思政资源挖掘力度，为专业课教师提供丰富的备课资源。现实情况是，专业课教师普遍不愿过多花费时间在研究本专业课以外的内容中，特别是将生态文明思想融入经济学课程思政比传统的课程思政还更进一步，即第一层要求在经济学专业课中开展行之有效的课程思政，第二层要求教师在经济学课程思政中融入生态文明思想，并重点强调第一层与第二层的良性互动。为解决实际困难需要看清问题的本质，专业课教师缺乏思政元素挖掘动力的一大原因在于自身任务繁重，课余可以花费在研究课外知识的时间较少，并且高校往往只是将课程思政视为教师应在课中完成的任务，没有真正重视课程思政的建设自然就不会考虑到专业课教师备课的困难。因此，为解决专业课教师挖掘本专业课思政元素动力不足的问题，还需实施激励性的资源挖掘制度，即将专业课教师对经济学专业课中思政元素的挖掘工作也视为教学或科研的一部分，并可以得到与教学和科研相等的回报，同时学校还可以提供诸如专家讲座等形式的学习资源，打开教师挖掘专业课思政元素的视野。资源挖掘制度的具体实施可以有多种形式，如在院系内部设置针对生态文明思想融入经济学专业课课程思政的教学研究课题，鼓励专业课教师通过研究形成包含丰富生态文明思想的专业课课程思政文本材料。此外，还可以在学院内部举行生态文明思想研讨会议，深化全院教师对其的了解，并进一步开展主题诸如如何将生态文明思想融入经济学课程思政的说课比赛，通过各教师轮流上台示范自己的教学文本、其他教师观摩点评的方式对已有的资源进行锤炼，在相互对照下找出新的教学思路。

　　高校要强调资源挖掘的重要性，也要强调方向的重要性。挖掘什么样的资源是在经济学课程思政中融入生态文明思想教学内容设计的逻辑起点，也是高校管理层需要着重思考的问题。概括而言，高校在思政资源的挖掘中需要牢牢把握以下三点：一是互恰性。将生态文明思想融入经济学课程思政的主体仍然是经济学专业课课堂，即教师不能脱离专业课知识而强行加入思政元素，而是需要考虑到扩展的课外知识和本专业知识是否能相恰，避免出现无效引用的情况。二是时效性。课程思政强调教师不仅要做到传授知识，还要做到培养学生人格，使其树立正确价值取向的效果，而社会的发展必然会影响人的思想观念，这就对教师在挖掘思政资源的过程中提出了新的标准，也就是说要将视角放在实时社会热点上，关注学生感兴趣的实际问题，将视角放在国际社会重点事件上，关注对学生认知产生影响的实际问题。三是全面性。高校教师不仅需要挖掘经济学课程体现的思想政治内容，而且需要挖掘生态文明思想中可以融入经济学课程思政的内容。将生态文明思想融入经济学课程思政中的创新点就是试图融入丰富的生态文明思想，充实经济学课程思政的内涵。因此，高校还需要重视对生态文明思想内容的精简提炼，既要提取出浓缩了生态文明思想精华的特色内容，又要将这部分内容和经济学课程思政结合起来，使生态文明思想、经济学专业知识、思想政治元素三者的优点能全面表现出来。

　　在资源的挖掘过程中还要明确一些必须坚持的原则，也就是如何挖掘资源。鉴于经济学不同专业课的专业内容、教师资质、思想政治教育空间等方面的不同，教师在挖掘资源时应该坚持以下原则：一是实事求是的原则。经济学专业课的很多知识来自资本主义国家，其中可以引用的经典案例必然充斥着资本主义的普适价值观，专业课教师在挖掘的过程中，切忌无中生有、生搬硬套，可以在实际的教学中用对比的方式引入中国所倡导的优秀价值观、自然观，不必东施效颦。二是有的放矢的原则。课堂教学课时的有限性和挖掘资源的无限性决定了教师必须对挖掘出的成果进行精练，关键在于选出能真正和本专业课相互映衬、相互支持的思政资源，以期两者的相得益彰。三是鼓励个性的原则。由于不同经济学专业课教师水平和学生背景的不同，高校可以在坚持本校将生态文明思想融入经济学课程思政顶层设计逻辑的前提下，鼓励各课程突出教师和学生的个性，如对教师的自身特色和学生家乡生态保护政策的地域特色进行挖掘，最大程度上发挥资源挖掘制度的作用。四是与时俱进的原则。高校经济学专业课的内容绝大多数是经历过时间检验的理论，教师在挖掘与之相关的思政资源时可以考虑吸纳新的教育资源，用当代思想讲好经典理论，使本校生态文明思想融入经济学课程思政的建设充满时代气息。

资源的挖掘不仅是指文本材料的搜集，教学模式的创新也可以视为一种资源。在教学模式方面，新媒体、自媒体及新兴衍生媒体的快速发展深层次地改变了当代年轻人获取信息、交流沟通的方式，并进一步影响着学生的学习和生活环境。因此，信息技术与教学的深度融合必然会成为流行趋势，在未来将推动高校教育的创新发展。对高校管理层而言，将生态文明思想融入经济学课程思政的建设可以在网络世界中开辟"第二课堂"，改变传统的填鸭式教学，给予学生重复学习和更多思考的机会，这样有利于提升本校的课程思政效果。新冠肺炎疫情期间，全国范围内带热了一大批在线软件，如腾讯会议、钉钉等，这就给高校教学模式创新提供了条件支持。因此，高校可以利用线上和线下相结合的教学手段，充分利用建立起来的信息化平台，使网络教学成为传统教学的有效补充，推动本校将生态文明思想融入经济学课程思政的良性发展。

除了强调线上教学外，对传统教学模式的改良也需要教师花费一定的时间。专业课教师应该试图探索挖掘出最适合的方式或者多种方式结合来实现课程思政的教学效果。一是采用案例教学法。教师在课堂上引入与教学知识点相关的思政案例或让学生自主进行思政案例分析，不仅有利于培养学生分析和评价问题的能力，而且可以加深对思政教育案例的理解。二是启发教学法。教师要积极引导学生主动钻研专业知识，以此来提升学生的学习兴趣，锻炼其思考能力。三是对比教学法。通过分析比较相关概念和知识点的异同给学生留下深刻的印象，教师也可以将中国的环境治理前后对比作为案例，并以此为突破口加深学生对生态文明思想的认识。四是采取模拟教学法。通过学生上台讲演的方式，鼓励学生独立或组队制作涵盖专业知识的思政演讲 PPT，使学生主动探索课程思政的内容，激发学生的主观能动性，提升学习效率。

需要指出的是，教师的思政资源挖掘不是胡乱抓取有关内容，也不是将一些知识东拼西凑，而是要遵循逻辑的科学挖掘。一是要遵循知识逻辑。专业课知识是教学的根本，每一门经济学专业课都有其相对独立的知识逻辑，专业课教师要遵循专业课的知识逻辑，从专业知识的内在思想、应用场景、历史问题和前沿研究中挖掘出符合社会主义核心价值观的内容。二是要遵循历史逻辑。每一门经济学专业课的发展都是一个漫长的过程，其中涌现出的人物和故事蕴含丰富的思政资源，专业课教师要根据教学的需要，挖掘专业和学科的科学家或模范人物事迹、重大理论创新等所包含的不懈奋斗、永不放弃等精神，将其融入本专业的课程思政中，深化对学生的教育。三是遵循实践逻辑。专业课教师要从中国的生态文明建设出发，挖掘全国的先进事迹或成功经验中的思政元素，提升本专业课程思政的生态文明思想融入度。

三、形成资源整合制度

比挖掘资源更重要的是整合，离开整合的资源挖掘工作，其效果必将大打折扣，最终得到的也是一盘散沙，其优越性不能得到完全的舒展。这就决定了专业院系在挖掘蕴含生态文明的思政教育资源的基础上，还要通过制度构建来实现资源的动态调整。

首先是资源平台的建设。整合的第一步是将各方面的成果收集起来，在一个足够大的平台上进行前期的登记、分类工作，为高校下一步对资源的分析打下基础。具体而言，高校可以通过专项拨款的方式建立专门的课程思政资源网络平台。网络平台的先进性体现在：第一，高校可以紧跟时事，在平台上发布我国最新的生态文明理念和政策、社会焦点问题、课程思政优秀论文等以供教师和学生学习，使全校始终处于课程思政建设工作的前沿。第二，网络资源库凭借其技术的优越性可以直观地观察本校将生态文明思想融入经济学课程思政资源挖掘的进度，方便高校对教师工作进行评价，最新研究成果在平台的公开展示也可以在教师群体内部产生有效的示范效应，打开全校教师挖掘思政资源的视野。第三，网络资源库不同于现实的档案馆或资源库，一方面，可以节省学校存放资料的空间，减少管理成本；另一方面，有利于管理，使原本繁杂的资源分类、处理工作显得相对简单。

其次是资源的处理工作。高校在建立起有序的经济学课程思政资源网络平台后，还需要组织人员对原本杂乱无章的资源进行处理，初步找出优秀有效的资源。从人员选择的角度来看，专业课教师由于其教学、科研等方面任务的繁杂性，必然不可能面面俱到，而行政教师并不一定了解相关的知识，不能有效分辨优缺点。因此，高校管理层此时应当发挥创新精神，建立如学生资源处理助管岗位等来解决资源处理的问题。第一，学生有丰富的课外时间。学生空闲时间较多，高校可以通过设置助管学生周末工作一天或每天工作几小时的方式来灵活安排工作。第二，学生具备处理相关资源的能力。分辨某项挖掘成果的好坏需要处理者具备一定的专业知识，而学生正好具备这方面的能力。此外，学生作为生态文明思想融入经济学课程思政的接受主体，是最能分辨教学内容是否有效的群体，所以让学生作为评论资源是否优秀的评判者具有一定客观性。第三，高校可以借此加深对学生的思想政治教育。资源处理的过程也是学习的过程，学生在处理资源的同时也在接受教育，这符合了课程思政全面育人的要求。在经过资源的初步处理后，就可以将通过的资源归纳入库，未通过的资源附上其可能存在的缺陷，鼓励学生和教师间进行关于缺陷的交流讨论，以期在未来得到更好的效果。

最后是优秀资源的学习、推广工作。资源挖掘的目的是为高校将生态文明思想融入经济学课程思政提供内容支撑，因此，更重要的是将得到的优秀成果推广出去，供经济学专业的全体师生学习，提高本校的经济学课程思政整体水平。第一，优秀资源应先在经济学院内分享并接受检验。为在全校推广优秀资源，还需要再次对资源进行检验，因此，应当在经济学院内部建立优秀资源的学习、分析交流制度。第二，学校可以在每学期的教师培训中加入挖掘出来的优秀思政资源。第三，学校还可以在全国高校课程思政建设中发表本校关于将生态文明思想融入经济学课程思政的创新，与其他高校相互学习，从而提高本校的课程思政水平。

第五节　建立教学评估制度，形成客观的评估体系

将生态文明思想融入经济学课程思政建设是一个长期的过程，其中包含了全校师生各部门的共同努力。为加快推进生态文明思想融入课程思政和考察融入的优劣程度，可以引入评估制度，对课程思政的主体、资源和运作过程进行动态分析，对上个阶段整体状况或某门专业课课程思政建设程度进行考量，目的是促进其发现自身做得尚不完善的地方并激励其未来向着更加科学合理的方向发展。

一、高校对教师的评价制度

高校对教师教学的评价是建设课程思政的一大重点，只有进行阶段性和整体性的教学考察，高校才能把握住经济学课程思政的正确方向。具体而言，高校对教师将生态文明思想融入经济学课程思政的评价可以从各个不同的角度入手。首先是教学开始前的备课阶段，评价的重点是教师的讲义和课件。一是评价教师讲

义中的知识结构。传统的教学评价可能只会考虑到有关本专业课的内容，但课程思政中还充满了培养学生的人文主义色彩，同时，生态文明思想的融入也丰富了课程的多元性。基于此，高校对教师讲义的评价制度还需要酌情加入考察教师的教学内容是否考虑了对学生人生价值认知等方面的影响以及是否传递了正确的生态文明观。二是评价教师讲义中是否针对课程思政内容进行了创新。将生态文明思想融入经济学课程思政是高校教学中内容的创新，而内容创新还需要形式创新的支持才能全面地体现出其优点。经济学课程思政不能只是机械地传授和学习，根据课程思政对学生全方面培养的要求，教学中还可以包括分小组布置课程任务来鼓励学生制作并上台讲演生态文明思想主题竞赛相关内容或是课堂讨论等创新教学形式，以培养学生的团队协作精神、社会责任感、生态文明观念。

其次是教学中的实施阶段，评价的重点是课堂上的教学质量。一是评价教师将生态文明思想融入经济学专业课的程度。教师即使制订了完备的教学计划，但是具体的情况极易受各方面的影响，实际课堂上可能并没有做到事先预想的效果。这时就要发挥督学制度的作用，从顶层设计的角度对教师的教学效果进行评价，并实际思考教师未做到教学目标的原因，找出隐情并加以解决和备案，为以后的课程思政建设提供资源储备。二是评价教师将专业课知识和思政元素融合的程度。教师并不能只是将思政元素和生态文明思想机械僵硬地加入到专业课的知识体系中，关键在于三者的融合。从内容上看，专业课知识必然占据绝大部分教学内容，但教师必须要把握住课程思政树德育人的核心精神，不仅要在有限的课内知识教学时间中突出重点，而且要在专业课教学中穿插思政元素，使专业课教学全程都体现出思政气氛。高校管理层还可以发挥督学制度的优越性，不仅是由管理层考察评价课堂教学的情况，还可以邀请相关专业课教师一起对某门课的融合程度做出评价，提高评价的科学性。

最后是结课后的考试阶段，评价的重点是考查学生受到思政教育的深刻程度。该评价可以依据学生的考试成绩来进行。具体而言，高校对学生实际在经济学专业课受到的思想政治教育程度的测量需要对学生结课考试做出创新。以往的考试中，考查的题目一般是由专业课教师或者学院出题，但考虑到需要表现出对经济学专业课课程思政中融入生态文明思想的考查，高校管理层应该就结课考试的题目中对于思政方面的考查提出高标准的要求，而不是忽略该部分或应付了事。从实践上看，这部分的考查很难做到尽善尽美，因为学生的接受程度具有主观性，单纯的考题并不能考查出真实的情况。因此这部分的内容可以采取"课外实践+论文+考试"的方式来进行，寄希望于对学生多方面、多角度的考查来得到更有说服力的结果。具体而言，学校可以通过组织学生走出学校，开展有关人与自然的实践活动，布置关于课外实践心得的小论文任务，专门设置思政知识考题并在考试打分结束后对所有参与将生态文明思想融入经济学课程思政的学生的考试成绩进行大数据分析，以此来评价专业课教师是否真正做到让学生重视思政内容的学习。

除了从各个阶段对教师进行评价外，还可以从教师将生态文明思想和本专业课程思政融合程度的角度开展评价工作。一是初级层次。专业课教师能实现将生态文明思想与本专业课程思政初步结合，但课堂上学生参与度较低，所采用的教学方法仍然是传统的单向灌输式教学，这说明教师对于怎样将生态文明思想融入经济学课程思政缺乏认识，前期的准备工作做得不足，教学停留在低效率的阶段。二是中级层次。专业课教师可以将生态文明思想和本专业课程思政较好地结合，学生在课堂上也有较高的参与度，师生交流频繁，教师采用了一些更科学的方法，如让学生上台演讲等创新教学方式，改变了传统的填鸭式教学，逆转了学生的被动思维，促使学生开始自主了解我国先进的生态文明思想和优秀传统文化，无形中孕育其正确的价值观念。三是高级层次。教师能把生态文明思想和本专业课程思政很好地结合，学生积极踊跃地参加课堂上的讨论，教师也真正地做到了在专业知识中有机融入思政元素，创新的教学模式引起学生对思想政治教育的兴趣。与此同时，课程思政要求的全面育人目标得到实现，教师对学生人生中面临的困难也热心解答，师生关系融洽，学生也在学习的过程中形成了对我国生态文明重视的观念，能在现实生活中保持正确的生态观，积极参与到社会的建设中。高校管理层可以根据对教师各方面的考察，从融合程度这个角度对教师工作进行评价，并将结果和分阶段评价的结果结合起来，提高评价的科学性。

另外，教师的课程思政资源挖掘贡献也是评价的一部分。高校应当考虑到各教师的教学习惯和评价制度的公正性，还需要加入教师科研的贡献。资源挖掘工作的进展影响高校将生态文明思想融入经济学课程思政建设的后劲和上限，是不亚于课堂教学的课程思政工作重点，因此高校需要在对教师的评价中考虑到这一点。关于这方面的评价较为简单，高校可以从教师校内经济学课程思政课题所提出的成果、相关论文发表、相关学术会议参与度等方面计算。具体情况如表 6-1 所示。

表 6-1　高校对教师的评价体系

评价阶段	评价重点
教学前	教师讲义和课件中本专业课知识体系是否融入了思政元素和生态文明思想，并且是否进行了教学内容上的创新
教学中	教师在课堂实践中是否真正做到了将生态文明思想和思政元素融入到专业课中，三者结合的好坏程度
教学后	结课后学生对该专业课思政内容记忆的深刻程度，以及是否做到了课程思政的要求
资源挖掘	教师关于经济学课程思政的研究成果

在完成对教师的评价后，还需要针对性地进行分析改进。高校在对教师上一阶段的工作进行评价后，应当充分利用评价的结果来分析本校将生态文明思想融入经济学课程思政建设中存在的问题。从高校对教师的评价制度来看，评价的结构从侧面反映了高校尚未完善的点。例如，如果从评价结果上来看教师做得不足之处，那么除了督促教师改进外，高校管理层还应反思自身的问题，即高校是否在前期组织教师学习生态文明思想和经济学课程思政方面做得不足，是否对教师的思想政治觉悟培养不足而没能达到激发教师责任感，是否建立了有效的教学交流制度并为教师将生态文明思想融入本专业课课程思政提供思路，是否使全校各部门通力合作，形成全校协同发展课程思政的局面等。也就是说，高校对教师的评价从侧面上看也是高校对自身工作的评价，高校应及时根据评价结果自省，改进前文涉及的制度建设，制定出更贴合实际的制度。

单纯采取高校一方对教师的评价来评判教师在一个阶段的工作效果未免显得不够严谨，而学生是最有资格评判教师工作优劣的群体，因此要形成客观的评估体系还需要引入学生对教师将生态文明思想融入经济学课程思政的评价制度。高校应该一方面充分利用已经建立好的优秀制度，另一方面还需要进行创新，通过两者的有机结合来做好这部分的工作。

学生对教师的评价一部分来自高校建立的意见反馈制度。学校要重视学生在信息化平台上提出的关于教师和教学的反馈，教师也要定期关注平台上出现的有关自己的评论，及时审视自己的不足。从具体的实现方式来看，高校可以将信息化平台上的学生意见反馈作为学生对教师评价的一部分，也可以收集学生直接向高校反馈的意见，通过多种方式结合来得到学生对教师将生态文明思想融入经济学课程思政的评价。

除了被动地接受学生的意见反馈，高校也可以主动出击，通过一些创新的调研方式来弄清课程的真实情况。一是可以随机发放调查问卷。高校可以先制作一份关于某经济学专业课课程思政中融入生态文明思想的调查问卷，并随机抽取一定的学生进行填写，然后就得到的调查结果进行分析。二是可以举办主题论文学术大赛。高校可以举办主题涉及生态文明思想、经济学专业课知识和思想政治元素三方面内容的论文大赛，设置一定的奖励来鼓励学生参与，并通过对论文评定打分的方式了解学生对课程思政和生态文明思想的理解程度。具体情况如表6-2所示。

表6-2　学生对教师的评价体系

评价方式	评价重点
学生意见反馈	根据学生对某专业课的意见反馈来对教师进行评价
高校创新调研	高校通过问卷调查、论文比赛的方式了解学生实际接受知识的程度，并以此作为对教师评价的依据

二、高校顶层设计的评价制度

顶层设计是高校将生态文明思想融入经济学课程思政的首要工作，同时也是需要把握的大方向。顶层设计的好坏将影响该校课程思政最终能够达到的高度，因此，学校管理层作为顶层设计的主要人员，有必要进行自我评价。从评价的时间来看，由于顶层设计涵盖了本校将生态文明思想融入经济学课程思政的各个方面，因此为取得真实客观的评价指标依据，需要把评价安排在专业课结课后进行。其中的依据有以下三点：一是对学生接受教育情况的考察需要在结课时进行才具有一定的说服力；二是高校各单位工作相互连通，完整的教学评估需要收集各方面信息才能做出；三是从受众人群来看，尽管学生是课程思政的最重要受众，但是教师才是对顶层设计最有话语权的人群，因此要对顶层设计做出评价还需教师对上一阶段的经验花时间进行总结。从评价的内容来看，要充分考虑到话语权这个问题。尽管在一个阶段的教学中可能会出现各种各样的问题，但是并不能都归为本校顶层设计的不足，因为具体如何将生态文明思想融入经济学课程思政终究是教师根据自己对顶层设计的理解来展开的。因此，评价的内容要更多地偏向于高校在全校思政气氛的构建、教师培训和交流的组织、教师对顶层设计的反馈、全校各单位协作程度、高校管理层是否承担起了统领全局责任等方面，而不考虑具体教学过程中因为教师教学内容设计产生的问题。从评价的对象来看，是高校管理层的自我评价与各单位教师的评价相结合。经济学专业课教师和参与到高校生态文明思想融入经济学课程思政的行政、其他专业教师，首先要根据上一阶段的经验，对高校管理层关于将生态文明思想融入经济学课程思政制订的顶层计划给出自己的评价，然后再由高校管理层根据各方面的反馈、评价进行自我评价，总结优秀经验，明确设计缺点，进而为以后的工作提供指导。具体情况如表6-3所示。

表6-3　高校顶层设计评价制度

评价时间	高校上一阶段整体课程思政工作结束后
评价内容	重点是高校管理层对全校思政气氛构建、教师培训和交流的组织、教师对顶层设计的反馈、全校各单位协作程度、高校管理层是否承担起了统领全局责任等方面
评价对象	经济学专业课教师和参与到生态文明思想融入经济学课程思政建设的行政教师、其他专业教师、高校管理层自身

三、评价时需要把握住一系列原则

一是整体性原则。课程思政强调学生和教师的互动。在网络时代，社会大环境中的社会热点、社会思潮、国内外焦点问题等因素都可能对教师和学生产生影响，并最后在本专业课课程思政中体现出来。教师作为教学主体，不仅要在专业课中挖掘思政元素并将其加入到教学中，而且还要秉持课程思政的要求，把握学生的思想情感动态。同时，教师还需要时刻注意当代经济社会的实际，并最后将这方面情况和生态文明思想的知识结合起来，才能做到将生态文明思想高质量地融入经济学课程思政。学生作为接受教育的主体，经济学课程思政建设的好坏将通过其思想觉悟、价值取向等主观意识体现出来，因此很难找出某一个指标来评价教师教学建设的优劣。这说明，评价过程不仅是一个漫长的过程，而且是教师和学生相互影响、相互促进的过程，并且这个过程是伴随着社会进步展开的，因此是整体的。高校管理层对教师的评价结果可能从某一个方面或某几个方面说明了教师对本门专业课课程建设的好坏，但并不能说这就是绝对的。对教师的评价不能拘泥于前文构建的评价体系，关键在于督促教师根据评价结果自我总结，反思课程的成败得失，并提出实际有效的改进方案。

二是客观平衡原则。也就是要将生态文明思想融入经济学课程思政中的各方角色，包括作为管理者的高校管理层、作为衔接者的高校行政部门、作为教学主体的专业课教师、作为受教育者的学生，这四者间形成相互协同效应。经济学专业课各有特点，实践中嵌入的思政元素也必然各有特色，高校管理层应考虑到每位教师在知识储备、人文素养等方面的不同，鼓励每位教师进行创新，开创出丰富多彩的教学内容。同时，学生受各自成长经历等方面因素的影响，思维方式和价值取向不同，这就要求高校在建立评价体系时要针对经济学不同专业课的特点设置客观平衡的评价标准，不能盲目地企图设定一个通用于全专业的评价体系，避免造成专业课教师无所适从的局面，进而打击教师将生态文明思想融入经济学课程思政的积极性，导致课程思政流于形式主义。

三是复杂多样性原则。生态文明思想的优越性之一就在于它的可实施性，全国各省区市的环境保护政策和实际行动很好地证明了这一点。课程思政强调对学生的全程教育，将树德育人的理念贯彻在大学学习和生活的每一个方面，把握学生正确的价值取向和思维方式形成。因此，经济学课程思政评价体系还需要适应外部大环境的发展要求，不断开拓创新并与时俱进，要随着社会发展而提出新的评价指标，以复杂多样的评价指标将生态文明思想融入课程思政的评价体系。

四是指导性原则。制定教学评估制度的一大目的就是要根据评估结果对某经济学专业课程思政起指导作用，这里的指导意味着在大方向上严格把握、小细节上自由发挥，即教学评价所明文规定的重点就是教师在教学中应该注意的地方，而在设计本专业教学内容的时候就可以依照评价体系自行开展教学细节安排。

在本书构建的评价体系中，一些评价指标如督学制度、课堂考察等都能及时反馈某专业教学情况，反馈的信息具有客观性和实践性，具有参考价值，因此把握住对这部分信息的收集处理工作就能对偏离教学计划或违背教学计划的行为及时做出调整①。最后，收集处理好的反馈信息还可以作为教学典型案例，在高校对新教师进行培训或开展其他专业课课程思政建设时能作为指导案例，为后来者提供借鉴。具体如图 6-1 所示。

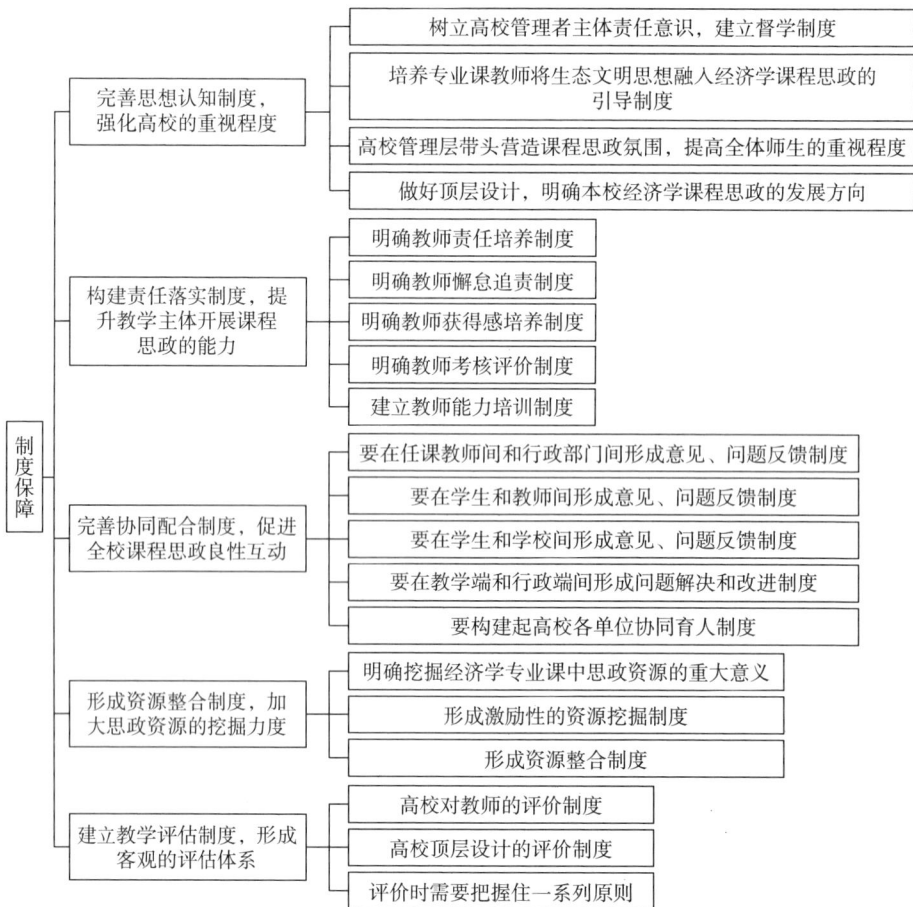

图 6-1 制度保障脉络

① 许耀元. 高校课程思政教学评价体系构建 [J]. 智库时代，2020（3）：209-211.

参考文献

［1］张烁．习近平在全国高校思想政治工作会议上强调：把思想政治工作贯穿教育教学全过程　开创我国高等教育事业发展新局面［N］．人民日报，2016-12-09（001）．

［2］习近平．在北京大学师生座谈会上的讲话［N］．人民日报，2018-05-03（002）．

［3］张烁．习近平主持召开学校思想政治理论课教师座谈会强调：用新时代中国特色社会主义思想铸魂育人　贯彻党的教育方针落实立德树人根本任务［N］．人民日报，2019-03-19（001）．

［4］赖金茂．"课程思政"的本质内涵、建设难点及其解决对策［J］．湖北经济学院学报（人文社会科学版），2021，18（4）：149-152.

［5］黄睿彦，沈瑞林，姜柏生，等．"课程思政"的多维度内涵与执行路径探析［J］．南京医科大学学报（社会科学版），2021，21（1）：89-92.

［6］朱梦洁．"课程思政"的探索与实践［D］．上海：上海外国语大学硕士学位论文，2019.

［7］孙亚南，王晓策，张月．"课程思政"融入经济学专业教学改革的研究述评与发展趋势［J］．教育现代化，2019，6（94）：59-61.

［8］林泉伶．"课程思政"：新时代高校思想政治教育新途径研究［D］．南京：南京邮电大学硕士学位论文，2019.

［9］陆舒湄．"三全育人"格局下高校课程思政实践路径研究：以《大学英语》课程为例［D］．杭州：浙江理工大学硕士学位论文，2020.

［10］刘宇文，范乐佳．"双一流"背景下课程思政的价值意蕴与实施策略研究［J］．当代教育理论与实践，2020，12（3）：1-5.

［11］宋春晓．北京林业大学通识教育改革探究［D］．北京：北京林业大学硕士学位论文，2020.

［12］王洋洋．改革开放以来高校思想政治理论课的改革研究［D］．厦门：集美大学硕士学位论文，2019.

［13］李旭芝．高校"课程思政"存在的问题及解决路径研究［D］．石家庄：河北师范大学硕士学位论文，2020.

［14］叶三梅，鲍红信，孙琪．高校"课程思政"的价值意蕴与实现路径［J］．池州学院学报，2020，34（4）：15-17.

［15］康雅利．高校"课程思政"建设的原则与路径研究［D］．石家庄：河北科技大学硕士学位论文，2019.

［16］董明慧．高校"课程思政"问题研究［D］．大连：大连海事大学硕士学位论文，2019.

［17］袁文君．高校"课程思政"与思政课程协同育人研究［D］．吉首：吉首大学硕士学位论文，2020.

［18］胡本海．高校课程思政的价值内涵和实施策略［J］．贵州工程应用技术学院学报，2019，37（6）：139-143.

［19］韩小雅，张广．高校课程思政的内涵及完善路径［J］．西部素质教育，2020，6（5）：28-29.

［20］许小军．高校课程思政的内涵与元素探讨［J］．江苏高教，2021（3）：101-104.

［21］王明慧．高校课程思政建设的现状及对策研究［D］．济宁：曲阜师范大学硕士学位论文，2020.

［22］蔡文玉．高校课程思政实践策略研究［D］．秦皇岛：燕山大学硕士学位论文，2019.

［23］戚静．高校课程思政协同创新研究［D］．上海：上海师范大学博士学位论文，2020.

［24］赵婷．高校思想政治教育协同育人机制研究［D］．南昌：江西财经大学硕士学位论文，2019.

［25］骆林静．高校思想政治教育隐性课程研究［D］．南宁：广西师范学院硕士学位论文，2013.

［26］吴昕炜．高校通识教育"课程思政"的马克思主义哲学资源：以《人文科学概论》课程为例［J］．马克思主义哲学研究，2020（2）：323-330.

［27］王永垒．基于协同育人的高校课程思政的价值意蕴和引导策略：以《立体裁剪》课程教学为例［J］．轻纺工业与技术，2020，49（6）：101-103.

［28］付坚强，朱娅．课程思政：背景、内涵与路径［J］．中国农业教育，2020，21（4）：28-34.

［29］张大良．课程思政：新时期立德树人的根本遵循［J］．中国高教研究，2021（1）：5-9.

［30］王秋辉．课程思政背景下工科大学生工程伦理教育研究［D］．南京：南京工业大学硕士学位论文，2019.

［31］贾若雨．课程思政的价值意蕴与生成路径［J］．文化创新比较研究，2020，4（15）：123-124.

［32］张明进．课程思政视域下高校思想政治教育共同体建构研究［J］．河池学院学报，2020，40（5）：110-115.

［33］凌晓青．课程思政视域下山西高职教师"育德素质"培育研究［D］．北京：北京林业大学硕士学位论文，2020.

［34］路涵旭．课程思政视域下专业教师与思政教师协同育人路径研究［D］．石家庄：河北师范大学硕士学位论文，2020.

［35］贾艳丽．青海高校课程思政实施路径研究［D］．西宁：青海大学硕士学位论文，2020.

［36］孙帆，苑秀丽．试析高校"课程思政"的价值意涵及其创新路径［J］．山东行政学院学报，2020（2）：124-128.

［37］贺武华，王凌敦．我国课程思政研究的回顾与展望［J］．学校党建与思想教育，2021（4）：26-30.

［38］李晓培，胡树祥．新时代高校课程思政的话语表达与当代意义［J］．思想教育研究，2021（1）：100-104.

［39］聂迎娉，傅安洲．意义世界视域下课程思政的价值旨归与根本遵循［J］．大学教育科学，2021（1）：71-77.

［40］周蕾．消费者创新性、顾客绿色感知价值与绿色消费意图的关系研究：基于环境知识的可调节中介模型［D］．长春：吉林大学硕士学位论文，2015.

［41］侯计先．艺术类高职大学语文课程思政建设的实践与探索：以广东文艺职业学院为例［J］．高教学刊，2021，7（13）：193-196.

［42］刘晓丹．自媒体时代大学生网络道德失范与矫正研究［D］．西安：西安石油大学硕士学位论文，2018.

［43］祝娟，李银玲．最优化理论指导下慕课与外语课程思政结合的可行性研究［J］．海外英语，2021（7）：35-36.

［44］张晓黎．财经院校《Java数据科学》课程的思政研究［J］．电脑知识与技术，2020，16（34）：180-182.

［45］吴文嫔．金课课程思政建设的创新与应用：以"债权法"课程为例［J］．教书育人（高教论坛），2021（15）：76-79.

［46］杜明义．地方民族院校经济学专业课程思政建设对策：以四川民族学院政治经济学课程为例［J］．湖北成人教育学院学报，2021，27（1）：31-36.

［47］吴晶，胡浩．习近平在全国高校思想政治工作会议上强调把思想政治工作贯穿教育教学全过程，开创我国高等教育事业发展新局面［J］．中国高等教育，2016（24）：5-7.

［48］王丹丹，白宇佳，谢宇．消费者感知价值对其购买意愿的影响研究：基于对新能源汽车购买者的调查［A］//天津市社会科学界联合会．天津市社会科学界第十五届学术年会优秀论文集：壮丽七十年辉煌新天津（下）［C］.2019.

［49］钟凯，张传庆．消费者感知价值对网络购买意愿影响研究：以在线口碑为调节变量［J］．沈阳师范大学学报（社会科学版），2013，37（3）：53-56.

［50］李钊．学习申论：如何理解建设美丽中国［J］．时事报告，2018（10）：60-62.

［51］习近平．推动我国生态文明建设迈上新台阶［J］．求是，2019（3）：4-19.

［52］王振栋．习近平生态文明思想的六重维度［J］．桂林师范高等专科学校学报，2020，34（2）：21-24.

［53］刘松．试述习近平生态文明思想的主要内容及意义［J］．佳木斯职业学院学报，2020，36（4）：7-8.

［54］位雪燕．新时代生态文明建设的理念探析［J］．河南理工大学学报（社会科学版），2020，21（5）：1-7.

［55］宋洋．习近平生态文明思想及其重要意义［J］．决策探索，2019（8）：16-17.

［56］于伟峰，张策．论习近平生态文明思想的意义［J］．湖北函授大学学报，2017，30（23）：80-81.

［57］郭彦迪，李晓乐．习近平生态文明思想研究综述［J］．经济研究导刊，2020（4）：176-179.

［58］杜欢政，刘飞仁．习近平生态文明思想研究综述［J］．黄河科技学院学报，2020，22（1）：55-61.

［59］王兵，潘骏立．新时代习近平生态文明思想内容及形成逻辑研究［J］．长春理工大学学报（社会科学版），2018（6）：6-9.

［60］李祖儿．习近平生态文明思想的主要内容［J］．汉江师范学院学报，2019，39（3）：6-10.

［61］王凯丽，陈树文．习近平生态文明思想的理论架构［J］．淮北师范大学学报（哲学社会科学版），2020，41（1）：27-31.

［62］汪秀丽．论习近平生态文明思想的民生观［J］．新丝路，2020（6）：

74-75.

[63] 徐通．习近平生态文明思想的内在意蕴与时代价值［J］．现代商贸工业，2020，41（7）：1-2.

[64] 许英凤．习近平生态文明思想及其当代价值［J］．南京航空航天大学学报（社会科学版），2019，21（4）：6-10.

[65] 吴永晶，张艳．新时代习近平生态文明思想研究综述［J］．边疆经济与文化，2019（5）：44-49.

[66] 赵建军．习近平生态文明思想的科学内涵及时代价值［J］．环境与可持续发展，2019，44（6）：38-41.

[67] 李孝纯．习近平生态文明思想的深刻内涵与理论渊源［J］．江淮论坛，2019（1）：49-100+135.

[68] 刘爱国．实现人与自然和谐共生的理论思考［J］．湖南大众传媒职业技术学院学报，2020，20（4）：78-81.

[69] 赵志强．习近平生态文明建设重要论述的形成逻辑及时代价值［J］．石河子大学学报（哲学社会科学版），2018，32（6）：20-26.

[70] 杨春玉，王军锋．国际生态文明思想流派及对我国生态文明建设的启示［J］．未来与发展，2013，36（2）：2-6.

[71] 刘希刚．马克思恩格斯生态文明思想的体系性存在及现实启示［J］．科学社会主义，2012（1）：63-66.

[72] 刘仁胜，生态马克思主义概论［M］．北京：中央编译出版社，2007.

[73] 温莲香．马克思的物质变换理论与生产力可持续发展［J］．湖北社会科学，2011（10）：5-9.

[74] 徐水华．论资本逻辑与资本的反生态性［J］．科学技术哲学研究，2010，27（6）：43-47.

[75] 胡建东，张敏．马克思唯物史观中生态思想的三个原则及启示：兼论《生态与历史唯物主义》一书［J］．长春理工大学学报（社会科学版），2018，31（4）：53-56.

[76] 欧阳慧敏．基于"课程思政"的大学生生态文明教育研究［D］．北京：中国矿业大学硕士学位论文，2019.

[77] 韩丹凤．新时代大学生中国梦认同状况及引导策略研究［D］．哈尔滨：哈尔滨师范大学硕士学位论文，2020.

[78] 李雄德，丁国华，程志山．生态文明理念融入高职院校人才培养的路径探讨［J］．职教论坛，2019（12）：125-128.

[79] 冀景．习近平生态文明思想融入大学校园生态文化建设研究［D］．

长沙：湖南师范大学硕士学位论文，2020.

［80］史佩瑶．习近平新时代生态文明思想融入中学思想政治教育的路径研究［D］．岳阳：湖南理工学院硕士学位论文，2020.

［81］蒋梅．习近平生态文明思想融入高中思想政治课教学研究［D］．岳阳：湖南理工学院硕士学位论文，2020.

［82］彭乐春．新时代大学生生态文明观培育研究［D］．长沙：湖南师范大学硕士学位论文，2020.

［83］文兰娇，胡伟艳，张安录．习近平生态文明思想与课程思政的融合和教学设计：以土地资源管理专业课程为例［J］．黑龙江教师发展学院学报，2020，39（2）：38-40.

［84］许梦．高校思想政治教育中的生态文明教育研究［D］．扬州：扬州大学硕士学位论文，2020.

［85］郭佩惠．生态文明融入高校思想政治理论课教育教学的思考［J］．西南林业大学学报（社会科学），2021，5（1）：1-5.

［86］李洋．协调发展理念融入大学生思想政治教育研究［D］．上海：上海师范大学硕士学位论文，2017.

［87］佘新松，董丽丽，马明海．《生态学》课程思政改革实践［J］．黄山学院学报，2020，22（3）：67-69.

［88］成桂英，王继平．课程思政是提高高校教师思想政治工作实效性的有力抓手［J］．思想理论教育导刊，2019（8）：142-146.

［89］贾宇．生态文明建设融入高校思政课教学的实践分析研究［J］．环境科学与管理，2018，43（7）：183-186.

［90］李进．习近平生态文明思想融入大学生思想政治教育研究［D］．成都：西南石油大学硕士学位论文，2019.

［91］薛媛．高校本科思政课教学中加强生态文明教育的对策路径研究［D］．昆明：云南大学硕士学位论文，2015.

［92］李涛，李梦然，胡青大，等．基于新时代生态文明建设探究化学课程思政建设路径［J］．化工管理，2020（34）：29-31.

［93］陈根红．思政课程中融入生态文明教育的实现模式探析［J］．经济师，2020（5）：207-208.

［94］方芳．论生态文明教育融入思政教育的途径［J］．理论观察，2017（11）：52-54.

［95］马虹，邓睿，王宁可，等．生态文明视域下高校培养生态型人才探索研究［J］．伊犁师范学院学报（自然科学版），2020，14（3）：63-68.

［96］姜友维. 生态文明教育融入高职思政课研究［J］. 学校党建与思想教育, 2016（2）：52-54.

［97］李美丽. 习近平生态文明思想融入大学生生态道德教育研究［J］. 财富时代, 2021（4）：105-106.

［98］苪健, 李梓毓, 杨晓丹. 宏观经济学课程思政元素的挖掘及其融合探究［J］. 对外经贸, 2021（2）：120-123.

［99］陈娟, 唐艳红. 论高职国际经济与贸易专业课程思政的内在机理与实践路径［J］. 营销界, 2021（7）：184-185.

［100］陈娟, 齐玮. 经济学专业课程思政教学探索与实践：以"产业经济学"为例［J］. 教育教学论坛, 2021（6）：121-124.

［101］郭佩惠. 生态文明融入高校思想政治理论课教育教学的思考［J］. 西南林业大学学报（社会科学版）, 2021, 5（1）：1-5.

［102］顾睿, 李俊高. 习近平生态文明思想融入高校思政理论课教学的路径研究［J］. 成都理工大学学报（社会科学版）, 2021, 29（1）：110-114.

［103］李顺毅. 课程思政视角下《宏观经济学》课程建设与改革探索［J］. 农村经济与科技, 2020, 31（23）：339-340.

［104］毕晶. 构建"课程思政"的"三位一体"——以《经济学》课程为例［J］. 山西财经大学学报, 2020, 42（S2）：57-60+71.

［105］陶韶菁, 陈镇喜. 课程思政：专业性和思政性的相统一相促进：以经济学类课程为例［J］. 华南理工大学学报（社会科学版）, 2020, 22（6）：128-134.

［106］田园. 基于"课程思政"元素"挖"与"融"的教学路径探究：以经济学类专业课为例［J］. 北京联合大学学报, 2020, 34（4）：34-38.

［107］蓝英, 夏晓红, 邱德雄, 等. "课程思政"融入高校专业课课堂教学的实践探索：以公共经济学为例［J］. 经济师, 2020（10）：190-191.

［108］杨莉, 刘媛婷. 习近平生态文明思想的经济学意蕴分析［J］. 北京林业大学学报（社会科学版）, 2020, 19（3）：1-6.

［109］贺勤志. 宏观经济学开展课程思政教学路径探析［J］. 对外经贸, 2020（8）：126-128.

［110］范智军, 郑丽艳. 课程思政内在机理及实施路径选择［J］. 太原城市职业技术学院学报, 2020（6）：189-191.

［111］梁伟. 新时代大学生生态文明教育研究［D］. 太原：中北大学硕士学位论文, 2020.

［112］路涵旭. 课程思政视域下专业教师与思政教师协同育人路径研究

［D］．石家庄：河北师范大学硕士学位论文，2020.

［113］陈根红．思政课程中融入生态文明教育的实现模式探析［J］．经济师，2020（5）：207-208.

［114］文兰娇，胡伟艳，张安录．习近平生态文明思想与课程思政的融合和教学设计：以土地资源管理专业课程为例［J］．黑龙江教师发展学院学报，2020，39（2）：38-40.

［115］林贤明．基于立德树人教育根本任务的"思政课程"与课程思政教育改革研究［J］．高教学刊，2020（3）：191-193.

［116］张纯记．论高校西方经济学"课程思政"教学［J］．高教学刊，2020（2）：106-107+110.

［117］林泉伶．"课程思政"：新时代高校思想政治教育新途径研究［D］．南京：南京邮电大学硕士学位论文，2019.

［118］李朋波．高校专业课与思政课实现融合的路径研究［J］．教育现代化，2019，6（70）：275-278.

［119］王茜．"课程思政"融入研究生课程体系初探［J］．研究生教育研究，2019（4）：64-68+75.

［120］王万光．西方经济学课程思政建设问题初探：西方经济学课程教学中的价值观导向问题及其课程思政教学设计［J］．大学教育，2019（8）：138-140.

［121］陈荟洁，黄海菲．立德树人视域下高职院校"课程思政"融合发展模式探索［J］．教育与职业，2019（14）：88-91.

［122］欧阳慧敏．基于"课程思政"的大学生生态文明教育研究［D］．北京：中国矿业大学硕士学位论文，2019.

［123］卢晨．课程思政融入经济学专业课程教学的探索：以《国际经济学》为例［J］．当代教育实践与教学研究，2019（7）：164-165.

［124］黄珊．课程思政中融入生态文明教育的实现模式探索［J］．知识文库，2019（7）：27.

［125］高千惠．"课程思政"视阈下高校经济学课程教学改革探索［J］．教育现代化，2019，6（8）：28-30.

［126］吴明红．思政课程中融入生态文明教育的实现模式探析［J］．思想政治教育研究，2018，34（3）：97-100.

［127］田鸿芬，付洪．课程思政：高校专业课教学融入思想政治教育的实践路径［J］．未来与发展，2018，42（4）：99-103.

［128］黄丹．新时代大学生生态文明教育的内在意涵与致思理路［J］．北

京印刷学院学报，2018，26（2）：127-130.

［129］李校利．生态文明的丰富内涵和基本要求述要［J］．中南林业科技大学学报（社会科学版），2009，3（1）：13-15.

［130］邢贲思．费尔巴哈的自然观和认识论：费尔巴哈哲学简论（一）［J］．东岳论丛，1981（3）：8-17.

［131］郭剑仁．福斯特的生态学马克思主义思想研究［D］．武汉：武汉大学博士学位论文，2004.

［132］李怀涛．马克思自然观的生态意蕴［J］．马克思主义研究，2010（12）：91-97.

［133］吴晓明．马克思主义哲学与当代生态思想［J］．马克思主义与现实，2010（6）：77-84.

［134］范星宏．马克思恩格斯生态思想在当代中国的运用和发展［D］．合肥：安徽大学博士学位论文，2013.

［135］董强．马克思主义生态观研究［D］．武汉：华中师范大学硕士学位论文，2013.

［136］赵志升．马克思主义生态思想对当代中国生态文明建设的启示［D］．兰州：兰州理工大学硕士学位论文，2014.

［137］彭曼丽．马克思生态思想发展轨迹研究［D］．长沙：湖南大学博士学位论文，2014.

［138］李全喜．习近平生态文明建设思想的内涵体系、理论创新与现实践履［J］．河海大学学报（哲学社会科学版），2015，17（3）：9-13+89.

［139］秦书生，杨硕．习近平的绿色发展思想探析［J］．理论学刊，2015（6）：4-11.

［140］崔永杰．马克思生态观的巨大理论力量源于其唯物主义：以生态学马克思主义者福斯特的分析为例［J］．马克思主义研究，2015（8）：90-100+159.

［141］周晓敏，杨先农．绿色发展理念：习近平对马克思生态思想的丰富与发展［J］．理论与改革，2016（5）：50-54.

［142］高德毅，宗爱东．从思政课程到课程思政：从战略高度构建高校思想政治教育课程体系［J］．中国高等教育，2017（1）：43-46.

［143］陆道坤．课程思政推行中若干核心问题及解决思路：基于专业课程思政的探讨［J］．思想理论教育，2018（3）：64-69.

［144］刘磊．习近平新时代生态文明建设思想研究［J］．上海经济研究，2018（3）：14-22+71.

［145］梁红艳．费尔巴哈人本主义思想研究［D］．贵阳：贵州师范大学硕

士学位论文，2018.

［146］魏华，卢黎歌．习近平生态文明思想的内涵、特征与时代价值［J］．西安交通大学学报（社会科学版），2019，39（3）：69-76.

［147］谭文华．论习近平生态文明思想的基本内涵及时代价值［J］．社会主义研究，2019（5）：1-8.

［148］李娜．从费尔巴哈到马克思［D］．上海：上海财经大学硕士学位论文，2020.

［149］姚修杰．习近平生态文明思想的理论内涵与时代价值［J］．理论探讨，2020（2）：33-39.

［150］赵华甫，吴克宁．土地资源管理类课程思政建设路径探讨：以国家精品资源共享课"土地资源学"为例［J］．中国农业教育，2020，21（3）：60-67.

［151］文兰娇，胡伟艳，张安录．习近平生态文明思想与课程思政的融合和教学设计：以土地资源管理专业课程为例［J］．黑龙江教师发展学院学报，2020，39（2）：38-40.

［152］王学俭，石岩．新时代课程思政的内涵、特点、难点及应对策略［J］．新疆师范大学学报（哲学社会科学版），2020，41（2）：50-58.

［153］刘硕．马克思主义农业生态思想教育在思政理论教育课程中的应用体现：评《马克思主义农业生态思想及其当代价值研究》［J］．灌溉排水学报，2021，40（6）：153.

［154］本报评论员．着力推动思政课改革创新［N］．人民日报，2019-03-21（002）．

［155］刘承功．高校深入推进"课程思政"的若干思考［J］．思想理论教育，2018（6）：62-67.

［156］王德炎，谢今．立德树人背景下高校从"思政课程"走向"课程思政"的思考［J］．绵阳师范学院学报，2019，38（12）：11-15+21.

［157］王学俭，石岩．新时代课程思政的内涵、特点、难点及应对策略［J］．新疆师范大学学报（哲学社会科学版），2020，41（2）：50-58.

［158］伍醒，顾建民．"课程思政"理念的历史逻辑、制度诉求与行动路向［J］．大学教育科学，2019（3）：54-60.

［159］习近平．在纪念马克思诞辰200周年大会上的讲话［J］．社会主义论坛，2018（6）：4-8.

［160］齐砚奎．全课程育人背景下高校课程思政建设的理论思考［J］．黑龙江高教研究，2020，38（1）：124-127.

［161］刘清生．新时代高校教师"课程思政"能力的理性审视［J］．江苏

高教，2018（12）：91-93.

　　［162］曹玉凤，李向云，马姝．"课程思政"视域下的护理专业课程教学改革探讨［J］．中国医药科学，2021，11（3）：79-82.

　　［163］林爽．我国高校推进课程思政的管理机制探究：以财经类专业课程为视角［J］．河南教育学院学报（哲学社会科学版），2019，38（6）：115-118.

　　［164］杨涵．从"思政课程"到"课程思政"：论上海高校思想政治理论课改革的切入点［J］．扬州大学学报（高教研究版），2018，22（2）：98-104.

　　［165］尚利强，王智庆．高校专业课教学中的"课程思政"：以"管理学"课程为例［J］．西部素质教育，2019，5（21）：29-30+36.

　　［166］胡洪彬．课程思政：从理论基础到制度构建［J］．重庆高教研究，2019，7（1）：112-120.

　　［167］方胜，罗芳芳．《中国传统文化概论》课程思政的实践与反思［J］．安徽理工大学学报（社会科学版），2018，20（5）：1-5.

　　［168］陆道坤．课程思政推行中若干核心问题及解决思路：基于专业课程思政的探讨［J］．思想理论教育，2018（3）：64-69.

　　［169］许耀元．高校课程思政教学评价体系构建［J］．智库时代，2020（3）：209-211.

后 记

古言道："立人先立德，树人先树品。"教育一直是国之大计、党之大计，立德树人是其根本任务，必须要明确其"培养什么人"。"课程思政"这一概念在不断进行思想政治教育工作的经验积累后已经逐步走入中国教育界的视野，成为全国各大高校密切关注并且积极实施的高频词汇。高校是教育的载体和阵地，是青年学习重要知识并且形成正确价值观的场所，肩负着培养人才、传承文化、研究创新、引领风气等重要责任与使命。因此，对高校学生进行更加有效的思想政治教育日益重要，继续重视和改进思想政治教育工作，完成从"思政课程"到"课程思政"的转变，树立"三全育人"理念，构建全课程育人格局，对于国家、高校乃至每一名高校学子都有着重要意义。

2018年5月18日至19日，在北京召开的全国生态环境保护大会上确立了"习近平生态文明思想"，其继承和发扬了马克思主义生态文明思想和中华优秀传统文化，结合了当前社会发展和时代背景，是指导新时代我国生态文明建设的行动指南。生态文明思想融入到经济学课程思政，是新时代生态文明建设的必然要求，是经济学课程思政发展的内在要求，是新时代大学生全面发展的必然要求，是高校思想政治教育成效提升的必然要求。生态文明思想融入到经济学课程思政有利于深入理解生态文明思想的思想内涵，有利于丰富经济学课程思政的教学内容，有利于践行习近平生态文明思想，有利于实现"美丽中国"的奋斗目标，有利于构建和谐社会。

本书通过认真梳理新时代高校课程思政的背景与意义，以及生态文明思想融入高校经济学课程思政的必要性，利用调查问卷切实了解经济学课程思政教育现状，尤其是生态文明思想融入情况。在此基础上通过理论分析阐述了生态文明思想与经济学课程思政的融合机理，然后以发展经济学为例介绍了生态文明思想与课程思政的融合与教学设计。最后将以上梳理、调查与分析的结果应用于实践，探索了生态文明思想融入经济学课程思政实践教学改革以及教学成效评估与提升路径，并且构建了将生态文明思想融入经济学课程思政的完备制度保障体系。

在本书的创作过程中，我们团队多次召开研讨会议，对新时代高校课程思政教育和生态文明思想融入课程思政的理论与实践进行了系统梳理、归纳、总结、反思以及细致的校正与更改，严格把控整体进度，共同努力、共同奋斗，为本书最终的完成与出版奠定了基础。感谢所有参与本书研讨、编写工作的老师与学生们，感谢你们的辛苦付出和不懈努力，在大家共同的努力下，本书最终得以形成。最后，对支持成果出版的社会各界和专家们表示衷心的感谢。限于时间、学识水平、篇幅，本书也存在着许多不足与缺陷。在此，敬请各界学者、读者提出批评意见，予以改正。